सुपर जीनियस कंप्यूटर लर्नर 6

मनुज बजाज • **अनिल अहलावत**

बी.ई. इंजीनियरिंग कॉलेज, दिल्ली

बी.ई. पुणे यूनिवर्सिटी

भूमिका

प्रो. बी.पी. खण्डेलवाल

पूर्व चेयरमैन, सी.बी.एस.ई.

प्रभात प्रकाशन

प्रस्तावना

कंप्यूटर ही जीवन है—यह वाक्य अतिशयोक्ति नहीं कहा जाएगा; क्योंकि कंप्यूटर ने आज हमारे जीवन में एक अभिन्न स्थान बना लिया है। बैंकों से लेकर अस्पताल तक और घर से लेकर रेलवे स्टेशन तक, सभी जगह कंप्यूटर हमारा जीवन आसान करने में लगा है। आज हम सुबह उठने से लेकर देर रात सोने तक किसी-न-किसी तरह कंप्यूटर से जुड़े रहते हैं। इसके उदाहरण हैं—ई-मेल, मोबाइल फोन, ए.टी.एम. इत्यादि। आज टी.वी., रेडियो, कार, मौसम की जानकारी, बैंक कार्य, शिक्षा, खरीददारी, सीमाओं की रक्षा, मनोरंजन, स्वास्थ्य, यात्रा आदि लगभग सभी कार्य कंप्यूटर की सहायता से हो रहे हैं। इसलिए यह आवश्यक हो जाता है कि हम सभी कंप्यूटर के बारे में जानें, उस पर बेहतर कार्य करने के तौर-तरीके सीखें।

रटे-रटाए तरीकों से हम परीक्षाएँ तो पास कर सकते हैं, लेकिन कंप्यूटर को बेहतर ढंग से नहीं समझ सकते। यह गणित की भाँति है, अत: कंप्यूटर के सूत्र सीखकर हम इस पर तरह-तरह के रचनात्मक कार्य कर सकते हैं। इसी बात को ध्यान में रखकर यह **'सुपर जीनियस कंप्यूटर लर्नर'** शृंखला भाग 1 से 8 तक तैयार की गई है। हमारा उद्देश्य है कि प्रत्येक विद्यार्थी स्वयं कार्य करे और कंप्यूटर पर बेहतर ढंग से सभी एप्लीकेशंस को चलाना सीखे। विद्यार्थी जितना ज्यादा समय प्रायोगिक कार्य करेंगे, एप्लीकेशन को बेहतर ढंग से चलाना सीख पाएँगे। अत: इस पुस्तक में प्रायोगिक ज्ञान पर ज्यादा जोर दिया गया है। विभिन्न प्रोग्राम तथा उनके स्क्रीन देने से पुस्तक का महत्त्व बहुत बढ़ गया है। इनमें तो सीधे-सीधे यह समझाया गया है कि कंप्यूटर से क्या-क्या कार्य किए जा सकते हैं तथा किस प्रकार से कार्यों को बेहतर और त्वरित गति से किया जा सकता है। गहन अनुसंधान के बाद हमने यह पाठ्यक्रम तैयार किया है और उसका परिणाम आपके हाथों में है। हमें आशा ही नहीं, वरन् पूर्ण विश्वास है कि इन पुस्तकों से आप जो सीखेंगे, वह जीवन भर आपके लिए उपयोगी सिद्ध होगा।

—लेखकद्वय

प्रकाशक • **प्रभात प्रकाशन प्रा. लि.**
4/19 आसफ अली रोड,
नई दिल्ली-110002

संस्करण • 2026
मूल्य • तीन सौ पचास रुपए
मुद्रक • नरुला प्रिंटर्स, दिल्ली

SUPER GENIUS COMPUTER LEARNER-6
by Manuj Bajaj & Anil Ahlawat ₹ 350.00
Published by Prabhat Prakashan Pvt. Ltd, 4/19 Asaf Ali Road, New Delhi-2
e-mail: prabhatbooks@gmail.com ISBN 978-81-7315-928-2

भूमिका

आधुनिक युग के विकास में कंप्यूटर का अतुलनीय योगदान है। आज किसी भी क्षेत्र में कंप्यूटर की उपस्थिति अनिवार्य रूप में देखी जा सकती है। हमारे रोजमर्रा के लगभग सभी कार्य कंप्यूटर पर निर्भर हैं। बैंक का लेन-देन, रेल टिकट, ए.टी.एम. सेवा, मोटरकार व हवाई जहाज नियंत्रण, पुस्तक-प्रकाशन, दस्तावेज तैयार करना, फोटो, फिल्म व संगीत से जुड़े कार्य, कक्षा में पढ़ाई करना इत्यादि सभी कार्य कंप्यूटर की मदद से सरलता से, तेजी से और त्रुटिहीनता के साथ पूरे हो जाते हैं। यही कारण है कि आज के युग को 'कंप्यूटर का युग' कहा जाता है।

विज्ञान, तकनीकी, शोध, चिकित्सा, प्रौद्योगिकी, उड्डयन, संचार एवं शिक्षा के साथ-साथ कंप्यूटर ने कृषि के क्षेत्र में भी अहम भूमिका निभाई है। कंप्यूटर क्रांति ने विश्व को एकसूत्र में बाँध दिया है। इंटरनेट ने तो कंप्यूटर के प्रचार-प्रसार में और भी बड़ी भूमिका निभाई है। इंटरनेट के माध्यम से आज एक 'क्लिक' करके हम दुनिया के किसी भी कोने में पहुँच सकते हैं। इंटरनेट टेलीफोनी और इ-मेल ने संचार क्रांति को पंख लगा दिए हैं। इंटरनेट टेलीफोनी से हम लगभग निःशुल्क दुनिया के किसी भी कोने में टेलीफोन की तरह बात कर सकते हैं। 'चैट' के जरिए 'लाइव' बातचीत की जा सकती है।

कंप्यूटर का विकास जिस द्रुत गति से हुआ है, उतना संभवतः दूसरा किसी का नहीं हुआ। आम बोलचाल की भाषा में कहें तो आज हर वस्तु का कंप्यूटरीकरण हो गया है। कंप्यूटर ने हर क्षेत्र को एक नया आयाम दे दिया है। कंप्यूटर के पास हमारे सभी प्रश्नों के उत्तर हैं।

कंप्यूटर-जगत् का विकास और विस्तार अंग्रेजी के माध्यम से आरंभ हुआ। अतः पठन-पाठन सामग्री भी अंग्रेजी में विकसित हुई। क्रमागत विकास के साथ-साथ विभिन्न देशों में विभिन्न भाषाओं में कंप्यूटर की शिक्षा दी जाने लगी है। इससे शिक्षार्थी कई भाषाओं में क्षमता विकसित कर रहे हैं।

हिंदी भाषा में इसे अपनाने के लिए आधारिक पाठ्यपुस्तकों का अभाव लग रहा था। अतः इस श्रृंखला द्वारा विद्यालयों में शुरू से ही हिंदी माध्यम से पढ़ने और अभ्यास द्वारा क्रमागत जानकारी देने का यह एक सराहनीय प्रयास हुआ है। इससे हिंदी-जगत् की एक बड़ी कमी की प्रतिपूर्ति हुई है। सरल भाषा में जानकारी उपलब्ध कराने से कंप्यूटर प्रयोग के ज्ञान और कौशल का विकास भविष्य में अनेकानेक लाभकारी व्यापक कार्यक्षेत्रों की उपलब्धि कराएगा। इसी पृष्ठभूमि में कंप्यूटर की कक्षा 1 से 8 तक के लिए अत्यंत सार्थक एवं उपयोगी श्रृंखला प्रकाशित हो रही है। यह प्रशंसनीय पहल है। इस श्रृंखला की पुस्तकों में भाग एक के कंप्यूटर की आरंभिक जानकारी दी गई है। इसके बाद के भागों में क्रमशः सॉफ्टवेयर, हार्डवेयर, सीडी, माइक्रोसॉफ्ट, पावर पॉइंट, फोटो शॉप, मूवी एडिटिंग सॉफ्टवेयर, ऑपरेटिंग सिस्टम, इंटरनेट, इ-मेल इत्यादि की जानकारी दी गई है, साथ ही इनके साथ कार्य करना इतनी सरलता से सिखाया गया है कि आप बिना किसी की सहायता के इन्हें स्वयं सीख सकते हैं। कोई विद्यार्थी इससे स्वयं भी सीख सकता है।

आशा ही नहीं, पूर्ण विश्वास है कि यह पुस्तक श्रृंखला कंप्यूटर अध्ययन और उसके 'मास्टर' बनने में अत्यंत उपयोगी सिद्ध होगी। साथ ही, इससे आम पाठक भी लाभान्वित हो सकेंगे।

—प्रो. बी.पी. खंडेलवाल

पूर्व चेयरमैन, सी.बी.एस.ई. एवं

शिक्षा निदेशक, उत्तर प्रदेश

विषय-सूची

1 एडवांस एक्सेल (सॉर्टिंग)

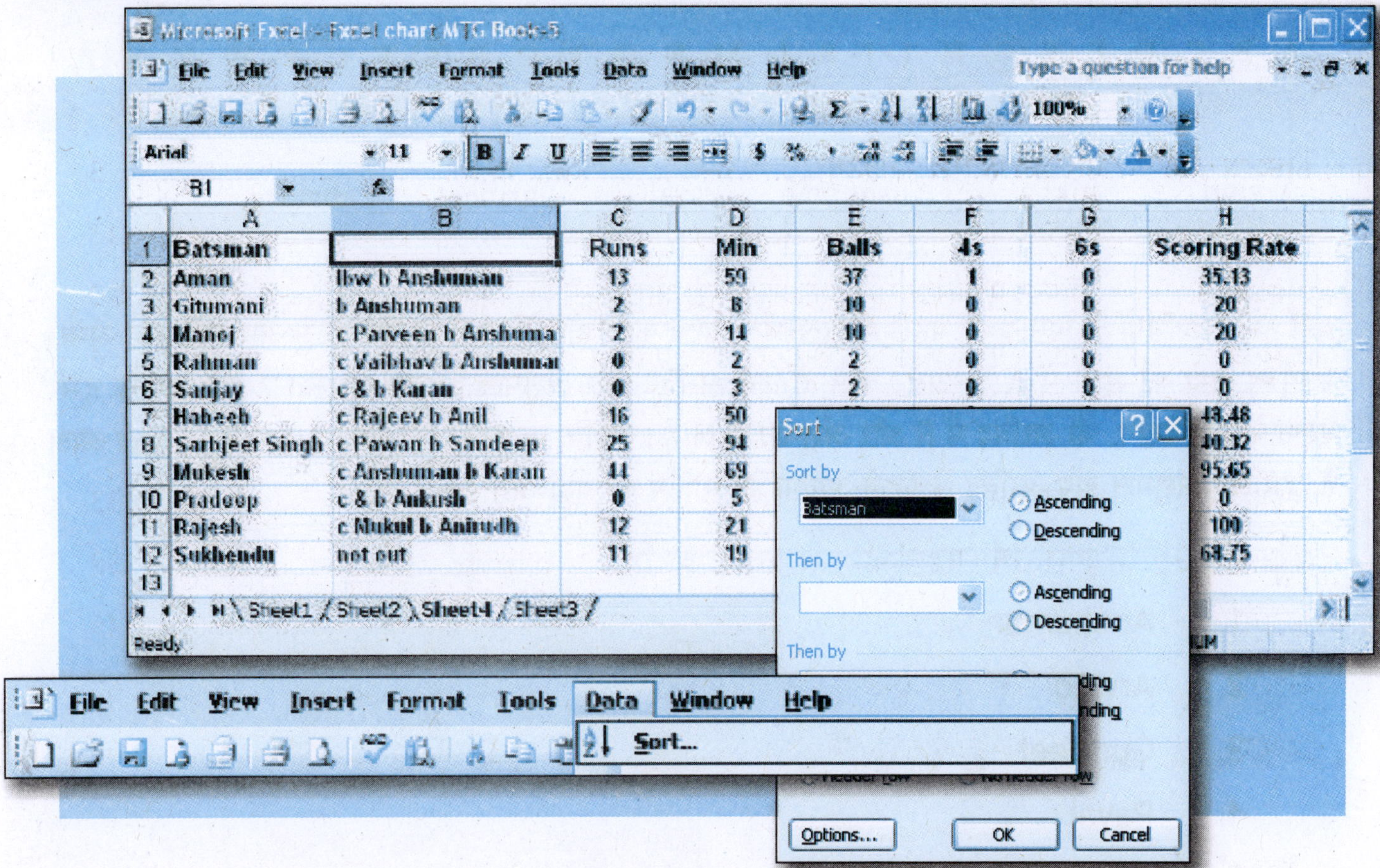

आपने पढ़ा कि माइक्रोसॉफ्ट एक्सेल एक स्प्रेडशीट प्रोग्राम है, जो डेटा एंटर करने और उन्हें कॉलम व रो में रखने की सुविधा देता है, जिससे जटिल गणनाएँ एवं सामान्य विश्लेषण किए जा सकते हैं और ग्राफ बनाए जा सकते हैं।

पिछली कक्षा में आपने एक्सेल की आरंभिक जानकारी प्राप्त की और डेटा एंटर करने, साधारण फॉर्मूला बनाने, ऑटोसम प्रयोग करने और ग्राफ बनाने के बारे में अभ्यास किया। इस अध्याय में आप एक्सेल का एक और महत्त्वपूर्ण फीचर सीखेंगे, जिसे डेटा सॉर्टिंग कहते हैं। क्या आप जानते हैं, 'डेटा सॉर्टिंग' का क्या अर्थ है ?

डेटा सॉर्टिंग क्या है ?

सॉर्टिंग का अर्थ है किन्हीं चीजों को व्यवस्थित करना। डेटा सॉर्टिंग डेटा को घटते हुए या बढ़ते हुए क्रम में व्यवस्थित करने को अभिव्यक्त करता है। सॉर्टिंग संख्या, शब्दों या दोनों के आधार पर की जा सकती है।

आइए, एक उदाहरण से समझें कि सॉर्टिंग का क्या अर्थ है। उदाहरण के लिए—आपकी कक्षा में सभी विद्यार्थियों के रोल नंबर हैं। ये रोल नंबर सभी नामों को वर्णमाला के बढ़ते हुए क्रम (A से Z तक) में व्यवस्थित करने में सहायता करेंगे।

मान लीजिए कि आपकी म्यूजिक कक्षा में 6 विद्यार्थी हैं—अरविंद, शिखा, अंशुमान, पायल, गुरमीत और जुबैदा। इन नामों को हमें एल्फाबेट के बढ़ते हुए क्रम में व्यवस्थित करना है। नीचे की व्यवस्था देखिए और आप पाएँगे कि यह बहुत आसान है।

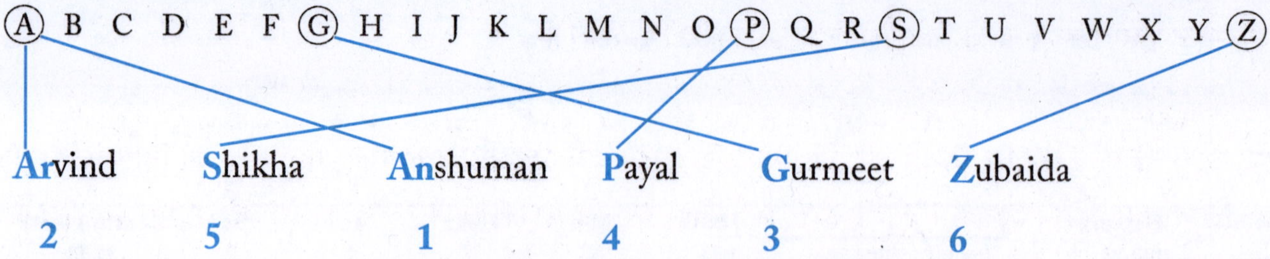

यहाँ हमें विद्यार्थियों के नाम सबसे पहले A एल्फाबेट आरंभ करने होंगे, फिर B से फिर C से और इसी तरह अन्य। उपर्युक्त नामों की सूची में A एल्फाबेट वाले दो नाम अरविंद और अंशुमान हैं। इस अवस्था में हम नाम के दूसरे एल्फाबेट को देखेंगे, जो अरविंद में R और अंशुमान में N हैं। क्योंकि एल्फाबेट की सीरीज में N R से पहले आता है, इसलिए अंशुमान नाम अरविंद से पहले आएगा है। सॉर्टिंग का यही अर्थ है।

इस प्रकार अंतिम शॉर्ट की गई सूची इस प्रकार होगी।

1. Anshuman
2. Arvind
3. Gurmeet
4. Payal
5. Shikha
6. Zubaida

हमें सॉर्टिंग की क्यों आवश्यकता होती है?

आपने ध्यान दिया होगा कि जब आप टाइपिंग करते हैं तो किन्हीं भी आइटमों की लिस्ट क्रम से नहीं बनाते हैं। लेकिन उन्हें बाद में घटते या बढ़ते क्रम में व्यवस्थित करने के लिए सॉर्टिंग की आवश्यकता होती है। साधारण भाषा में कह सकते हैं कि बिना क्रमवाली वस्तुओं को क्रम में लगाने के लिए सॉर्टिंग की आवश्यकता होती है। सॉर्टिंग का प्रयोग किसी स्प्रेडशीट प्रोग्राम जैसे माइक्रोसॉफ्ट एक्सेल, जोहो शीट, ओपन ऑफिस कैल्क, गूगल डॉक्स स्प्रेडशीट्स आदि से किया जा सकता है। इस अध्याय में हम केवल एक्सेल का वर्णन करेंगे, परंतु अन्य प्रोग्रामों की कार्य-प्रणाली लगभग मिलती-जुलती होती है।

एक्सेल में डेटा सॉर्टिंग

एक्सेल में डेटा सॉर्टिंग बहुत ही हैंडी और बहु-उपयोगी फीचर है। एक्सेल आपको वर्कशीट का डेटा एल्फाबेट, संख्याओं के क्रम में, रो और कॉलम द्वारा अथवा बढ़ते या घटते क्रम में व्यवस्थित रहने की सुविधा देता है। एक्सेल

में डेटा की सॉर्टिंग आपके दिए गए निर्देशों के आधार पर होती है। एक्सेल में सॉर्टिंग का फीचर खोलने के लिए **Data>Sort** पर क्लिक करते हैं।

नोट

माइक्रोसॉफ्ट एक्सेल सदैव खाली सेल्स को लिस्ट के सबसे नीचे लगाता है।

आइए, नीचे दी गई टेबल पर विचार करें, जो स्कूल क्रिकेट मैच में एक टीम द्वारा बनाए गए स्कोर को दिखाती है। यह अव्यवस्थित क्रम में है। अब हम स्कूल टीम द्वारा बनाए गए रन का स्कोर बैट्समैन कॉलम के अनुसार निम्न प्रकार व्यवस्थित करेंगे—

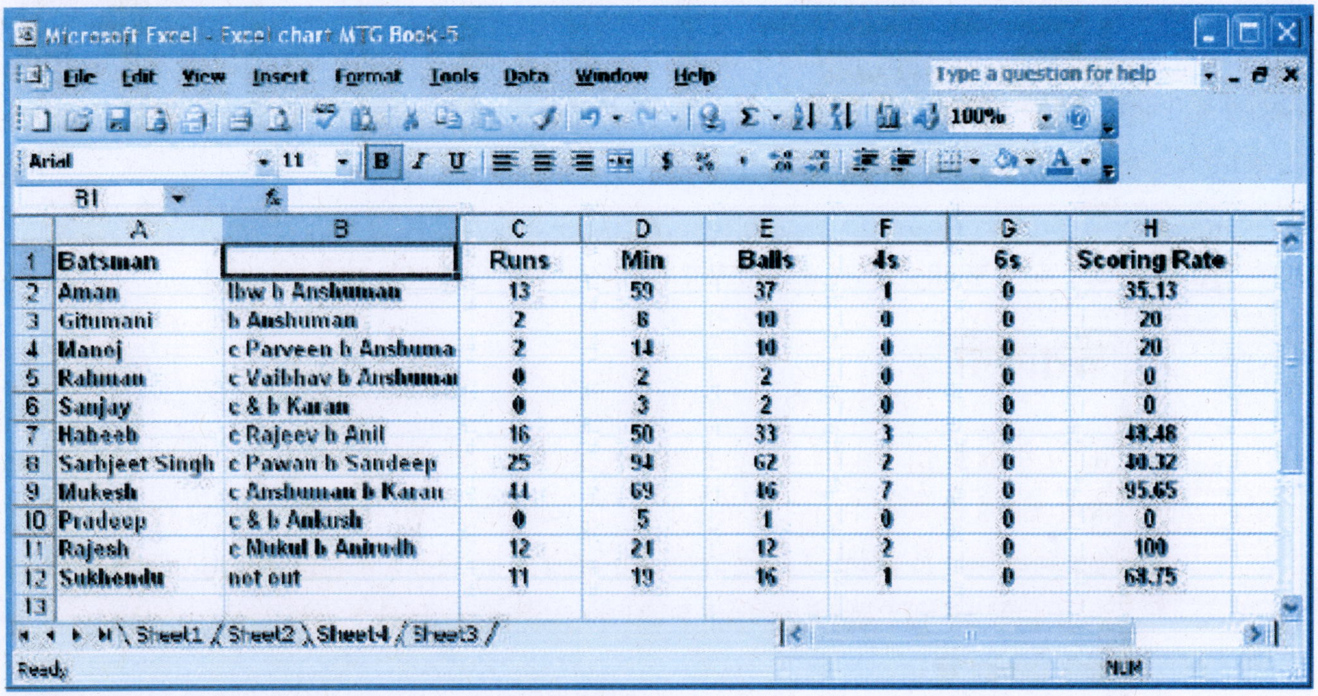

Batsman		Runs	Min	Balls	4s	6s	Scoring Rate
Aman	lbw b Anshuman	13	59	37	1	0	35.13
Gitumani	b Anshuman	2	8	10	0	0	20
Manoj	c Parveen b Anshuma	2	14	10	0	0	20
Rahman	c Vaibhav b Anshuma	0	2	2	0	0	0
Sanjay	c & b Karan	0	3	2	0	0	0
Habeeb	c Rajeev b Anil	16	50	33	3	0	48.48
Sarbjeet Singh	c Pawan b Sandeep	25	94	62	2	0	40.32
Mukesh	c Anshuman b Karan	44	69	46	7	0	95.65
Pradeep	c & b Ankush	0	5	1	0	0	0
Rajesh	c Mukul b Anirudh	12	21	12	2	0	100
Sukhendu	not out	11	19	16	1	0	68.75

किसी भी लिस्ट की सॉर्टिंग के लिए दो विधियाँ हैं—

1. **Data>Sort** पर क्लिक करिए।

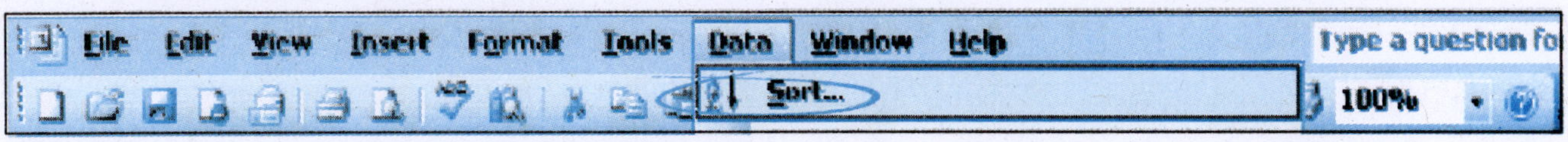

या

2. स्टैंडर्ड टूलबार में **Sort** बटन का प्रयोग करिए।

1. **File>New** पर क्लिक करके नई वर्कबुक खोलिए और नीचे चित्र में जैसा दिखाया गया है वैसा डेटा टाइप करिए। इस डेटा टेबल को हमारी वेबसाइट **www.mtgcss.com** से क्लास 6 की सहायता से डाउनलोड कर सकते हैं। सभी डाउनलोड पाठ के क्रमानुसार हैं।

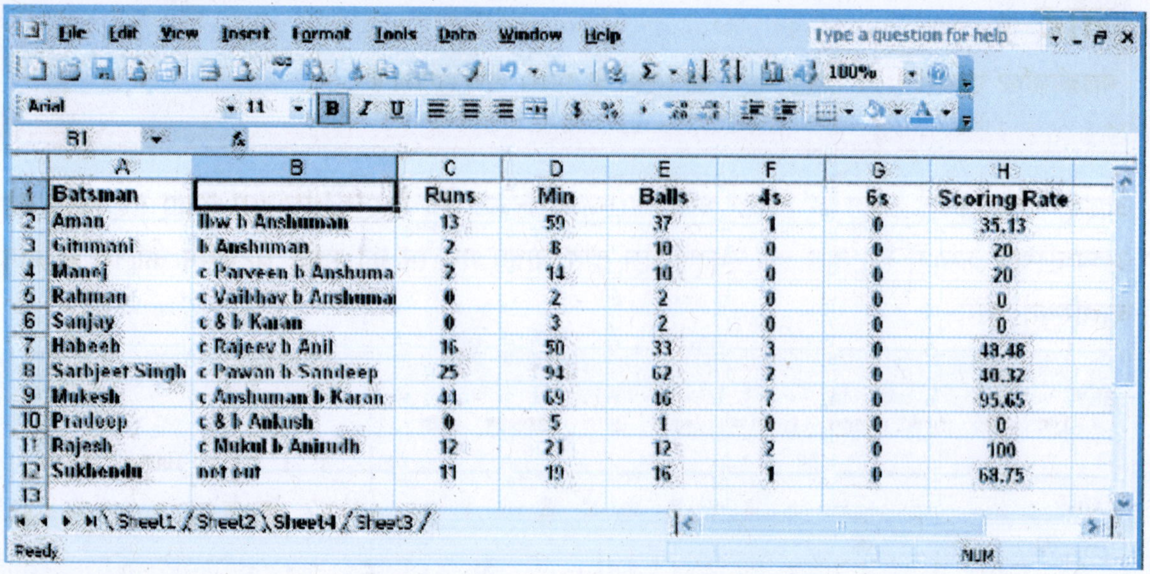

Batsman		Runs	Min	Balls	4s	6s	Scoring Rate
Aman	lbw b Anshuman	13	59	37	1	0	35.13
Gitumani	b Anshuman	2	8	10	0	0	20
Manoj	c Parveen b Anshuma	2	14	10	0	0	20
Rahman	c Vaibhav b Anshumai	0	2	2	0	0	0
Sanjay	c & b Karan	0	3	2	0	0	0
Habeeb	c Rajeev b Anil	16	50	33	3	0	48.48
Sarbjeet Singh	c Pawan b Sandeep	25	94	62	2	0	40.32
Mukesh	c Anshuman b Karan	44	69	46	7	0	95.65
Pradeep	c & b Ankush	0	5	1	0	0	0
Rajesh	c Mukul b Anirudh	12	21	12	2	0	100
Sukhendu	not out	11	19	16	1	0	68.75

2. पूरा डेटा टाइप करने के बाद माउस की सहायता से क्लिक और ड्रैग करके सभी को चुनें।

चेतावनी

सॉर्टिंग से पहले पूरी डेटा रेंज को चुनना बहुत आवश्यक है। यदि केवल एक ही रो या कॉलम को सिलेक्ट किया जाता है तो केवल सिलेक्ट किया डेटा ही सॉर्ट किया जाएगा और बाकी डेटा वैसा ही रहेगा। इससे पूरा डेटा अव्यवस्थित हो जाएगा और यदि आपने ऐसा गलती से कर दिया है तो **Edit>Undo** या **(Ctrl+Z)** का प्रयोग करके उसे पूर्व स्थिति में ला सकते हैं और पुन: कार्रवाई कर सकते हैं। अत: डेटा रेंज सिलेक्ट करने से पहले सावधान रहें।

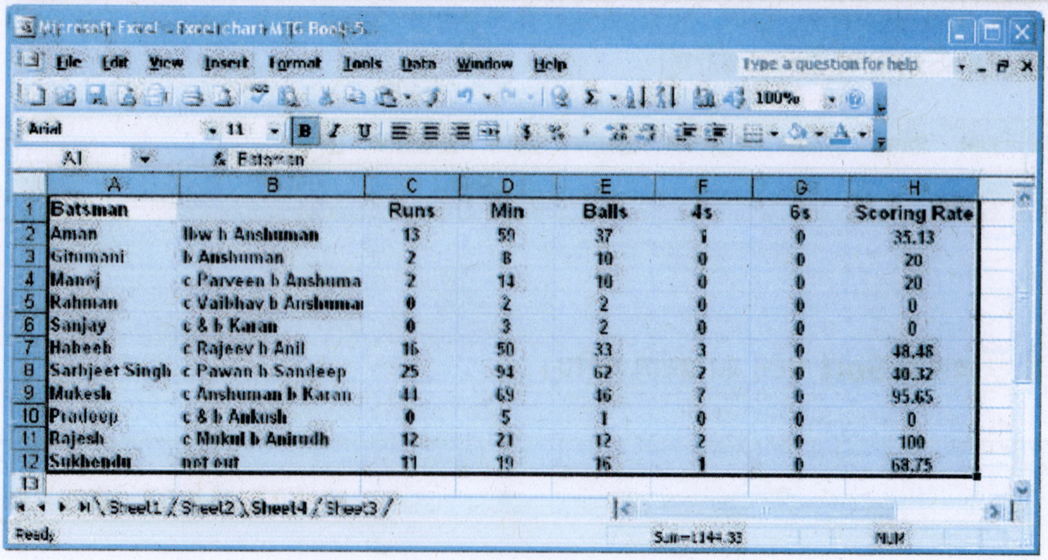

Batsman		Runs	Min	Balls	4s	6s	Scoring Rate
Aman	lbw b Anshuman	13	59	37	1	0	35.13
Gitumani	b Anshuman	2	8	10	0	0	20
Manoj	c Parveen b Anshuma	2	14	10	0	0	20
Rahman	c Vaibhav b Anshumai	0	2	2	0	0	0
Sanjay	c & b Karan	0	3	2	0	0	0
Habeeb	c Rajeev b Anil	16	50	33	3	0	48.48
Sarbjeet Singh	c Pawan b Sandeep	25	94	62	2	0	40.32
Mukesh	c Anshuman b Karan	44	69	46	7	0	95.65
Pradeep	c & b Ankush	0	5	1	0	0	0
Rajesh	c Mukul b Anirudh	12	21	12	2	0	100
Sukhendu	not out	11	19	16	1	0	68.75

3. जब पूरा डेटा सिलेक्ट हो जाता है तो **Data>Sort** पर क्लिक करिए।

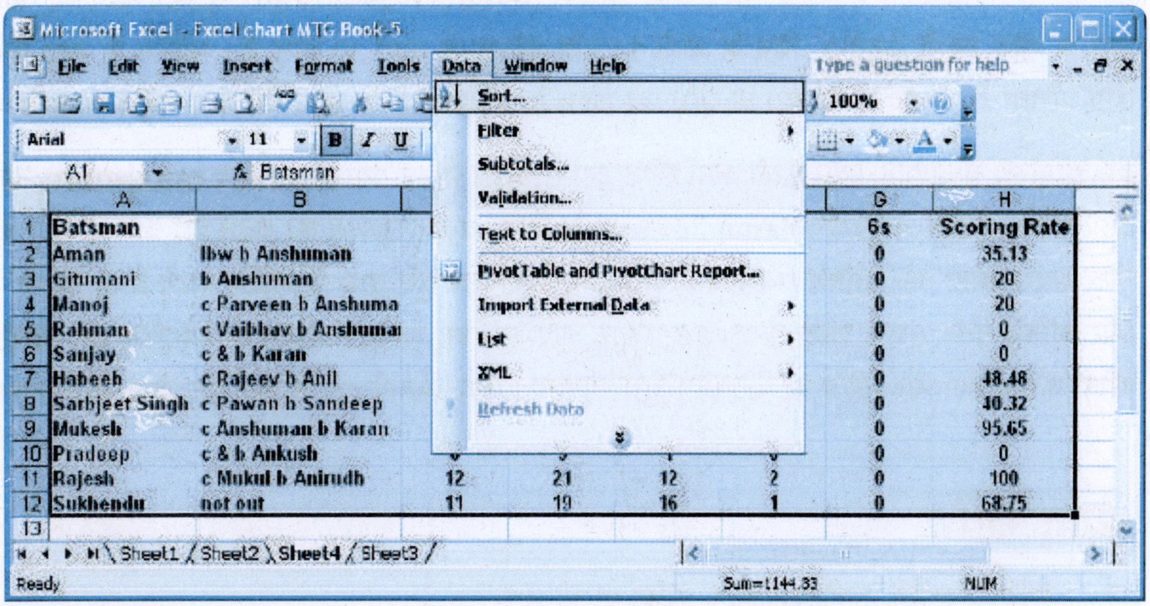

4. **Sort** डायलॉग बॉक्स आ जाता है। **Header Row** सिलेक्ट करिए (सबसे ऊपर वाली रो, जिसमें कॉलम के नाम होते हैं) जो **Sort** डायलॉग बॉक्स के **My data range has** विकल्प में मिलती है। यह कमांड एक्सेल को बताता है कि जो डेटा सॉर्ट किया जा रहा है उसकी हेडर रो है।

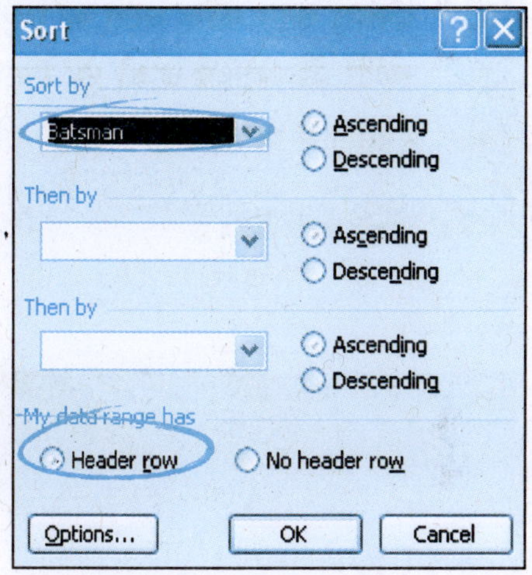

5. सॉर्टिंग के लिए मनचाहा कॉलम चुनिए। उदाहरण के लिए, **Sort by** ड्रॉप-डाउन बॉक्स से **Batsman** चुनिए। एक्सेल में सॉर्टिंग के लिए डिफाल्ट सेटिंग बढ़ते हुए क्रम में होती है। हम डिफाल्ट विकल्प के साथ काम करेंगे।

6. **OK** बटन पर क्लिक करिए। सॉर्ट किया गया डेटा निम्न प्रकार आता है—

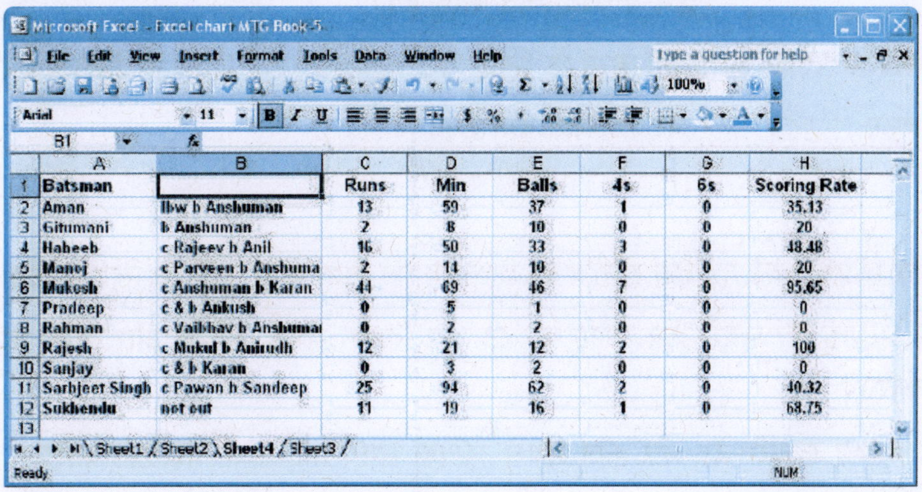

जब सॉर्टिंग पूरी हो जाती है तो आप देखेंगे कि **बैट्समैन** कॉलम के सभी नाम एल्फाबेट के बढ़ते हुए क्रम में सेट हो जाते हैं। उनसे संबंधित डेटा भी नाम के साथ-साथ एडजस्ट हो जाता है। उदाहरण के लिए, चौथी रो में मनोज नाम के साथ रन के आगे 2, मिन के आगे 14 और बॉल्स के आगे 10 होता है। सॉर्टिंग के बाद मनोज और उसका डेटा पाँचवीं रो में हबीब के डेटा के नीचे आ जाता है, जो सातवीं रो से चौथी रो में पहुँच जाता है।

इस उदाहरण से आपको सॉर्टिंग का कार्य स्पष्ट रूप से समझ में आ गया होगा। आप **maximum** और **minimum** एनालिसिस सॉर्टिंग का प्रयोग करते हैं। उदाहरण के लिए, जब संख्याओं को बढ़ते हुए क्रम में सॉर्ट करते हैं तो पहला नंबर सबसे छोटा और अंतिम सबसे बड़ा होगा और जब घटते हुए क्रम में सॉर्टिंग करते हैं तो पहला नंबर सबसे बड़ा और अंतिम नंबर सबसे छोटा होगा। इस प्रकार आप सर्वोच्च स्कोर, अधिकतम स्कोरिंग रेट, खेली गई अधिकतम बॉलों की संख्या और क्रीज पर बैट्समैन द्वारा न्यूनतम समय बितानेवाले मिनट; मैच डेटा से निकाल सकते हैं।

याद रखें

1. सॉर्टिंग संख्याओं, शब्दों या दोनों के आधार पर की जाती है।
2. एक्सेल सदैव ब्लैंक सेल्स को लिस्ट के सबसे नीचे सॉर्ट करती है।
3. सॉर्टिंग से पहले डेटा की पूरी रेंज सिलेक्ट करना अत्यंत आवश्यक है।
4. एक्सेल में डिफाल्ट द्वारा सॉर्टिंग की सेटिंग बढ़ते हुए क्रम में होती है।

अभ्यास

(अ) रिक्त स्थान भरें—

1. सॉर्टिंग डेटा को व्यवस्थित करने की प्रक्रिया है, जिसमें उसे एक या अधिक कॉलम के आधार पर...... या .... क्रम में व्यवस्थित करते हैं।
2. आप सॉर्टिंग फीचर का प्रयोग करने के लिए........... >........... पर क्लिक करते हैं।
3. सॉर्ट बटन .... पर उपस्थित होते हैं।

(ब) प्रैक्टिकल

इस अध्याय में प्रयोग की गई डेटा सीरीज का प्रयोग करके निम्न कार्य करने के लिए सॉर्टिंग करिए—

1. सबसे अधिक एवं सबसे कम बनाए गए रन और किसने सबसे अधिक और सबसे कम रन बनाए, यह ज्ञात करिए।
2. सबसे अच्छा स्कोरिंग रेट और कौन सबसे अधिक समय तक रुका, यह ज्ञात करिए।

3. सबसे अधिक बाउंड्री किसने मारी ?

(स) निम्न प्रश्नों के उत्तर दीजिए—

1. सॉर्टिंग क्या है ?
2. सॉर्टिंग करने की कौन-कौन सी विधियाँ हैं ?
3. स्टैंडर्ड टूलबार पर Sort बटन का प्रयोग करके सॉर्टिंग करने के स्टेप्स लिखिए।
4. Menu विकल्प प्रयोग करके Data>Sort से सॉर्टिंग करने के स्टेप्स लिखिए।

(द) निम्न को पहचानिए और वर्णन करिए—

1. 
2. 

(च) सही या गलत—

1. एम.एस. एक्सेल में डिफाल्ट सॉर्ट सेटिंग घटते हुए क्रम में होती है।
2. सॉर्ट बटन स्टैंडर्ड टूलबार पर होते हैं।
3. कमांड को Undo करके पूर्व स्थिति में लाने के लिए Ctrl+U का प्रयोग करते हैं।
4. सॉर्टिंग फीचर को Data>Sort पर क्लिक करके खोला जा सकता है।
5. एक्सेल वर्कशीट में डेटा को केवल एल्फाबेट के क्रम में सॉर्ट किया जा सकता है।
6. आप कॉलम रो को बढ़ते या घटते क्रम में सॉर्ट कर सकते हैं।

बहुविकल्पीय प्रश्न

निम्न चार विकल्पों में से सही विकल्प पर (✓) निशान लगाएँ।

1. सॉर्टिंग केवल इस पर हो सकती है।

अ. नंबर्स　　ब. टेक्स्ट

स. सिंबल्स　　द. अ और ब दोनों

2. कॉलम में एक्सेल ब्लैंक सेल्स को केवल यहाँ सॉर्ट करती है—

अ. लिस्ट के बीच में　　ब. लिस्ट के ऊपर

स. लिस्ट के दाएँ　　द. लिस्ट के बाएँ

3. यह करने से पहले डेटा की रेंज सिलेक्ट करना अत्यंत आवश्यक है—

अ. सेल D3 में टाइप करना　　ब. सेल A1 को फॉरमेट करना

स. सॉर्टिंग　　द. वर्कशीट को रीनेम करना

4. इस Sort डायलॉग बॉक्स में डिफाल्ट द्वारा Sort by में कौन सा विकल्प सिलेक्ट रहता है।

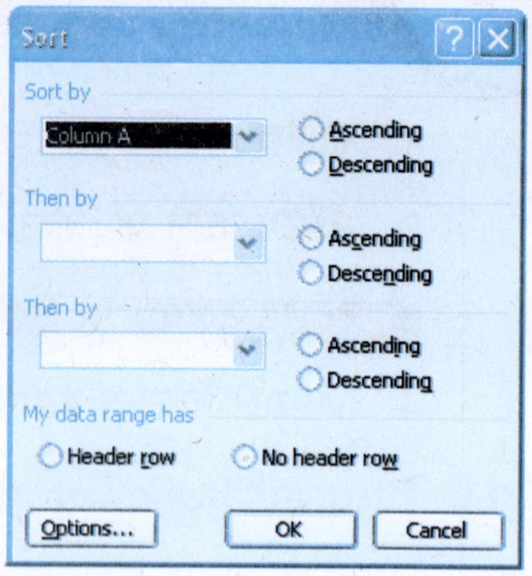

अ. एसेंडिंग

ब. डीसेंडिंग

स. दोनों

द. इनमें से कोई नहीं

5.

A	B	C	D
Name	Class	Sec	Age
Manoj	5	A	10
Samir	5	A	10
Ashok	6	C	11

उपर्युक्त डेटा टेबल के साथ जब नाम और क्लास के साथ डेटा सॉर्ट करते हैं तो आप इस पर क्लिक करेंगे—

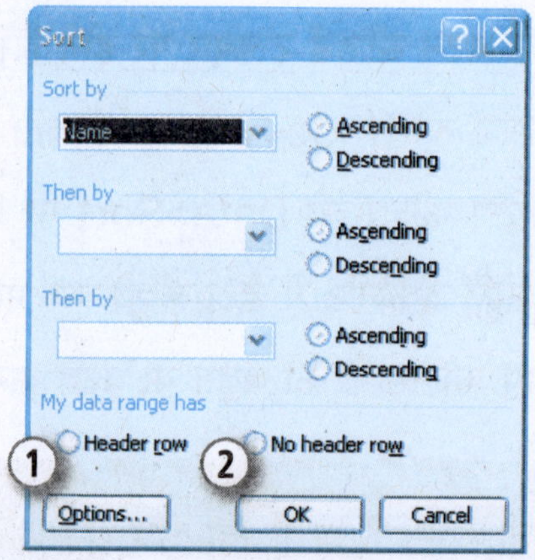

अ. (1)

ब. (2)

स. पता नहीं

द. नहीं कह सकते

6. जब हम डेटा को बढ़ते हुए क्रम में सॉर्ट करते हैं तो एक्सेल खाली सेल्स को सबसे नीचे मूव करता है। यदि हम डेटा को घटते हुए क्रम में सॉर्ट करें तो क्या होगा?

अ. खाली सेल सबसे नीचे मूव होगी

ब. खाली सेल सबसे ऊपर मूव होगी

स. सॉर्ट किए जानेवाले डेटा के प्रकार पर निर्भर करता है

द. इनमें से कोई नहीं

2 एडवांस पावर पॉइंट

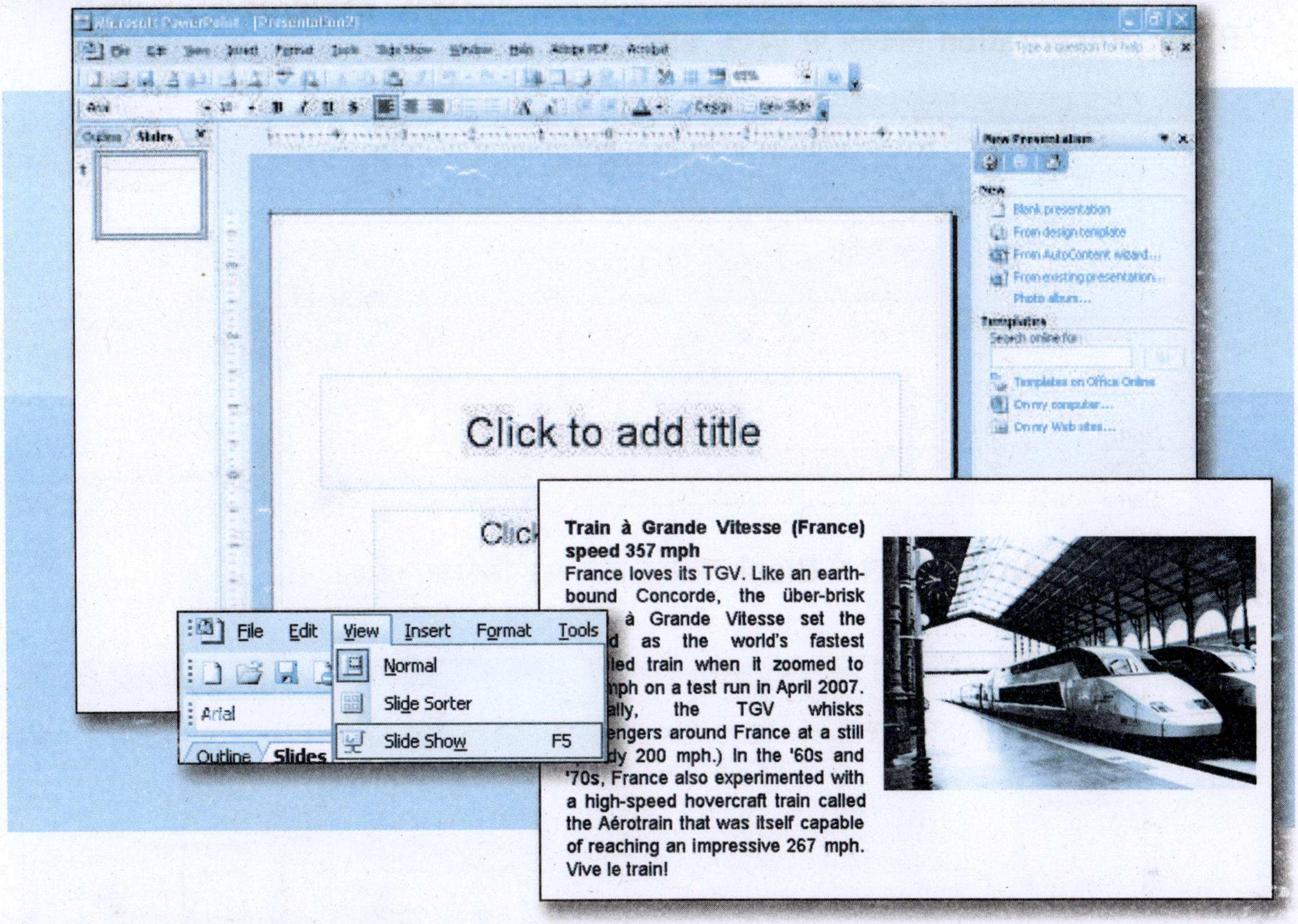

क्या आपने कभी ध्यान दिया है कि जब हम कभी मीटिंग, सेमिनार, ग्रुप डिस्कशन, प्रतियोगिता, वर्कशॉप आदि आयोजित करते हैं तो इन्फॉरमेशन दिखाने के लिए प्रेजेंटेशन की आवश्यकता होती है।

पिछली कक्षा में आपने पावर पॉइंट के बारे में पढ़ा है। अब हम मल्टीपल स्लाइड का प्रयोग करके पावर पॉइंट प्रेजेंटेशन कैसे बनाते हैं और विभिन्न व्यू में स्लाइड को कैसे देखते व चलाते हैं, यह सीखेंगे। पावर पॉइंट प्रेजेंटेशन बनाने के लिए विश्व की सबसे तेज ट्रेन विषय लेते हैं। ये स्टेप लीजिए—

नोट

विश्व की सबसे तेज चलनेवाली ट्रेन पर प्रेजेंटेशन बनाने के लिए हमें पहले इंटरनेट से उसके बारे में जानकारी एकत्र करनी होगी। आपको सलाह दी जाती है कि आप यह इन्फॉरमेशन स्वयं ढूँढ़ें, परंतु फिर भी आप यहाँ दी गई जानकारी प्रयोग कर सकते हैं। इस अध्याय में दिए गए एलीमेंट्स, टेक्स्ट और अंतिम प्रेजेंटेशन आप हमारी आधिकारिक वेबसाइट **www.mtgess.com** से डाउनलोड कर सकते हैं।

1. **Start>All Programs>Microsoft Office>Microsoft Office PowerPoint 2003** पर क्लिक करके या आइकन  को **डेस्कटॉप** पर डबल क्लिक करके **पावर पॉइंट** खोलिए।

2. पावर पॉइंट की पहली स्क्रीन खुल जाती है। स्क्रीन के दाहिनी ओर **New Presentation** टास्क के नीचे **Blank presentation** विकल्प पर क्लिक करिए।

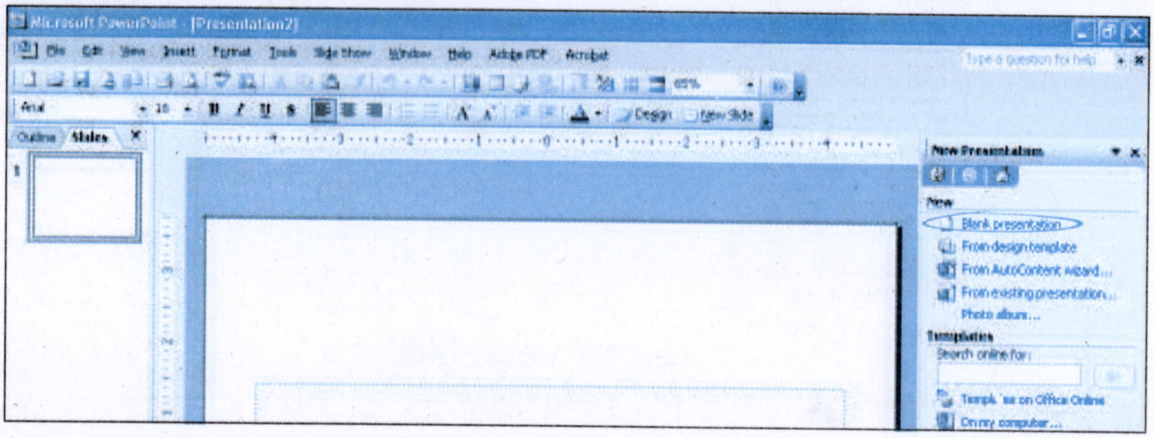

3. **Content Layouts** टास्क पैन से **Blank** स्लाइड ले आउट सिलेक्ट करिए।

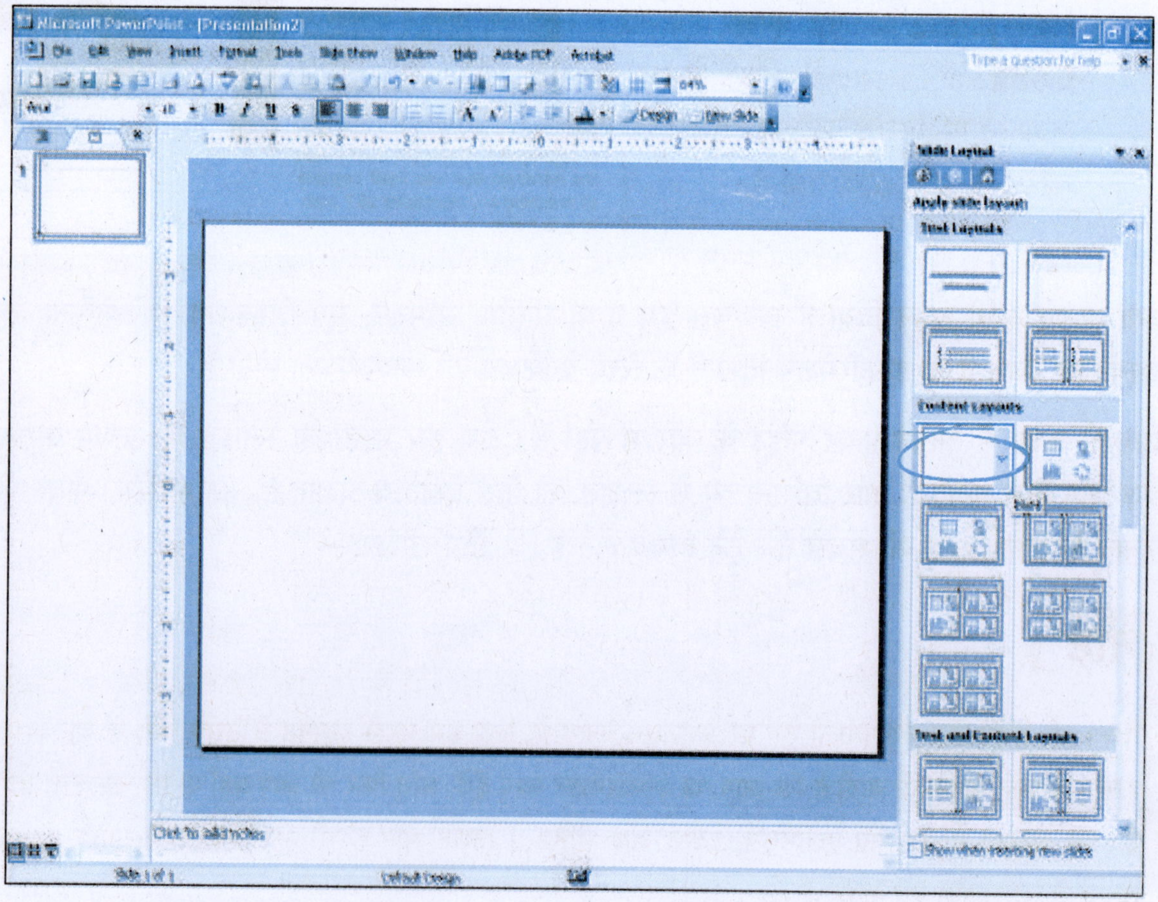

4. ड्राइंग टूलबार पर **Text Box** आइकन पर क्लिक करिए। ब्लैंक स्क्रीन पर टेक्स्ट बॉक्स बनाइए और बॉक्स में टाइपिंग शुरू करिए, जैसा कि नीचे दिखाया गया है।

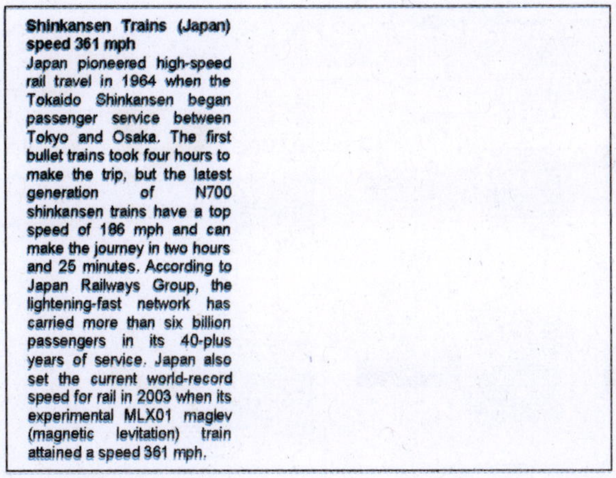

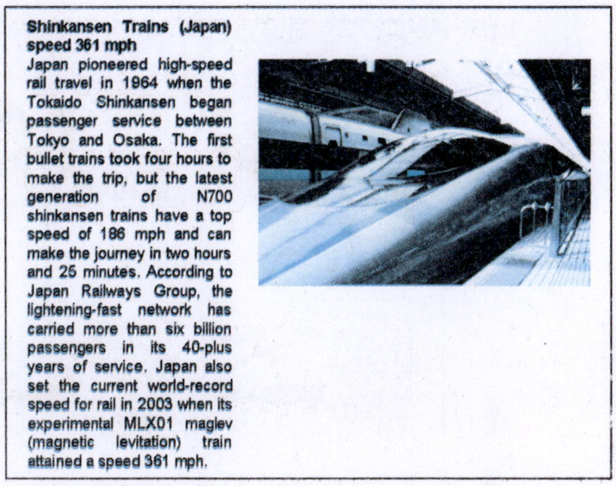

5. स्लाइड के दाहिनी ओर ट्रेन का चित्र लगाइए, जैसा कि ऊपर दिखाया गया है।

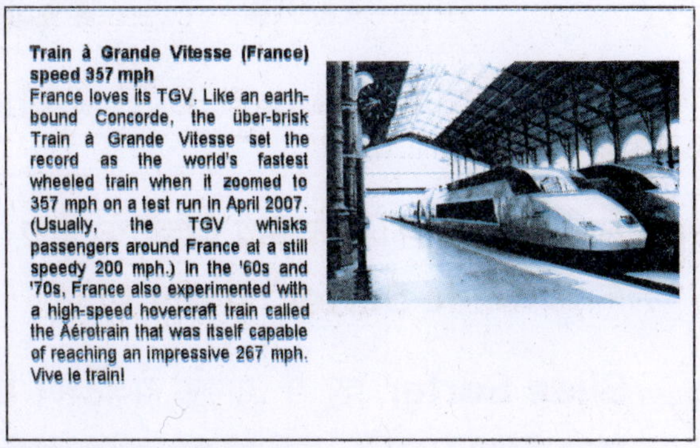

6. अब प्रेजेंटेशन में **Ctrl + M** या **Insert** मेन्यू से **New Slide** विकल्प चुनकर एक नई स्लाइड जोड़िए। **Content Layouts** टास्क पैन में **Blank** स्लाइड लेआउट पर क्लिक करिए। इसमें दूसरी स्लाइड डिजाइन करिए, जैसा दिखाया गया है।

7. स्टेप 2-6 तक दोहराते हुए निम्न प्रकार से सभी स्लाइडें डिजाइन करिए।

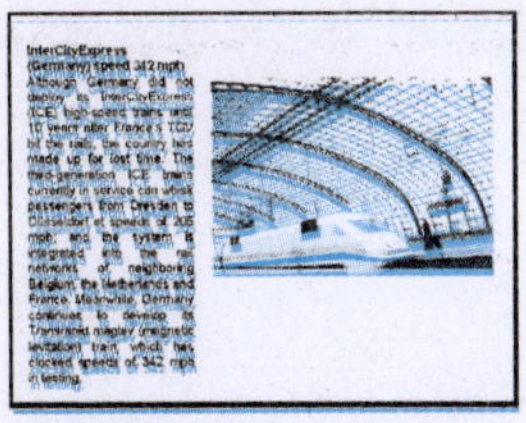
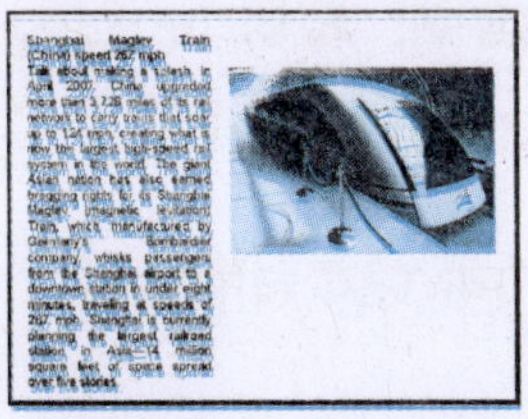
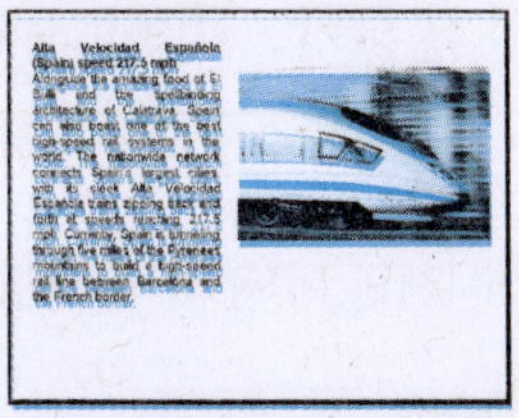
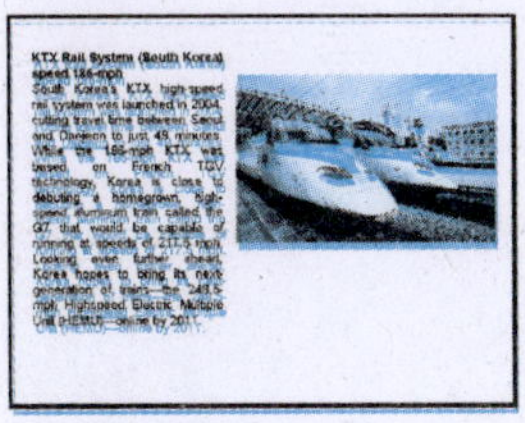
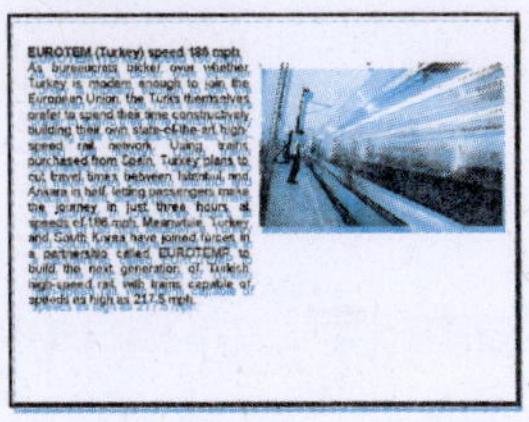
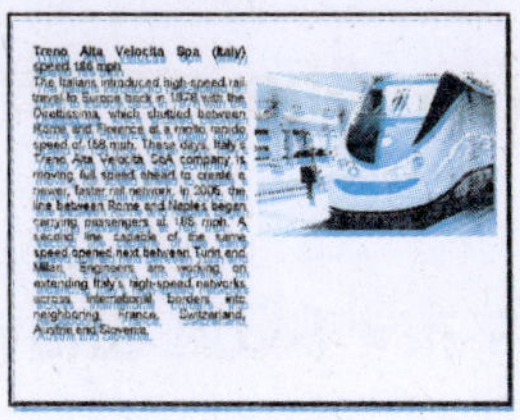
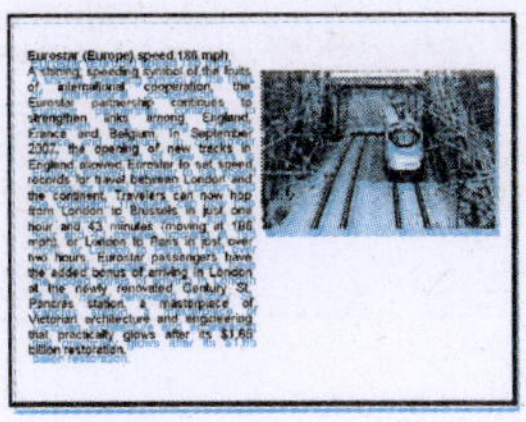
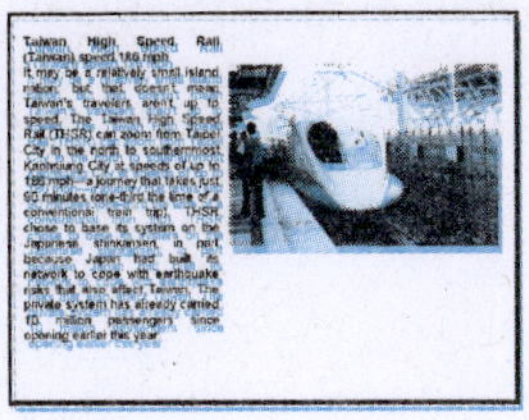

8. ऊपर दी गई स्टेप के अनुसार सभी स्लाइड बनाने के बाद आपका पावर पॉइंट प्रेजेंटेशन निम्न प्रकार दिखेगा।

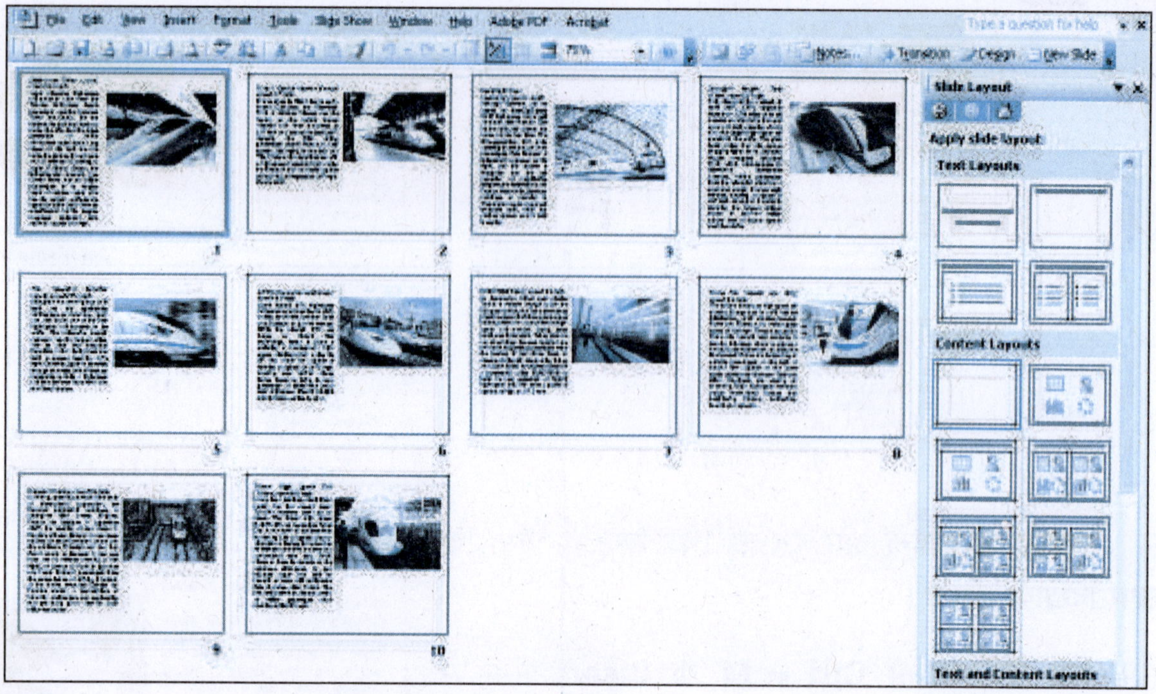

9. सभी स्लाइडों को एक साथ देखने के लिए 'view' मेन्यू पर क्लिक करके **'Slide Sorter'** विकल्प चुनिए।

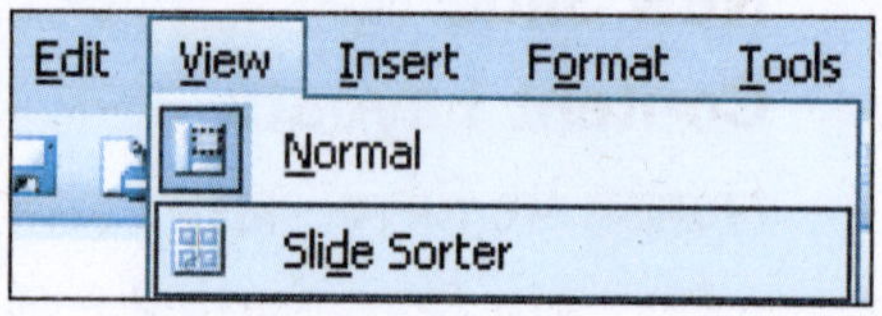

Slide Sorter व्यू में आपके प्रेजेंटेशन में सभी स्लाइडों के छोटे प्रिव्यू दिखाए जाएँगे। इस व्यू का प्रयोग करके आप स्लाइडों को दूसरे क्रम में व्यवस्थित कर सकते हैं। आप जिन स्लाइडों को चाहें, उन्हें मिटा सकते हैं या छुपा सकते हैं। हाइड की गई स्लाइड प्रेजेंटेशन में रहेगी, लेकिन स्लाइड शो के दौरान आपके दर्शकों को दिखाई नहीं जाएगी। यह फंक्शन आप स्लाइड पर राइट क्लिक करके प्राप्त कर सकते हैं।

10. स्लाइड शो को चलाने के लिए निम्न में से कोई एक स्टेप लीजिए—

- **View > Slide Show** पर जाइए।
- **Slide Show > View Show** पर जाइए।
- **F5** दबाइए
- पावर पॉइंट स्क्रीन के नीचे **Slide Show** बटन पर क्लिक करिए। कृपया ध्यान दें कि स्लाइड शो पहली स्लाइड से नहीं बल्कि तत्काल खुली स्लाइड से आरंभ होगा।

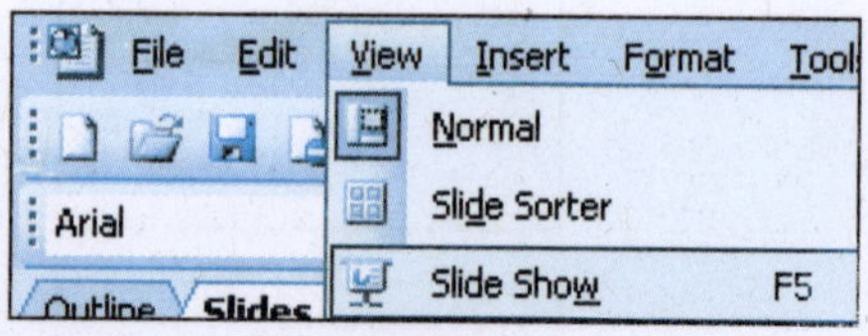

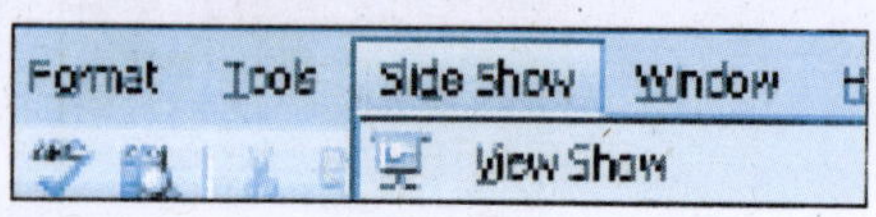

दी गई किसी भी स्टेप का प्रयोग करने से आपका प्रेजेंटेशन चलना आरंभ हो जाएगा। आप अगली स्लाइड देखने के लिए कहीं भी क्लिक कर सकते हैं। आप वैकल्पिक रूप से अगली स्लाइड पर जाने के लिए **राइट ऐरो** की और पिछली स्लाइड पर जाने के लिए **लेफ्ट ऐरो** की का प्रयोग कर सकते हैं।

याद रखें

1. **Start>All Programs> Microsoft Office>Microsoft Office PowerPoint 2003** पर क्लिक करके पावर पॉइंट खोलते हैं।
2. **Blank presentation** विकल्प **New Presentation** टास्क पैन में आता है।
3. **Blank** स्लाइड लेआउट **Content Layouts** टास्क पैन से चुना जाता है।
4. **Ctrl+M** दबाएँ या **Insert** मेन्यू पर जाएँ और **New Slide** विकल्प चुनें।
5. **Slide Sorter** विकल्प **View** मेन्यू में होता है।
6. **Slide Show** विकल्प **View** मेन्यू में होता है।

अभ्यास

(अ) रिक्त स्थान भरें—

1.  ड्रॉइंग टूलबार में .... आइकन को .... भी कहते हैं।
2.  .... आइकन को .... भी कहते हैं।
3. पावर पॉइंट प्रेजेंटेशन में स्लाइड शो .... फंक्शन की प्रयोग करके चला सकते हैं।
4. न्यू स्लाइड विकल्प .... मेन्यू में होता है।

(ब) निम्न का मिलान करें—

1. टेक्स्ट लेआउट — अ. 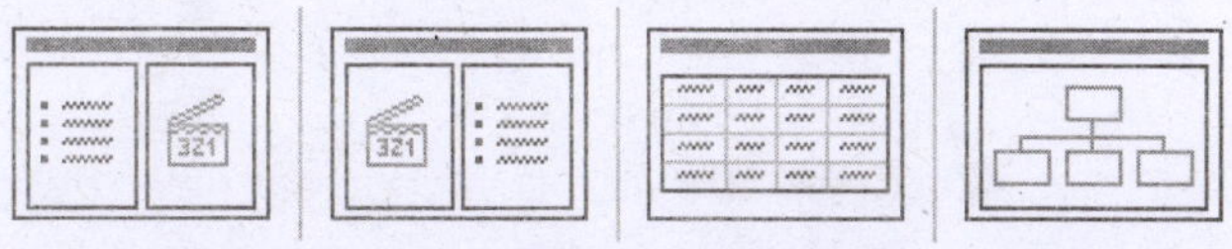

2. कंटेंट लेआउट — ब. 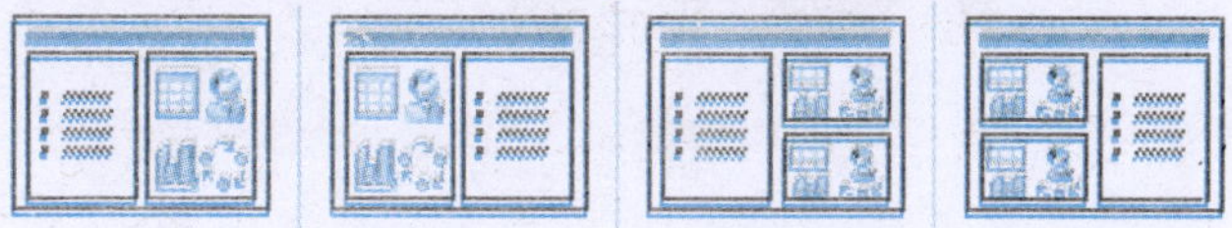

3. टेक्स्ट और कंटेंट लेआउट — स. 

4. अदर लेआउट्स — द. 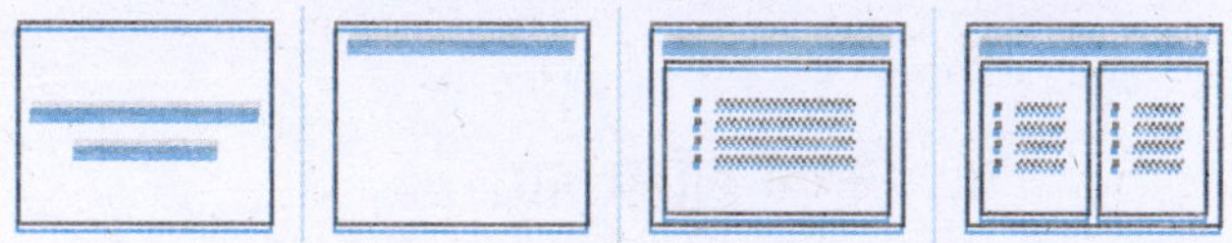

(स) निम्न प्रश्नों के उत्तर दीजिए—

1. पावर पॉइंट के कुछ उपयोग लिखिए।
2. ब्लैंक प्रेजेंटेशन बनाने की स्टेप लिखिए।
3. पावर पॉइंट खोलने की दो विधियाँ लिखिए।
4. स्लाइड शो चलाने की दो विधियाँ लिखिए।

शिक्षकों से

शिक्षक बच्चों को पावर पॉइंट के राइट हैंड टास्क पैन के बारे में बता सकते हैं, जैसे—टेक्स्ट लेआउट, कंटेंट लेआउट, टेक्स्ट व कंटेंट लेआउट, अन्य लेआउट आदि।

बहुविकल्पीय प्रश्न

निम्न चार विकल्पों में से सही विकल्प पर (✓) निशान लगाएँ।

1. **एम.एस. ऑफिस 2003 में निम्न को चुनकर आप पावर पॉइंट खोल सकते हैं—**

   अ. Start > MS Office > PowerPoint

   ब. Start > All Programs > MS Office > PowerPoint

   स. Start > PowerPoint

   द. इनमें से कोई नहीं

2. **ब्लैंक प्रेजेंटेशन विकल्प इसमें होता है—**

   अ. टास्क बार

   ब. टास्क पैन

   स. क्विक लॉञ्च बार

   द. स्टेटस बार

3. **ब्लैंक स्लाइड लेआउट इससे सिलेक्ट किया जा सकता है—**

   अ. स्लाइड लेआउट टास्क पैन

   ब. स्टैंडर्ड टूलबार

   स. टास्क बार

   द. क्विक लॉञ्च बार

4. **पावर पॉइंट में नई स्लाइड इंसर्ट करने का शॉर्टकट है—**

अ. Ctrl+N　　ब. Ctrl+M

स. Ctrl+P　　द. Ctrl+O

5. **स्लाइड सॉर्टर विकल्प इसमें होता है—**

अ. एडिट मेन्यू　　ब. व्यू मेन्यू

स. फॉरमेट मेन्यू　　द. स्लाइड शो मेन्यू

6. **स्लाइड शो विकल्प इसमें होता है—**

अ. एडिट मेन्यू　　ब. व्यू मेन्यू

स. फॉरमेट मेन्यू　　द. इनमें से कोई नहीं

7. **यदि आप स्लाइड शो पहली स्लाइड से (करेंट स्क्रीन में) चलाना चाहते हैं तो कौन सा विकल्प सही है?**

अ. F5 दबाएँ

ब. View > Slide Show

स. अ और ब दोनों

द. अ और ब दोनों और इस बटन पर क्लिक करें

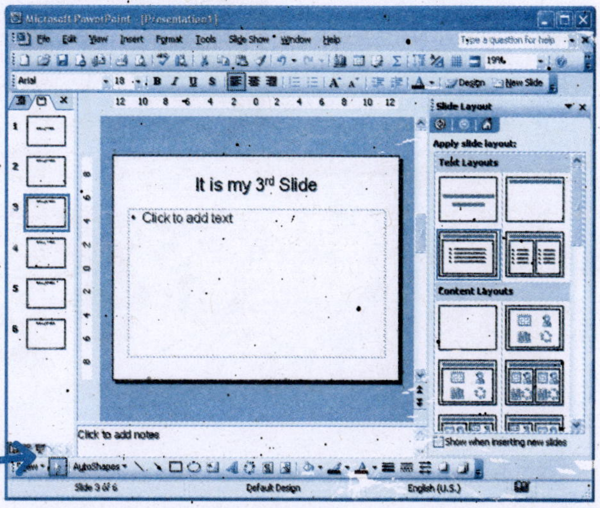

8. **यदि आप पावर पॉइंट स्लाइड में एक वीडियो और कुछ महत्त्वपूर्ण पॉइंटर रखना चाहते हैं तो कौन सा लेआउट चुनेंगे?**

अ. 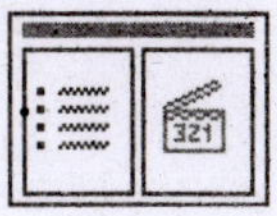

ब. 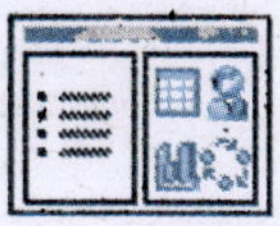

स. 

द. 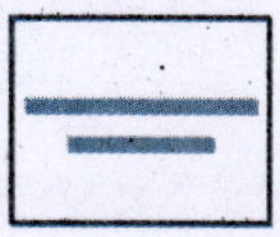

3 ऑफिस एप्लीकेशंस-1 जोड़ना

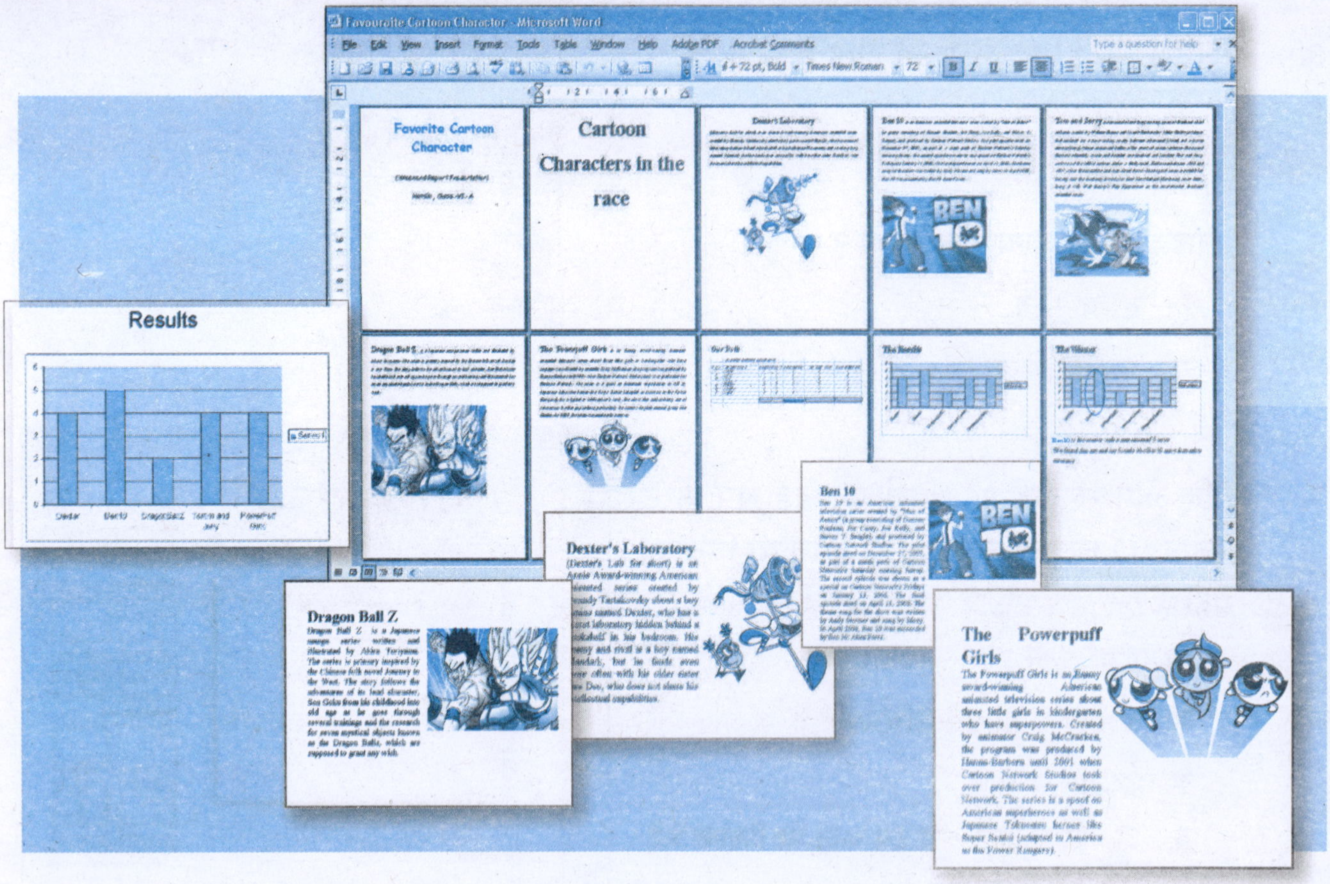

पिछली कक्षा में आपने माइक्रोसॉफ़्ट वर्ड में फेवरेट कार्टून कैरेक्टर पर साप्ताहिक रिपोर्ट सफलतापूर्वक तैयार की थी। आपने इंटरनेट पर (गूगल और विकीपीडिया का प्रयोग करके) इन्फॉरमेशन ढूँढ़ी थी और अपने फेवरेट कार्टून कैरेक्टर के बारे में संक्षिप्त जानकारी एकत्र करके उन्हें रिपोर्ट में प्रस्तुत किया था।

आपने अपने मित्रों और सहपाठियों से उनके फेवरेट कार्टून कैरेक्टर का डेटा एकत्र करके अपने मित्रों में सर्वाधिक प्रिय कैरेक्टर भी ज्ञात किया था। क्या आपको याद है कि एक्सेल की चार्टिंग क्षमता का प्रयोग करके यह एनालिसिस कैसे किया था?

अब आपको अपनी findings प्रस्तुत करने के लिए रिपोर्ट और डेटा जमा करना होगा। यदि आप अपने पाठकों को दो भिन्न डॉक्यूमेंट (वर्ड और एक्सेल फाइल) प्रस्तुत करेंगे तो दोनों फाइलों को एक साथ देखना कठिन होगा। यद्यपि कोई भी सदैव एक से दूसरे डॉक्यूमेंट में **Alt+Tab** दबाकर स्विच कर सकता है, लेकिन इस तरह ध्यान केंद्रित करना कठिन होता है और समय भी नष्ट होता है। दो फाइलों को एक साथ प्रस्तुत करने का सर्वोत्तम तरीका यह है कि एक ही रिपोर्ट प्रस्तुत की जाए, जिसमें कार्टून समरी और डेटा एनालिसिस दोनों हों इसके लिए आपको एक्सेल फाइल और वर्ड फाइल के कंटेंट्स को जोड़ना होगा। इस अध्याय में आप एक्सेल और वर्ड फाइल के कंटेंट्स जोड़ना सीखेंगे।

वर्ड रिपोर्ट और एक्सेल एनालिसिस को जोड़कर एक अंतिम रिपोर्ट तैयार करने के लिए हम फेवरेट कार्टून कैरेक्टर विषय को ही लेंगे। हम पिछली कक्षा में पहले ही चर्चा कर चुके हैं कि इमेज कैसे लगाते हैं, फॉण्ट कैसे बदलते हैं और फॉण्ट का रंग कैसे बदलते हैं आदि। आइए, पहले कंटेंट्स तैयार करें। अब नीचे दिए गए स्टेप्स का अनुसरण करें और वर्ड में फेवरेट कार्टून कैरेक्टर की रिपोर्ट एवं एक्सेल में पोल एनालिसिस बनाने के लिए स्क्रीन शॉट को ध्यान से देखें।

1. **वर्ड** में रिपोर्ट का पहला पेज बनाएँ। फॉण्ट, स्टाइल और पैरामीटर जैसे दिखाए गए हैं, वैसे लगाएँ।

उपर्युक्त चित्र में टेक्स्ट के लिए जो पैरामीटर प्रयोग किए गए हैं, वे निम्न प्रकार हैं—

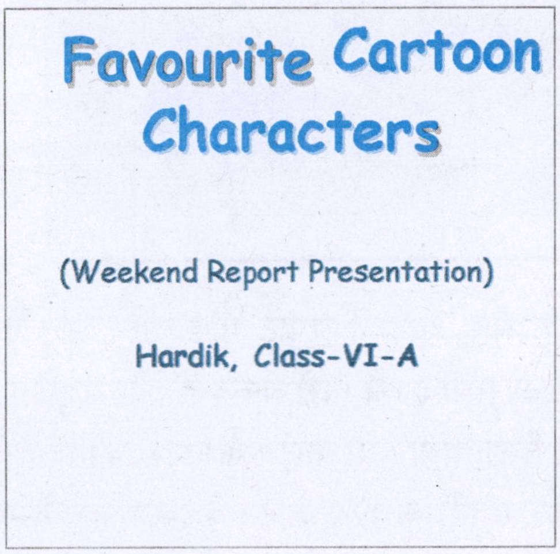

फेवरेट कार्टून कैरेक्टर

Font : Comic Sans, Bold, Size : 54 pt, Colour : Red, Align : Centre

वीकेंड रिपोर्ट प्रेजेंटेशन

Font : Comic Sans, Size : 32 pt,

Colour : Black, Align: Centre

नाम, कक्षा, वर्ग

Font : Comic Sans, Bold, Size : 28 pt,

Colour : Black, Align : Centre

नोट

आप फॉण्ट, साइज, स्टाइल, रंग आदि के लिए विभिन्न विकल्पों को खोलकर प्रयोग कर सकते हैं। कृपया इसे अपने मित्रों, भाई-बहनों या माता-पिता को दिखाकर यह सुनिश्चित करें कि यह पढ़ने में आसान है। आप जो भी बनाते हैं, वह दूसरों को पढ़ने में आसान होना चाहिए। यह आपके डॉक्यूमेंट या प्रेजेंटेशन बनाने के लिए सबसे महत्त्वपूर्ण नियम है।

2. नीचे दिखाए गए स्क्रीन शॉट की तरह पेज बनाएँ—

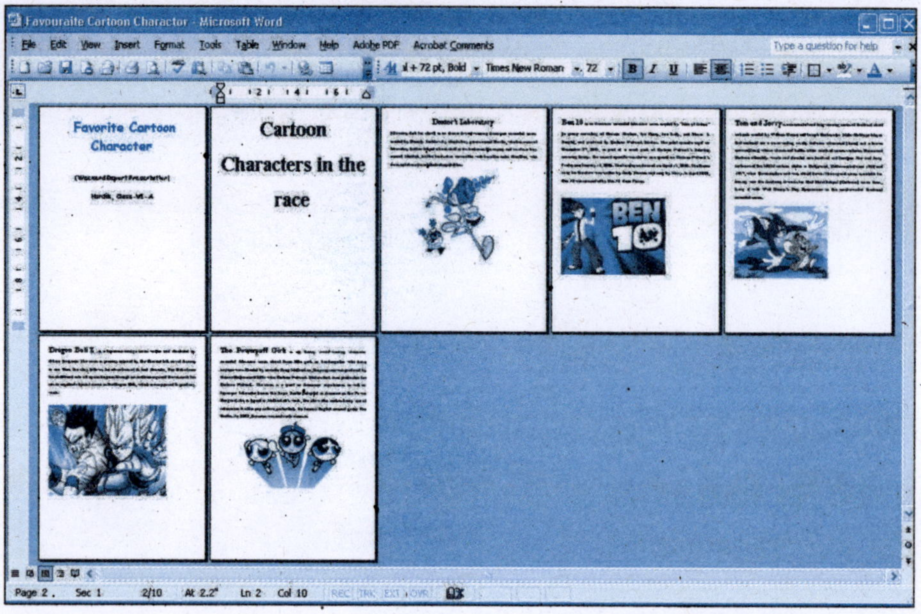

उपर्युक्त पेज की डिजाइनिंग और फॉरमेटिंग करने के बाद आपकी रिपोर्ट में लगभग सात पेज होंगे। चूँकि पिछली कक्षा में हम पहले ही चर्चा कर चुके हैं कि डेटा सीरीज को कैसे बनाते हैं और एक्सेल में डेटा सीरीज का प्रयोग करके चार्ट कैसे बनाते हैं, अब हम विभिन्न विद्यार्थियों द्वारा कार्टून कैरेक्टर्स को दिए गए वोट दिखाने के लिए इसे दुबारा बनाएँगे और उन्हें चार्ट पर लगाकर सर्वाधिक प्रिय कार्टून कैरेक्टर ज्ञात करेंगे। इसके लिए निम्न स्टेप्स लेंगे—

3. **एक्सेल** का प्रयोग करके डेटा सीरीज बनाइए जैसा कि नीचे दिखाया गया है।

Our Polls

	Favourite Cartoon Characters					
S. No.	**Friends' Name**	**Dexter**	**Ben10**	**DragonBallZ**	**Tom and Jerry**	**PowerPuff Girls**
1	Myself	1	1	0	0	1
2	Anshu	1	1	0	1	0
3	Vani	1	1	0	0	1
4	Hardik	0	0	0	0	1
5	Raghav	1	1	1	1	0
6	Abhiram	0	1	1	1	0
7	Anjali	0	0	0	1	1
		4		[illegible]	4	4

4. एक्सेल में चार्ट विजर्ड प्रयोग करके सिंपल कॉलम चार्ट बनाइए, जैसाकि नीचे दिखाया गया है।

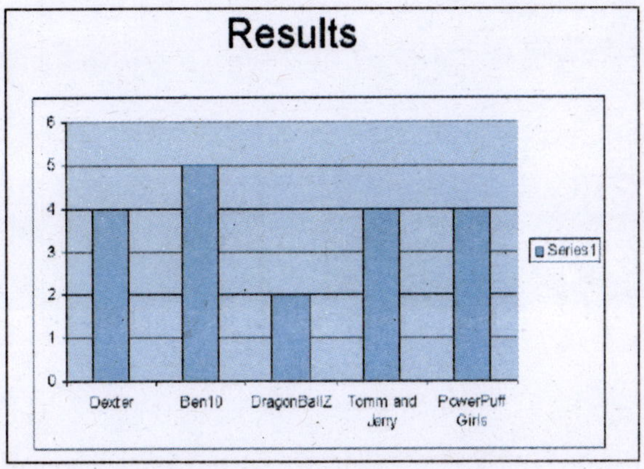

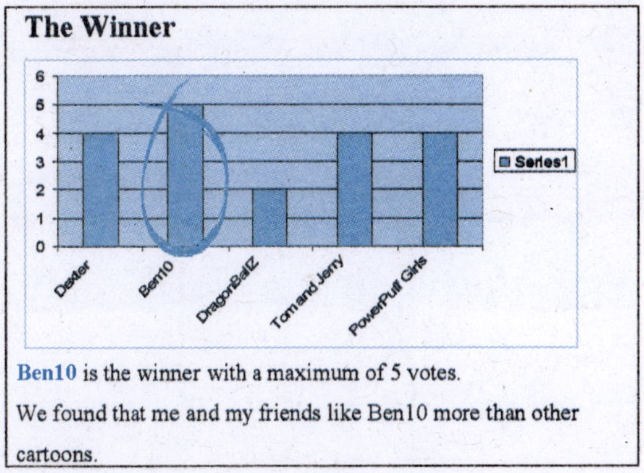

5. अंत में सबसे लंबी बार सबसे अधिक पसंदीदा कार्टून दिखाएगी। विजेता को दिखाने के लिए बार पर चिह्न लगाएँ, जैसाकि ऊपर दिखाया गया है।

तो अब वर्ड और एक्सेल में मूल सामग्री तैयार हुई है। आइए, अब इन्हें मिलाकर एक वर्ड फाइल तैयार करें। यद्यपि सुनने में कठिन लग रहा है, परंतु विधि बहुत आसान है।

1. यदि यह करंट विंडो नहीं है तो **Alt+Tab** दबाकर एक्सेल एप्लीकेशन में जाइए।
2. प्राइमरी टेबल को सिलेक्ट करिए और **Edit>Copy** चुनकर या **Ctrl+C** दबाकर उसे कॉपी कीजिए।
3. **Alt+Tab** दबाकर वर्ड में जाएँ और **Edit>Paste** सिलेक्ट करके या **Ctrl+V** दबाकर उस टेबल को यहाँ पेस्ट करें।
4. एक्सेल से चार्ट को वर्ड में लाने के लिए कॉपी और पेस्ट वाली यही विधि दोहराएँ।
5. अब रिपोर्ट में कुल 10 पेज होंगे, जैसा कि नीचे दिखाया गया है। वर्ड में इस फाइल को **Favourite cartoon character.doc** नाम से सेव करिए।

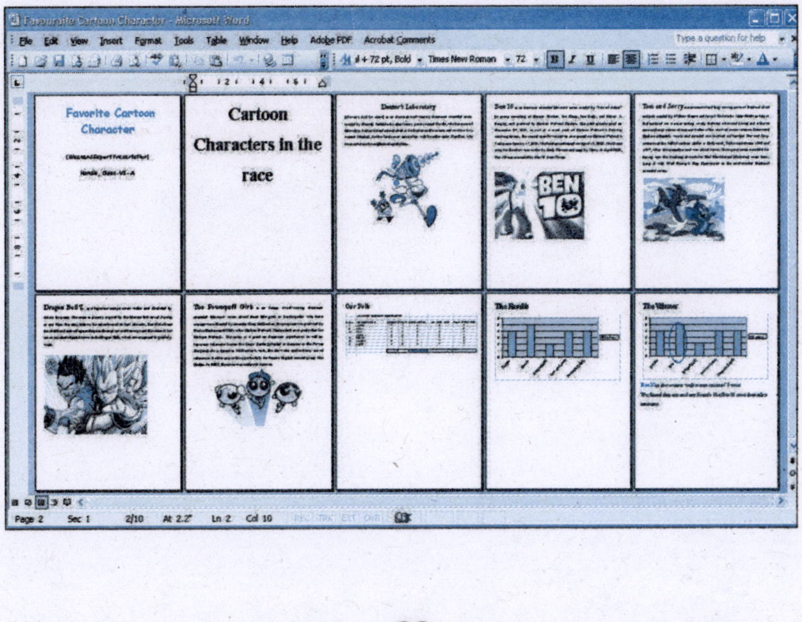

याद रखें

1. **कॉपी** (Ctrl+C) और **पेस्ट** (Ctrl+V) प्रयोग करके हम डेटा को एक्सेल से वर्ड या वर्ड से एक्सेल में लेजा सकते हैं।
2. **Alt+Tab** की कंबीनेशन का प्रयोग डेस्कटॉप पर खुली करंट विंडो में एक-दूसरे में जाने के लिए करते हैं।

अभ्यास

(अ) प्रैक्टिकल

1. इंटरनेट पर गूगल (www.google.com) और विकीपीडिया (www.wikipedia.com) की सहायता से ढूँढ़कर अपने प्रिय सुपर हीरो की जानकारी एकत्रित करिए और वर्ड का प्रयोग करके उसे एक रिपोर्ट में प्रस्तुत करिए। 5-7 विद्यार्थियों के समूह बनाकर उनसे वोट डलवाकर एक्सेल में विश्लेषण ज्ञात करिए कि कौन सा सुपर हीरो आपके समूह में अधिक प्रिय है।
2. इंटरनेट पर गूगल और विकीपीडिया की सहायता से अपने प्रिय पर्यटन स्थल की जानकारी एकत्रित करिए और वर्ड में रिपोर्ट बनाकर उसे प्रस्तुत करिए।

(ब) निम्न का मिलान करें :

1. फॉण्ट — अ.

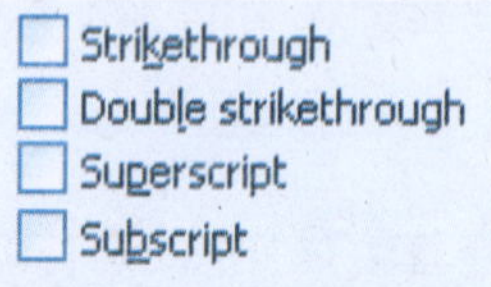

2. फॉण्ट स्टाइल — ब.

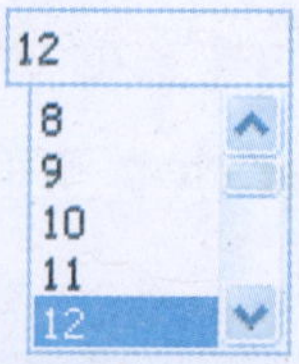

3. फॉण्ट साइज — स.

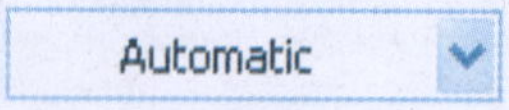

4. फॉण्ट कलर — द.

5. इफेक्ट्स — च.

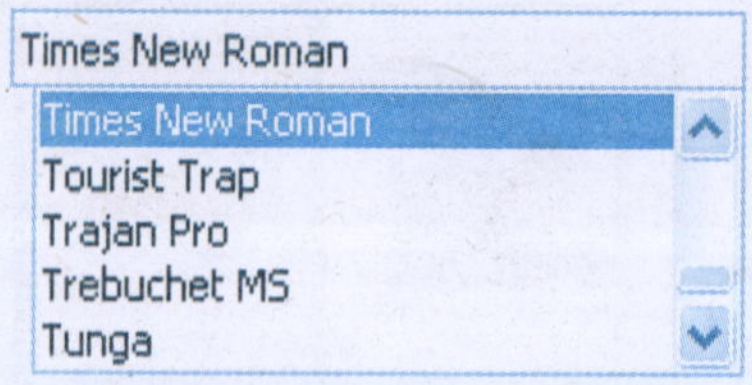

बहुविकल्पीय प्रश्न

निम्न चार विकल्पों में से सही विकल्प पर (✓) निशान लगाएँ।

1. वर्ड से पावर पॉइंट में कंटेंट कॉपी करने के लिए शॉर्टकट है—

    अ. Ctrl+C

    ब. Ctrl+V

    स. Ctrl+P

    द. Ctrl+N

2. वर्ड से पावर पॉइंट में कंटेंट पेस्ट करने के लिए शॉर्टकट है—

    अ. Ctrl+C

    ब. Ctrl+P

    स. Ctrl+N

    द. Ctrl+V

3. करंट विंडो से किसी दूसरी खुली विंडो में जाने के लिए आपको दबाना होगा—

    अ. Alt + Tab

    ब. Ctrl + Tab

    स. Shift + Tab

    द. Tab

4. वर्ड से एक्सेल में जाने के लिए आपको **Alt+Tab** दबाना होता है अब यदि आप वापस वर्ड विंडो में जाना चाहते हैं तो दबाना होगा—

    अ. Tab + Alt

    ब. Alt + Tab

    स. Shift + Ctrl + Tab

    द. केवल Tab key

4 ऑफिस एप्लीकेशन-2 जोड़ना

वर्ड, एक्सेल और पावर पॉइंट

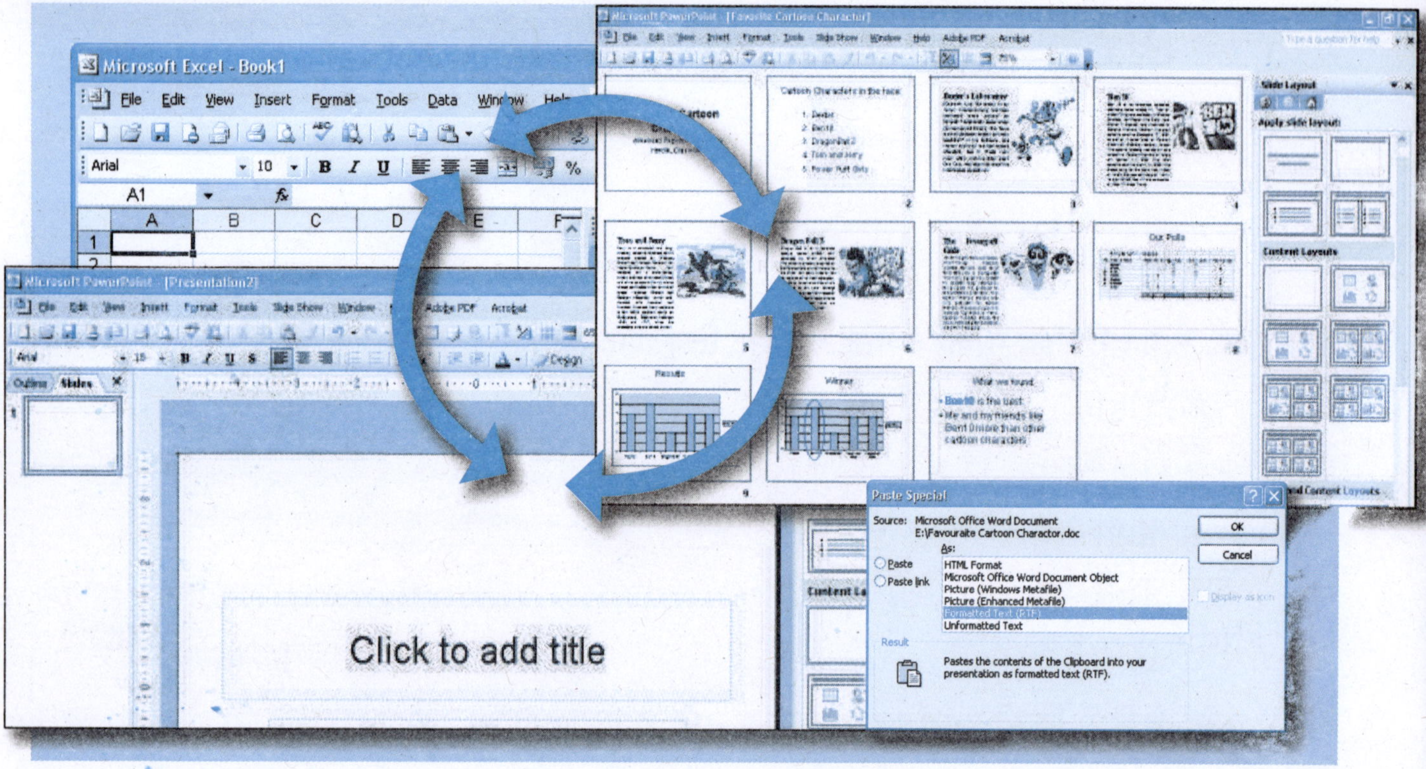

आप फेवरेट कार्टून कैरेक्टर पर साप्ताहिक रिपोर्ट बनाने का अभ्यास कर चुके हैं। इस अध्याय में आप उस रिपोर्ट का प्रयोग पावर पॉइंट प्रेजेंटेशन बनाने के लिए करेंगे। इस पावर पॉइंट प्रेजेंटेशन का प्रयोग करके आप इस रिपोर्ट को अपने शिक्षक को स्लाइड शो के रूप में दिखा सकते हैं।

नोट

क्या आप जानते हैं कि आप अपने प्रेजेंटेशन को बहुत सारे लोगों को एक साथ ऑडिटोरियम में दिखा सकते हैं? आप आश्चर्यचकित होंगे कि यह कंप्यूटर के छोटे मॉनीटर से कैसे संभव है। नहीं! इसके लिए मॉनीटर नहीं बल्कि **प्रोजेक्टर** का प्रयोग करते हैं। यदि आपके स्कूल में प्रोजेक्टर है तो उसे कंप्यूटर से जोड़ने के लिए अपने कंप्यूटर शिक्षक से अनुरोध करिए। प्रोजेक्टर को कंप्यूटर से जोड़कर आप अपना प्रेजेंटेशन बहुत सारे लोगों को एक साथ दिखा सकेंगे, जैसे पूरी कक्षा या पूरे स्कूल को, जो कि प्रोजेक्टर के आकार और शक्ति पर निर्भर करता है।

फेवरेट कार्टून कैरेक्टर पर प्रेजेंटेशन बनाने के लिए नीचे दी गई स्टेप्स सावधानी से लीजिए—

1. पावर पॉइंट खोलिए और **Content Layouts** टास्क पैन में **Blank** स्लाइड पर क्लिक करिए, जैसा कि नीचे दिखाया गया है।

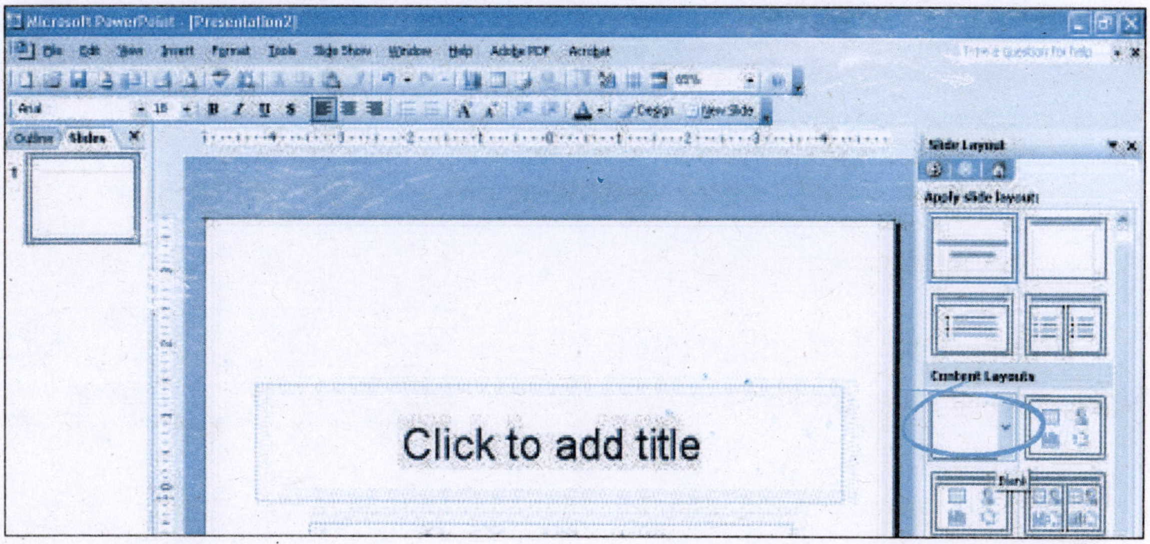

2. **Favourite cartoon character.doc** नाम से वर्ड में बनाई गई फाइल को खोलिए। पहला पेज पूरा सिलेक्ट करिए।

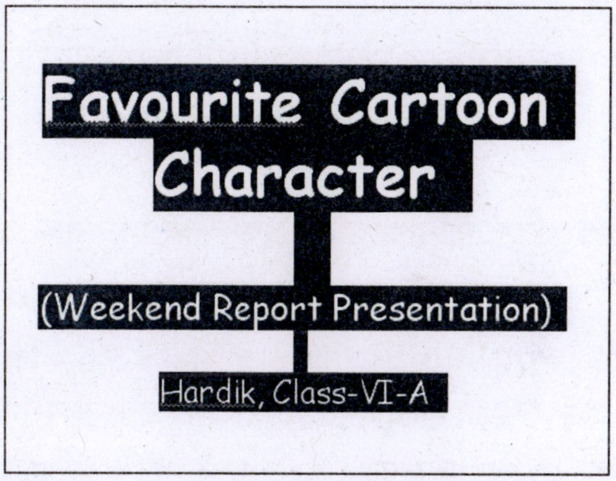

3. **Edit>Copy** या **Ctrl+C** दबाकर अथवा चुने गए भाग में राइट क्लिक करके और शॉर्टकट मेन्यू में **Copy** सिलेक्ट करके पूरे टेक्स्ट को कॉपी करिए।

4. **Alt+Tab** दबाकर पावर पॉइंट में जाइए और कॉपी किया गया टेक्स्ट Edit>Paste या Ctrl+V अथवा स्लाइड पर राइट क्लिक करके शॉर्टकट मेन्यू से **Paste** पर क्लिक करके कॉपी किए टेक्स्ट को पेस्ट करिए।

5. पेस्ट करने के बाद यह टेक्स्ट वैसा ही दिखता है जैसा यहाँ दिखाया गया है। शॉर्टकट मेन्यू के साथ एक छोटा आइकन पेस्ट किए गए टेक्स्ट के नाचे दाईं ओर दिखाई देता है।

6. शॉर्टकट मेन्यू से **Keep Source Formatting** विकल्प चुनिए। यह विकल्प उस फॉरमेटिंग को स्थायी बनाए रखता है, जो वर्ड फाइल में था। आप टेक्स्ट के आकार को बढ़ाकर उतना कर सकते हैं जो स्लाइड की पूरी चौड़ाई में फिट आ सके।

साधारण भाषा में **Keep Source Formatting** विकल्प पर क्लिक करने से आप पावर पॉइंट को बताते हैं कि टेक्स्ट की फॉरमेटिंग बदलनी नहीं है बल्कि वैसी ही रखनी है जैसी वह पेस्टिंग से पहले थी।

7. **Ctrl+M** दबाते हैं या **Insert>New Slide** विकल्प पर जाकर अपने प्रेज़ेंटेशन में नई स्लाइड इंसर्ट करते हैं। वैकल्पिक रूप से कंटेंट लेआउट पैन में जाकर ब्लैंक स्लाइड में डाउन ऐरो में क्लिक करके **Insert New Slide** चुनते हैं।

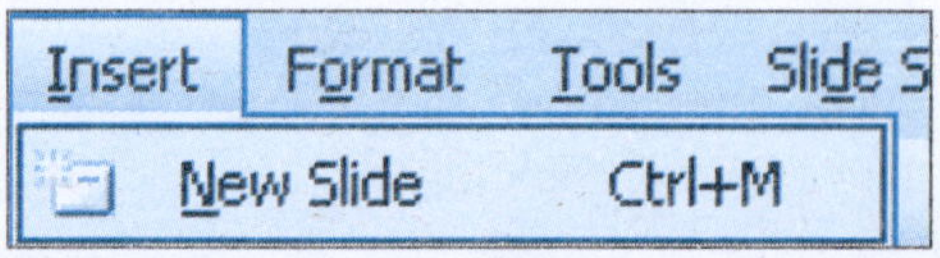

or

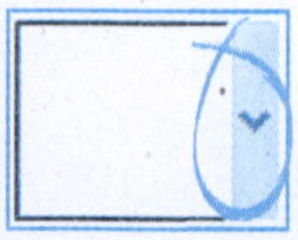

8. वर्ड से दूसरा पेज कॉपी करके पावर पॉइंट में पेस्ट करने के लिए स्टेप्स 3–6 दोहराएँ। जैसे दिखाया गया है वैसे फॉरमेटिंग करें।

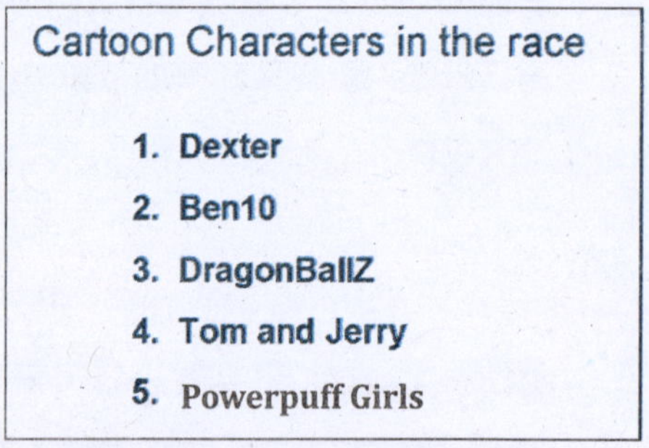

9. पुन: नई स्लाइड इंसर्ट करके वर्ड के तीसरे पेज से टेक्स्ट कॉपी करिए। इसे पावर पॉइंट की तीसरी स्लाइड में **Edit>Paste Special option** पर क्लिक करके या **Alt+E+S** से पेस्ट करिए। इससे **Paste Special** का डायलॉग बॉक्स खुल जाएगा। **Formatted Text (RTF)** विकल्प चुनिए। यह विकल्प चुनकर आप पावर पॉइंट को बताएँगे कि कॉपी किए गए टेक्स्ट के सभी एट्रीब्यूट यथा स्थिर रखने हैं दूसरे विकल्पों को भी खोलें, जैसे Unformatted Text और HTML Format और फिर देखिए, पेस्ट किया गया टेक्स्ट कॉपी किए गए टेक्स्ट से कैसे भिन्न है।

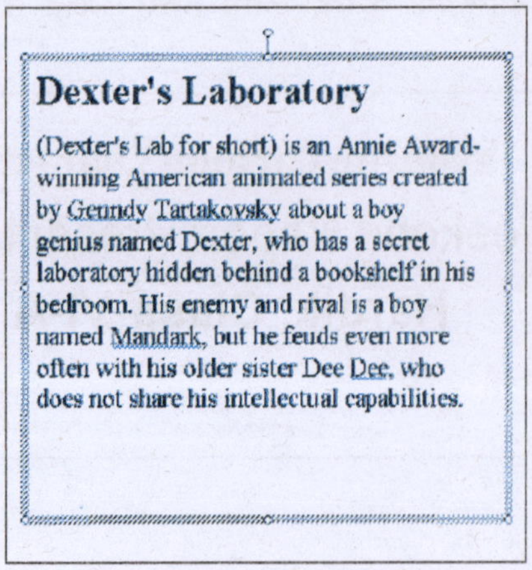

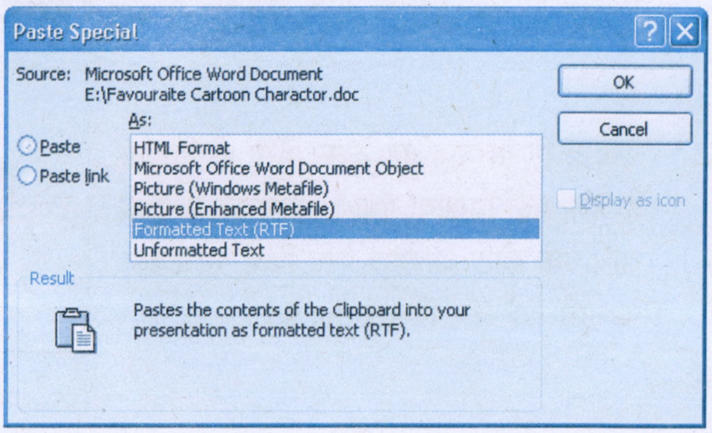

10. अब वर्ड फाइल के तीसरे पेज से इमेज कॉपी करिए और पावर पॉइंट के तीसरे पेज में टेक्स्ट के साथ लगाइए। जैसे नीचे दिखाया गया है वैसे टेक्स्ट की फॉरमेटिंग करिए।

Dexter's Laboratory

(Dexter's Lab for short) is an Annie Award-winning American animated series created by Genndy Tartakovsky about a boy genius named Dexter, who has a secret laboratory hidden behind a bookshelf in his bedroom. His enemy and rival is a boy named Mandark, but he feuds even more often with his older sister Dee Dee, who does not share his intellectual capabilities.

नोट

फॉण्ट और फॉरमेटिंग विकल्प जो हमने प्रय   किए हैं, वे नीचे दिए गए हैं। आप इ का प्रयोग कर सकते हैं अथवा अपने मन से कोई और चुन सकते हैं। प्रयोग क   और विभिन्न फॉण्ट, आकार और रंग खोलकर यह देखिए कि आपके लिए सबसे उपयुक्त कौन सा है। कृपया इसे अपने भाई-बहनों या माता-पिता को दिखाकर यह सुनिश्चित करिए कि यह आसानी से पढ़ने योग्य है।

Slide

Title : Dexter's Lab.... Font : Times New Roman, Bold, Size : 36

Slide Text : Dexter's … for short....: Font : Times New Roman, Size : 24

11. ऊपर दिए गए स्टेप्स का अनुसरण करके तब तक नई स्लाइड बनाते रहिए जब तक वर्ड के सभी पेजों को पावर पॉइंट में न ले आएँ।

टिप : वर्ड एवं एक्सेल की टेबलों का पावर पॉइंट में पेस्ट करना

जब आप वर्ड या एक्सेल से जटिल टेबल या डेटा कॉपी करते हैं और पावर पॉइंट में पेस्ट करते हैं तो टेबल अचानक टुकड़ों में बँट जाती है। आपको पावर पॉइंट में टेबल को पुनः फॉरमेट करना होगा। साधारण टेबल के लिए यह आसान हो सकता है, लेकिन जटिल (Complex) टेबल के लिए यह बहुत उबाऊ हो सकता है। यहाँ एक आसान तरीका है। आप Edit>Paste Special प्रयोग करके और Paste Special डायलॉग बॉक्स से Picture विकल्प प्रयोग करके **OK** बटन पर क्लिक करिए। टेबल बिलकुल वैसे ही पेस्ट हो जाएगी जैसे कि ऑरिजनल डॉक्यूमेंट में थी। अब आप इसे उपयुक्त साइज में बदल सकते हैं। यद्यपि टेबल डेटा अब एडिट नहीं किया जा सकेगा। एडिटिंग के लिए आपको वापस ऑरिजनल एप्लीकेशन में जाना होगा और इस कार्रवाई को दोहराना होगा।

12. वर्ड डॉक्यूमेंट से सभी पेजों को पावर पॉइंट में इंसर्ट करने के बाद प्रेजेंटेशन कुछ निम्न प्रकार दिखाई देगा (स्लाइड सॉर्टर व्यू में)—

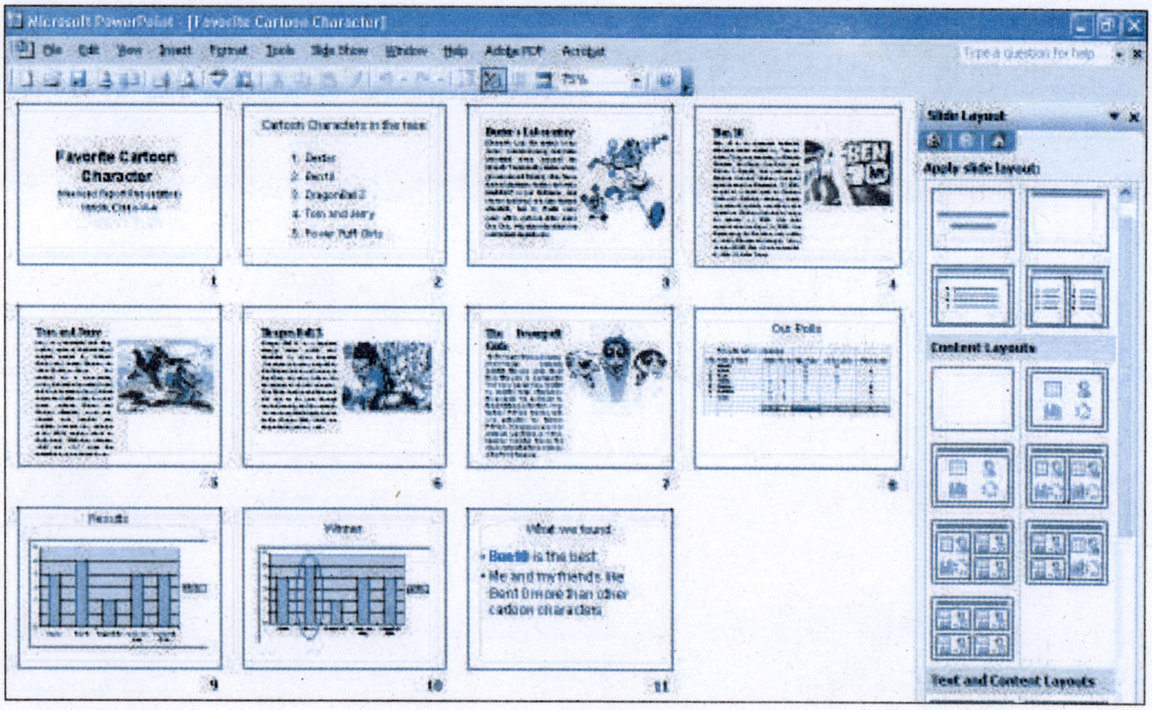

13. पावर पॉइंट स्लाइड को एक साथ सभी स्लाइडों को देखने के लिए **View** मेन्यू पर क्लिक करिए और **Slide Sorter** विकल्प चुनिए।

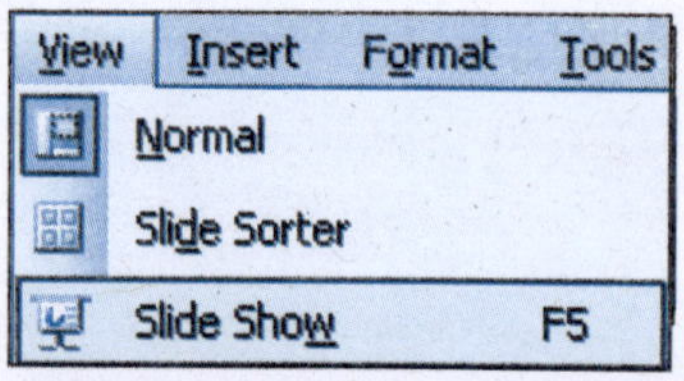

14. अपना प्रेजेंटेशन स्लाइड शो की तरह चलाने के लिए निम्न में से कोई एक स्टेप लीजिए—

    1. **View** मेन्यू में जाकर **Slide Show** विकल्प पर क्लिक करिए।
    2. **Slide Show** मेन्यू में जाइए और **View Show** विकल्प पर क्लिक करिए।
    3. **F5** दबाइए।
    4. पावर पॉइंट स्क्रीन के नीचे स्लाइड शो  बटन पर क्लिक करिए। इस तरह बारी-बारी से सभी स्लाइड करंट स्लाइड से लेकर अंतिम स्लाइड तक दिखाई जाएँ।

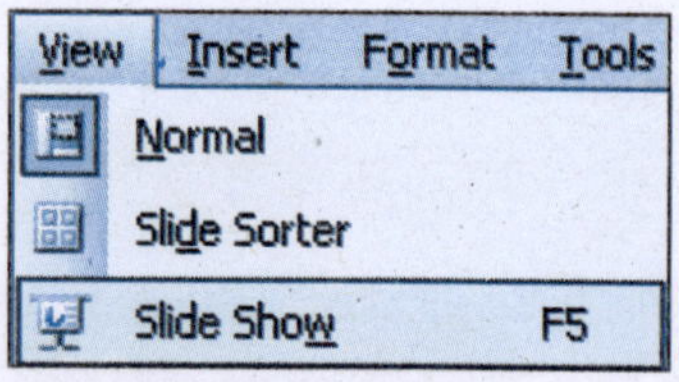

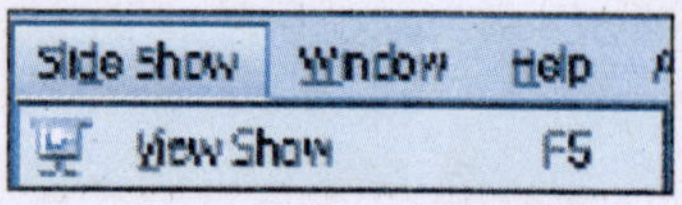

याद करें

1. कॉपी और पेस्ट का प्रयोग करके हम एक्सेल, वर्ड और पावर पॉइंट को एक फाइल में जोड़ सकते हैं।
2. **Edit>Paste Special** का प्रयोग करके आप एक्सेल से जटिल टेबल को पावर पॉइंट में ले जा सकते हैं।

अभ्यास

(अ) प्रैक्टिकल

क्या आपको पिछले अध्याय में निम्न विषयों पर बनाई गई साप्ताहिक रिपोर्ट याद है—

1. फेवरेट सुपर हीरो
2. फेवरेट पर्यटन स्थल

इन रिपोर्टों का प्रयोग करके पावर पॉइंट प्रेजेंटेशन बनाइए।

(ब) रिक्त स्थान भरें—

1. पावर पॉइंट में नई स्लाइड इंसर्ट करने के लिए .... दबाइए या .... पर जाइए।
2. स्लाइड सॉर्टर विकल्प .... में उपलब्ध है।
3. स्लाइड शो विकल्प .... में उपलब्ध है।
4. स्लाइड शो चलाने के लिए शॉर्टकट की .... है।

(स) निम्न का मिलान करें—

1. नॉर्मल व्यू — अ. 
2. स्लाइड सॉर्टर व्यू — ब. 
3. स्लाइड शो व्यू — स. 

बहुविकल्पीय प्रश्न

निम्न चार विकल्पों में से सही विकल्प पर (✓) निशान लगाएँ।

1. नई स्लाइड इंसर्ट करने के लिए.......... दबाइए या.......... पर जाइए।

   अ. Ctrl + N, INSERT MENU

   ब. Ctrl + M, INSERT MENU

   स. Ctrl + N, FILE MENU

   द. Ctrl + M, FILE MENU

2. स्लाइड सॉर्टर विकल्प.................में उपलब्ध है।

अ. एडिट मेन्यू
ब. व्यू मेन्यू
स. फॉरमेट मेन्यू
द. फाइल मेन्यू

3. व्यू शो विकल्प.................में उपलब्ध है।

अ. एडिट मेन्यू
ब. फाइल मेन्यू
स. फॉरमेट मेन्यू
द. स्लाइड शो मेन्यू

4. स्लाइड शो चलाने के लिए शॉर्टकट की.................है।

अ. F1
ब. F3
स. F5
द. F7

5. वर्ड में **Paste Special** के लिए शॉर्टकट है—

अ. Alt + E + S
ब. Ctrl + V
स. Ctrl + Shift + V
द. Ctrl + Alt + V

6. वर्ड से टेबलवाला जटिल डेटा पावर पॉइंट में पेस्ट करने के लिए निम्न विकल्पों से आप **Paste Special** प्रयोग करेंगे। यद्यपि आप टेबुलर डेटा को फिर एडिट नहीं कर सकेंगे।

अ. एम.एस. ऑफिस वर्कशीट ऑब्जेक्ट
ब. एच.टी.एम.एल. फॉरमेट
स. रिच टेक्स्ट फॉरमेट
द. पिक्चर (Enhanced Metafile)

5 इंटरनेट पर इन्फॉरमेशन ढूँढ़ना

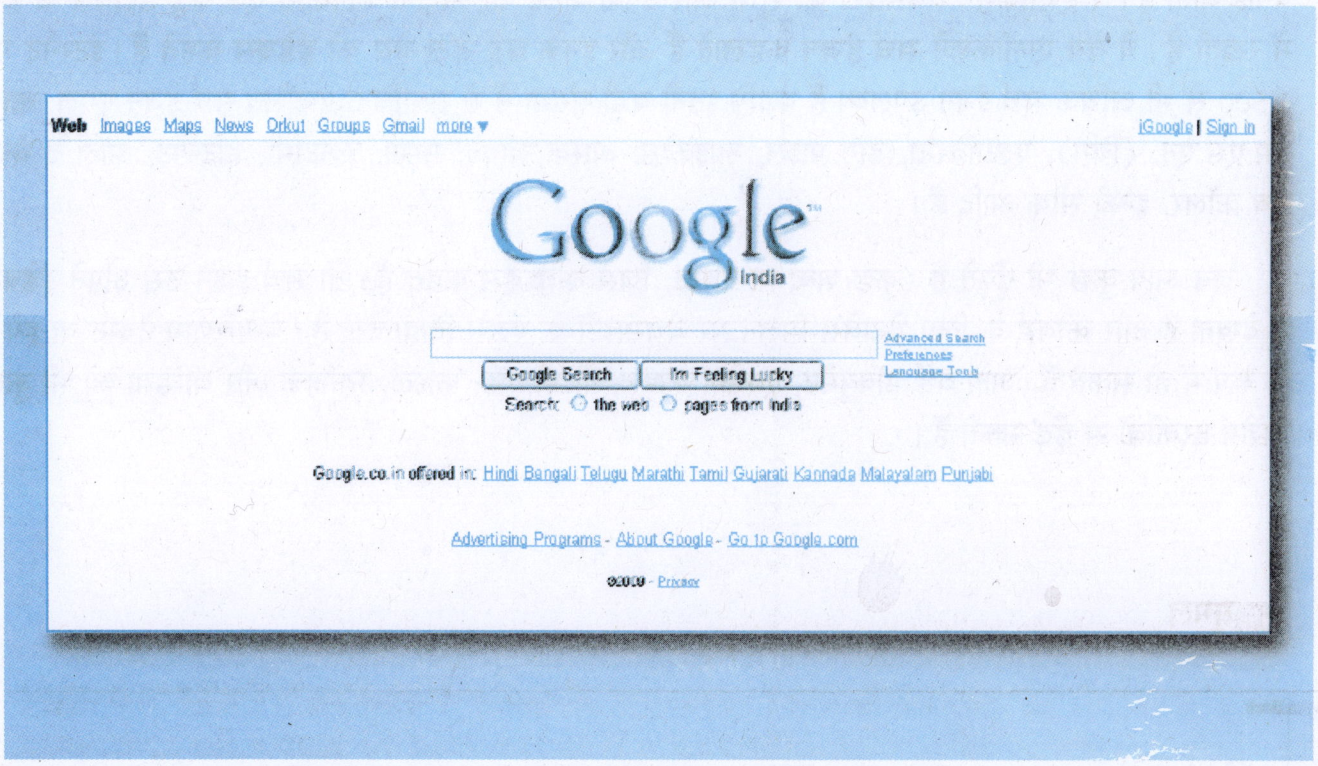

पिछली कक्षा में आप सर्च इंजन और उनका प्रयोग पढ़ चुके हैं। क्या आप इस अध्याय को शुरू करने से दोहराव के लिए पहले अपनी कक्षा में सर्च इंजन के बारे में चर्चा कर सकते हैं ? इस अध्याय में हम एक कदम आगे जाएँगे और यह जानेंगे कि सर्च इंजन हमारे लिए कितने उपयोगी हैं।

सर्च इंजन और उनका महत्त्व

आपने सर्च इंजन पर अवश्य काम किया होगा। क्या आपके साथ कभी ऐसी घटना घटी कि आप सर्च इंजन जैसे गूगल से कोई आवश्यक इन्फॉरमेशन ढूँढ़ रहे हों और उससे संबंधित वेब पेज न खुला हो ? उत्तर है—नहीं। किसी भी विषय पर और प्रत्येक विषय पर सर्च इंजन से वर्ड वाइड वेब पर इन्फॉरमेशन ढूँढ़ी जा सकती है।

आप जो इन्फॉरमेशन प्राप्त करना चाहते हैं, वह प्रोजेक्ट रिपोर्ट, सिनेमा, ट्रेन, हवाई यात्रा की टिकट बुक करने, होटल का रिजर्वेशन करने और प्रोडक्ट के गुणों की तुलना करने आदि से संबंधित हो सकते हैं।

वर्ड वाइड वेब में इन्फॉरमेशन के लगभग 40-50 लाख पन्ने या पेज होते हैं। यह एक बहुत बड़ी संख्या और बड़ी मात्रा में इन्फॉरमेशन है। आइए, पढ़ें कि इंटरनेट का प्रयोग करके अपनी रुचि से संबंधित जानकारी जल्दी से कैसे प्राप्त कर सकते हैं ?

इंटरनेट पर इन्फॉरमेशन ढूँढ़ने के लिए कुछ वेब एप्लीकेशनें होती हैं जो विशेषकर इन्फॉरमेशन ढूँढ़ने के लिए बनाई जाती हैं। ये एप्लीकेशनें वेबसाइटों की सूची और उनके कंटेंट की संक्षिप्त जानकारी एक बड़े डेटाबेस के रूप में रखती हैं। ये वेब एप्लीकेशनें **सर्च इंजन** कहलाते हैं और इनके बड़े डेटा बेस को **इंडेक्स** कहते हैं। इंटरनेट पर 1,500 से भी अधिक सर्च इंजन उपलब्ध हैं यद्यपि इतनी बड़ी संख्या में से सर्वाधिक प्रचलित सर्च इंजन गूगल, याहू, एम.एस.एन. (बिंग), एल्टाविस्टा, डाग पाइल, लाइकोस, आस्क जीव्ज, मम्मा, इंकटोमी, हॉटबोट, ऑल द वेब, वेब क्रॉलर, इन्फो सीक आदि हैं।

जब आप कुछ भी ढूँढ़ते हैं (कुछ शब्द या टेक्स्ट, जिसे **कीवर्ड्स** कहते हैं) तो सर्च इंजन उसे अपने इंडेक्स में देखता है और कीवर्ड के लिए डेटाबेस मिलने पर वेबसाइटों के एड्रेस दिखा देता है। ये परिणाम टेक्स्ट या इमेज के रूप में हो सकते हैं। आप वर्ड डॉक्यूमेंट, एक्सेल फाइल, पी.डी.एफ. फाइल, म्यूजिक और वीडियो को भी कुछ विशेष तरकीबों से ढूँढ़ सकते हैं।

गूगल

हजारों सर्च इंजन में से गूगल सबसे अधिक लोकप्रिय और अच्छा सर्च इंजन है। गूगल में प्रोप्राइटरी सिस्टम प्रयोग किया जाता है, जिसे पेज रैंक कहते हैं और इसके आधार पर खोजे गए परिणामों के पेज को क्रमवार देखा जाता है। इस पुस्तक में हम केवल गूगल के बारे में चर्चा करेंगे। आप दूसरे सर्च इंजन खोलकर और उनके परिणाम को ढूँढ़कर उनसे इसकी तुलना कर सकते हैं।

आप जब कभी गूगल से सर्च करते हैं तो अधिकांश सर्च के परिणामस्वरूप हजारों-लाखों पेज दिखाई देते हैं। इसका अर्थ यह नहीं है कि जो आप ढूँढ़ रहे हैं, उसे पाने के लिए लिस्ट के प्रत्येक पेज को देखना होगा। सामान्यतः संबंधित जानकारी आप आरंभ के 5-10 पेजों में प्राप्त कर लेते हैं। यदि आप फिर भी जानकारी प्राप्त न कर सकें तो अपनी खोज से संबंधित की वर्ड लिखकर पुनः प्राप्त करें।

अतिरिक्त जानकारी : पेजरैंक

गूगल एक पैटेंट्ड सिस्टम का प्रयोग करता है, जिसे पेज रैंक कहते हैं। यह सिस्टम कीवर्ड के सबसे अधिक नजदीकी वेब पेजो को शीर्ष पर रखने में सहायता करता है। साधारण भाषा में पेज रैंक का अर्थ है—यूजर के लिए इन्फॉरमेशन की उपयोगिता और वेब पेज देखनेवालों की संख्या। पेज रैंक वेब पेजों के लिए 0 से 10 नंबर के बीच बढ़ता-घटता रहता है। ऊँची रैंक का अर्थ है कि अधिक लोगों को इस पेज पर इन्फॉरमेशन मिलती है, जो बहुत उपयोगी है और बहुत सारी वेब साइट लोगों से इस वेब पेज पर आने का आग्रह करती हैं। पेज रैंक के अतिरिक्त गूगल अन्य गुप्त मानकों का भी प्रयोग करता है, जिससे परिणाम की सूची को सही तरह से रैंक पर रखा जा सके।

अतिरिक्त जानकारी : एस.ई.ओ.

गूगल डेटाबेस के लिए कोई भी अपनी वेब साइट प्रस्तुत कर सकता है। गूगल पर साइट प्रस्तुत करना बिलकुल निःशुल्क है। गूगल उस साइट का परीक्षण करता है और उसकी संक्षिप्त जानकारी स्टोर कर लेता है। इसे क्रॉलिंग कहते हैं। इस तरह साइट कुछ ही सप्ताह में गूगल की सूची में आ जाती है। यदि साइट में अच्छी पेज रैंक नहीं है तो वह पहले पाँच या दस पेज में नहीं दिखाई जाएगी और बहुत ही कम लोग उसे देख पाएँगे। ऐसी कई विधियाँ हैं, जिससे वेबसाइट का पेज रैंक बढ़ाया जा सकता है। ये विधियाँ **सर्च इंजन ऑप्टीमाइजेशन या एस.ई.ओ.** कहलाती हैं हम एस.ई.ओ. का प्रयोग करके बहुत सारे लोगों को अपनी वेब साइट पर ला सकते हैं। एस.ई.ओ. के बारे में अधिक जानकारी के लिए इंटरनेट पर सर्फ करिए।

अतिरिक्त जानकारी : इ-कॉमर्स

वेब साइट सामान्यतः सभी लोगों के लिए प्रोडक्ट या सर्विस दिखाती है। यदि ये लोग प्रोडक्ट या सर्विस को उपयोगी पाते हैं तो उसे खरीद भी सकते हैं। इंटरनेट पर प्रोडक्ट या सर्विस को खरीदना अथवा बेचना **इ-कॉमर्स** कहलाता है। कोई व्यक्ति पुस्तक, फूल, चॉकलेट, सिनेमा के टिकट, हवाई यात्रा या ट्रेन के टिकट, म्यूजिक सी.डी., फिल्म की डी.वी.डी., खिलौने, कपड़े, जूते आदि इंटरनेट से खरीद सकता है। यद्यपि ये सब खरीदने के लिए आपके पास एक क्रेडिट कार्ड होना आवश्यक है। इस तरह की ई-कॉमर्स साइट के उदाहरण Amazon.com और eBay.com आदि हैं।

याद करें

1. कुछ वेब एप्लीकेशनें दूसरी वेबसाइट की सूची और उनके कंटेंट की संक्षिप्त जानकारी अपने डेटाबेस में रखती हैं। इन बड़े डेटाबेस को **इंडेक्स** और इन वेब एप्लीकेशनों को **सर्च इंजन** कहते हैं।
2. वह शब्द या टेक्स्ट जिससे इन्फॉरमेशन ढूँढ़ते या सर्च करते हैं, उसे कीवर्ड्स कहते हैं।

3. गूगल रेटिंग के अनुसार सबसे विख्यात और सबसे अच्छा सर्च इंजन है।
4. गूगल एक पैटेंट्ड सिस्टम प्रयोग करता है, जिसे **पेज रैंक** कहते हैं।
5. गूगल पर वेबसाइट प्रस्तुत करना बिलकुल नि:शुल्क है। गूगल उस वेबसाइट को पूरी तरह देखता है और उसके बारे में संक्षिप्त जानकारी स्टोर कर लेता है। इसे **क्रॉलिंग** कहते हैं।
6. वेबसाइट के पेज रैंक बढ़ाने की कई सारी विधियाँ हैं, जिन्हें **सर्च इंजन आप्टीमाइजेशन या एस.ई.ओ.** कहते हैं।
7. इंटरनेट पर प्रोडक्ट या सर्विस को खरीदना या बेचना **इ-कॉमर्स** कहलाता है।

अभ्यास

(अ) निम्न प्रश्नों के उत्तर दीजिए—

1. सर्च इंजन क्या है ? ये हमारे किस काम आते हैं ? कुछ उदाहरण दीजिए।
2. सर्च इंजन ऑप्टीमाइजेशन क्या है ?
3. इ-कॉमर्स क्या है ?
4. पेज रैंक सिस्टम की व्याख्या करिए।

(ब) नीचे दी गई गूगल स्क्रीन में जो आइटम नहीं हैं, उन्हें बनाइए—

बहुविकल्पीय प्रश्न

निम्न चार विकल्पों में से सही विकल्प पर (✓) निशान लगाएँ।

1. कुछ वेब एप्लीकेशनें वेबसाइटों की सूची और उनके बारे में संक्षिप्त जानकारी अपने बड़े डेटाबेस में रखती हैं। इस बड़े डेटाबेस को..................कहते हैं और वेब एप्लीकेशनों को..................कहते हैं।

   अ. सर्च इंजन, इंडेक्स — ब. इंडेक्स, सर्च इंजन

   स. हाइपरलिंक्स, वेब पेज — द. इनमें से कोई नहीं

2. जब आप कुछ शब्द या टेक्स्ट प्रयोग करके किसी चीज को ढूँढ़ते हैं तो उसे कहते हैं।

   अ. कमांड — ब. कीवर्ड

   स. इंडेक्स — द. हाइपरलिंक

3. ....रेटिंग के अनुसार सबसे अधिक प्रसिद्ध और अच्छा सर्च इंजन है।

   अ. याहू — ब. एम.एस.एन.

   स. गूगल — द. रेडिफ

4. गूगल एक पैटेंट्ड सिस्टम प्रयोग करता है, जिसे कहते हैं—

   अ. पेज सेटअप — ब. पेज रैंक

   स. पेज ओरिएंटेशन — द. इनमें से कोई नहीं

5. गूगल पर साइट प्रस्तुत करना बिलकुल निःशुल्क है। गूगल वेबसाइट को अच्छी तरह देखता है और उसकी संक्षिप्त जानकारी स्टोर कर लेता है। इसे कहते हैं—

   अ. फिल्टरिंग — ब. क्रॉलिंग

   स. फिशिंग — द. इनमें से कोई नहीं

6. ऐसी कई विधियाँ हैं, जिनसे कोई भी किसी वेबसाइट के पेज रैंक बढ़ा सकता है। इस विधि को कहते हैं—

   अ. सीक इंजन ऑप्टीमाइजेशन — ब. सर्च इंजन ऑप्टीमाइजेशन

   स. सर्च इंजन ओरिएंटेशन — द. इनमें से कोई नहीं

7. इंटरनेट पर प्रोडक्ट या सर्विस को खरीदना या बेचना कहलाता है—

   अ. ट्रेडिंग — ब. बैंकिंग

   स. इ-कॉमर्स — द. इनमें से कोई नहीं

6 गूगल सर्च (एडवांस्ड)

पिछली कक्षा में आपने सर्च इंजन से इन्फॉरमेशन खोजना सीखा। अब हम और अधिक जानकारी प्राप्त करेंगे और जानेंगे कि गूगल सर्च इंजन का प्रयोग करके इन्फॉरमेशन कैसे ढूँढ़ते हैं।

गूगल से इन्फॉरमेशन ढूँढ़ना बहुत आसान है। केवल वह शब्द या वाक्य टाइप करिए जो उस इन्फॉरमेशन को स्पष्ट करता हो, जिसे आप ढूँढ़ना चाहते हैं और फिर श्ठ्ठह्लद्गह्म की दबाइए अथवा **गूगल सर्च** पर क्लिक करिए। उदाहरण के लिए, कार्टून नेटवर्क से संबंधित जानकारी इस प्रकार ढूँढ़ी जा सकती है—

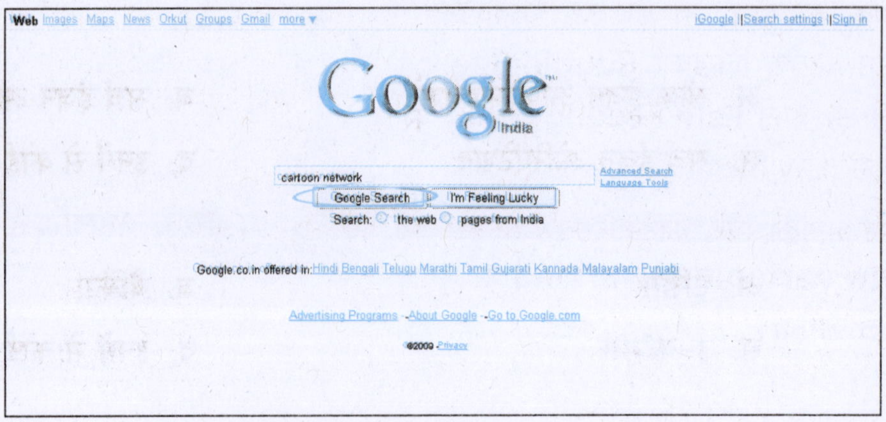

गूगल खोज के परिणाम एक सूची के रूप में वेब पेज पर दिखाता है। अत: कार्टून नेटवर्क से संबंधित सबसे अधिक मेल खानेवाले पेज गूगल रैंकिंग के अनुसार पहले आएँगे।

यदि आप पहली वेबसाइट पर क्लिक करें जैसा कि दिखाया गया है तो उस वेबसाइट पर पहुँच जाएँगे।

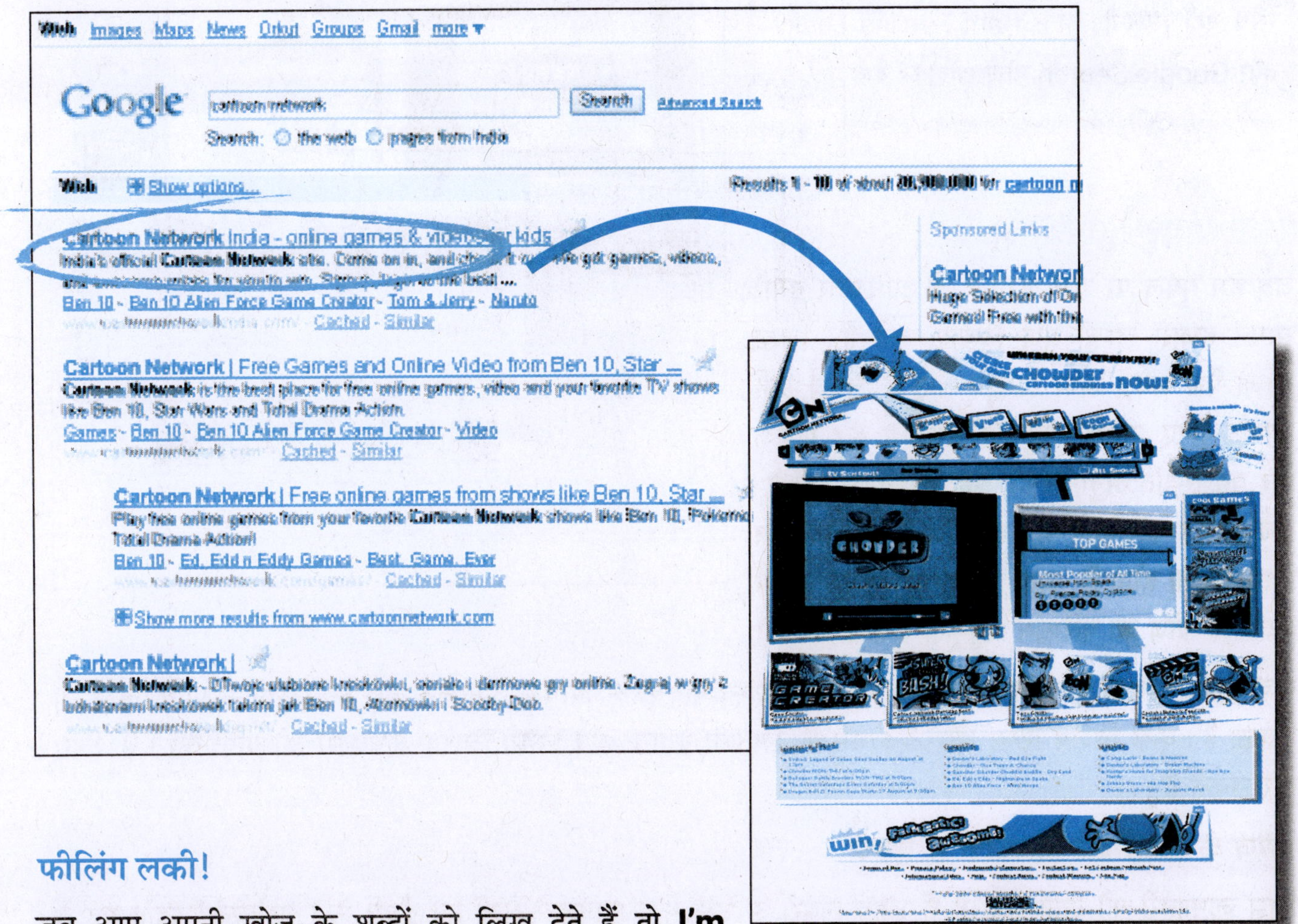

फीलिंग लकी!

जब आप अपनी खोज के शब्दों को लिख देते हैं तो **I'm Feeling Lucky** बटन पर क्लिक करना चाहेंगे जो उस वेबसाइट को खोलेगा जिसे गूगल सबसे पहले ढूँढ़ना है। उदाहरण के लिए, यदि आप कार्टून नेटवर्क का होम पेज ढूँढ़ रहे हैं तो केवल कार्टून नेटवर्क लिखकर **Google Search** बटन की जगह **I am Feeling Lucky** पर क्लिक करिए।

गूगल आपको सीधे कार्टून नेटवर्क के होमपेज **www.cartoonnetworkindia.com** पर ले जाएगा।

नोट

कृपया दोनों विकल्पों को खोलकर देखें, क्योंकि आप सदैव भाग्यशाली नहीं होंगे और संबंधित जानकारी सीधे नहीं मिलेगी। अत: I am Feeling Lucky और Google Search दोनों खोलकर देखें।

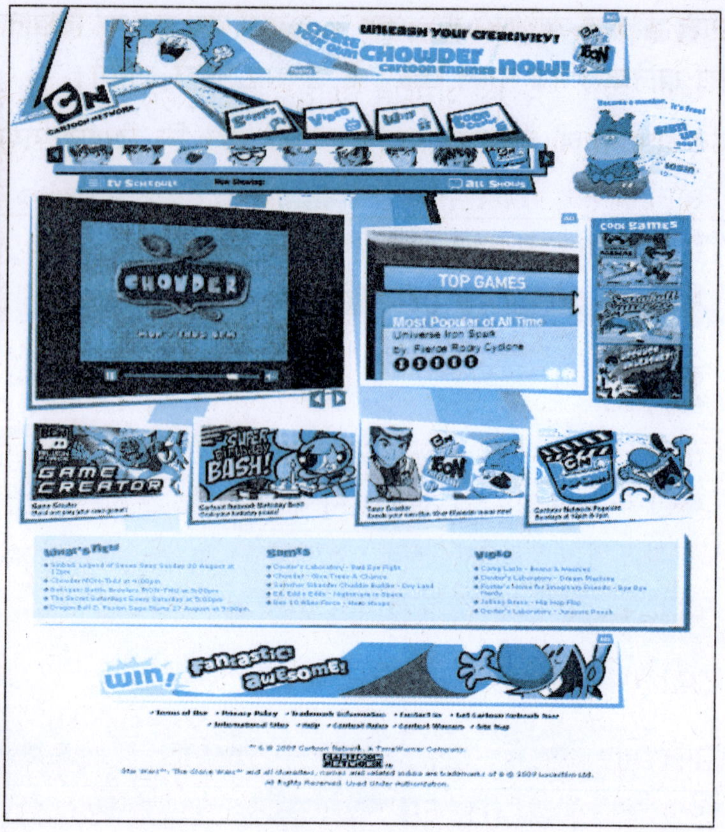

एडवांस्ड गूगल सर्च

जब हम गूगल पर सर्च करते हैं तो अधिकतर हमारे सामने हजारों-लाखों पेज दिखाए जाते हैं। लिस्ट में जो पेज सबसे ऊपर दिखाए जाते हैं, गूगल उन्हें आपके लिए सबसे अनुकूल समझता है। प्रत्येक बार यह स्थिति अनुकूल हो, यह आवश्यक नहीं है। जब आप इन्फॉरमेशन नहीं ढूँढ़ पाते हैं तो यह बहुत खिझानेवाला होता है, अत: हम अपनी जानकारी के संबंध में खोज का परिणाम अनुकूल कैसे प्राप्त करें।

कुछ ऐसी विधियाँ हैं, जिनसे खोज के परिणाम को सीमित करके अधिक अनुकूल पेजों को जल्दी से प्राप्त किया जा सकता है। कुछ विशेष टिप्स और टेक्निक्स हैं, जिनका प्रयोग आप किसी विशेष जानकारी को प्राप्त करने के लिए कर सकते हैं।

खोज के शब्दों को सावधानी से चुनना

जिस जानकारी को आप ढूँढ़ रहे हैं उससे सबसे अधिक मेल खानेवाले पेजों को ढूँढ़ने के लिए मूल सिद्धांत यह है कि खोज के शब्दों को बिलकुल सटीक लिखें

- ऐसे शब्दों का प्रयोग करें जिन्हें आप पेज पर देखना चाहते हैं।
- प्रश्न या क्वेरी प्रयोग करने की उपेक्षा करें।
- केंद्रित रहें : खोज के परिणामों को सीमित रखने के लिए अधिक क्वेरी शब्द प्रयोग करें।
- संक्षिप्त रहें : अच्छे परिणामों के लिए कम और सटीक शब्दों का प्रयोग करें।

कीवर्ड का क्रम

सर्च बॉक्स में आप जिस क्रम से कीवर्ड लिखते हैं, वह उपयुक्त लिंक प्राप्त करने में बहुत महत्त्वपूर्ण भूमिका निभाता है। history book और book history देकर देखें। 'हिस्ट्री बुक' उन पुस्तकों के बारे में जानकारी देगा, जिनमें इतिहास पर ध्यान केंद्रित किया गया है, जबकि 'बुक हिस्ट्री' पुस्तकों के इतिहास के बारे में परिणाम देगा।

फ्रेज सर्च (उद्धरण चिह्न " " का प्रयोग करके)

कभी-कभी हम ऐसे परिणाम चाहते हैं जिनमें हूबहू वाक्य मिलें ऐसी अवस्था में अपनी खोज के शब्द के दोनों तरफ कोटेशन मार्क या उद्धरण चिह्न ("") लगाइए। यदि आप खास नाम के लिए सर्च कर रहे हैं तो फ्रेज सर्च अधिक उपयोगी होंगे। आप गूगल सर्च का उन पेजों के लिए प्रयोग कर सकते हैं, जिनमें आपकी खोज के शब्द हूबहू हों। history of personal computer आपको history of the computer से भिन्न परिणाम दिखाएगा, जो अधिक सटीक होगा।

स्पेलिंग

गूगल के बारे में एक रोचक सत्य यह है कि यदि आप किसी शब्द की गलत स्पेलिंग टाइप कर दें तो खोज शुरू करने के लिए स्पेलिंग ठीक करने की आवश्यकता नहीं होगी। बहुत अधिक संभव है कि गूगल आपकी गलती को पहचान लेगा और वैकल्पिक शब्द का सुझाव देगा, जो अधिक सामान्य है और ऑनलाइन डिक्शनरी से देखकर उसे ठीक करने की अपेक्षा बहुत कम समय लेता है।

उदाहरण के लिए—

यदि आप लिखेंगे—sachin tendukar तो गूगल प्रतिक्रिया देगा Did you mean : Sachin Tendulkar

NOTE

गूगल द्वारा सुझाई गई स्पेलिंग की लिंक खोलने से पहले यह सुनिश्चित कर लीजिए क्या ये वही शब्द हैं जिसे आप ढूँढ़ रहे हैं।

स्टॉप वड्र्स (अवांछित शब्दों को छोड़ें)

जब गूगल सामान्य शब्दों (जैसे **where, do, I, for, and a** जिन्हें स्टॉप वड्र्स कहते हैं) की उपेक्षा करता है तो यह अधिक सटीक परिणाम लाने के लिए ऐसा करता है। गूगल सर्च को खोज शब्द में सामान्य शब्दों को, जैसे प्रिपोजिशन और आर्टिकल को छोड़ने के लिए प्रोग्राम किया गया है। आप खोज में the और my, and एवं a जैसे शब्दों को छोड़ सकते हैं।

यदि आप इन्हें अपनी खोज का हिस्सा मानते हैं तो कीवर्ड के पहले और बाद में कोटेशन मार्क लगाएँ।

कैपिटलाइजेशन (NOT केस सेंसिटिव)

गूगल सर्च केस सेंसिटिव नहीं है। सभी अक्षर आप चाहे जैसे भी लिखें, उन्हें लोअर केस में माना जाता है। उदाहरण के लिए MICKEY MOUSE, mickey mouse और Mickey Mouse—परिणाम एक समान ही आएँगे।

ऑटोमैटिक "and" क्वेरीज

डिफाल्ट द्वारा गूगल केवल वही पेज दिखाता है जिसमें आपके खोज के सभी शब्द सम्मिलित होते हैं। शब्दों के बीच आपको 'and' जोड़ने की आवश्यकता नहीं होती। ध्यान रखें कि जिस क्रम में खोज के लिए शब्दों को टाइप किया जाएगा उन्हीं के अनुसार परिणाम आएगा।

सामान्य शब्दों का स्वतः हट जाना

जैसा कि पहले बताया जा चुका है, गूगल सामान्य शब्दों और अक्षरों को छोड़ देता है; जैसे where और how, क्योंकि इससे आपकी खोज धीमी हो जाती है और अच्छे परिणाम नहीं आते। यदि आप अपनी खोज के लिए ऐसे शब्दों को आवश्यक समझते हैं तो आप इन्हें '+' चिह्न के साथ जोड़ सकते हैं (+ चिह्न से पहले रिक्त स्थान देना आवश्यक है)।

ऐसा करने के लिए एक और विधि फ्रेज सर्च है। इसका साधारण अर्थ है—दो या अधिक शब्दों को कोटेशन मार्क में रखना। फ्रेज में सामान्य शब्द (उदाहरण के लिए, "where are you") खोज में शामिल होता है।

शब्द का घटना-बढ़ना (stemming)

गूगल केवल आपके शब्दों को नहीं खोजता बल्कि उनसे मिलते-जुलते और शब्दों को भी ढूँढ़ता है। यदि आप paint खोजेंगे तो गूगल painting, painter और शब्द के घटने-बढ़ने से बननेवाले अन्य शब्दों को भी खोजेगा। प्रत्येक परिणाम में खोजवाले शब्दों के साथ उसके मिलते-जुलते शब्दों के परिणाम भी दिखाए जाएँगे।

निगेटिव टर्म (वे चीजें बताना जो आप नहीं चाहते हैं)

यदि आपकी खोजवाले शब्द के एक से अधिक अर्थ हैं या दूसरे शब्दों के साथ जुड़े हैं तो माइनस का चिह्न (−) लगाकर उन शब्दों की उपेक्षा कर सकते हैं, जिन्हें आप नहीं चाहते हैं। जब आप अपनी खोज में निगेटिव टर्म सम्मिलित करते हैं तो माइनस (−) चिह्न के पहले रिक्त स्थान रखने की पुष्टि कर लें।

उदाहरण के लिए : यदि आप ढूँढ़ना चाहते हैं कि नोकिया के अतिरिक्त मोबाइल फोन के और कौन से ब्रांड होते हैं तो इस तरह लिखेंगे—

याद करें

1. I'm Feeling Lucky बटन गूगल द्वारा खोजी गई सबसे पहली वेबसाइट (और अधिकतम अनुकूल) को खोलेगा।
2. फ्रेज सर्च कोटेशन मार्क से करते हैं।
3. गूगल सर्च केस सेंसिटिव नहीं है।
4. यदि सामान्य शब्द आपकी खोज का परिणाम लाने के लिए आवश्यक है तो उसे "+" के साथ जोड़ सकते हैं
5. यदि आप गूगल निगेटिव सर्च फीचर प्रयोग करना चाहते हैं तो उस शब्द के पहले माइनस (−) चिह्न लगाते हैं।

Use mobile phones brands–Nokia

अभ्यास

(अ) प्रैक्टिकल

1. 'गूगल डूडल' लोगो ढूँढ़िए और फिर अपने मित्रों द्वारा ढूँढ़े गए लोगों से उसकी तुलना करिए तथा देखिए कि क्या दूसरों को वैसा ही डूडल मिला जैसा किसी एक को? यदि नहीं तो क्यों?

2. सभी डिलबर्ट कार्टून ढूँढ़िए, जो स्कॉट एडम्स ने गूगल्स लोगो का प्रयोग करके बनाए हैं, जैसा कि नीचे एक दिखाया गया है।
3. गूगल के दो संस्थापक भागीदार कौन हैं?
4. गूगल का प्रयोग करके इस सर्च इंजन के बारे में और जानकारी प्राप्त कीजिए और फिर उस पर पावर पॉइंट प्रेजेंटेशन बनाइए।

(ब) निम्न का मिलान करें—

1. निगेटिव सर्च	अ. " "
2. सामान्य शब्दों को इस तरह आवश्यक रूप से रखा जा सकता है।	ब. I am feeling lucky
3. फ्रेज सर्च	स. " "
4. पहली सबसे अधिक अनुकूल वेबसाइट खोलता है	द. " "

बहुविकल्पीय प्रश्न

निम्न चार विकल्पों में से सही विकल्प पर (✓) निशान लगाएँ।

1. .... आपकी क्वेरी के लिए गूगल द्वारा ढूँढ़ी गई पहली वेबसाइट को खोलता है।

अ. ''फ्रेज सर्च''

ब. ''निगेटिव सर्च''

स. "I'm Feeling Lucky" बटन

द. इनमें से कोई नहीं

2. फ्रेज सर्च इस कोटेशन मार्क द्वारा करते हैं—

अ. ‘ ’

ब. “ ”

स. []

द. { }

3. गूगल सर्च है—

अ. केस सेंसिटिव नहीं

ब. केस सेंसिटिव

स. उपर्युक्त दोनों

द. इनमें से कोई नहीं।

4. आप जो परिणाम चाहते हैं, उसे ढूँढ़ने के लिए यदि सामान्य शब्द आवश्यक है तो आप इसके सामने ....बनाकर उसे सम्मिलित कर सकते हैं।

अ. –

ब. +

स. /

द. :

5. यदि आप गूगल का निगेटिव सर्च प्रयोग करना चाहते हैं तो आप उस शब्द के सामने........................ चिह्न लगाइए, जिसे शामिल करना नहीं चाहते हैं।

अ. –

ब. +

स. /

द. :

7 एडवांस इ-मेलिंग

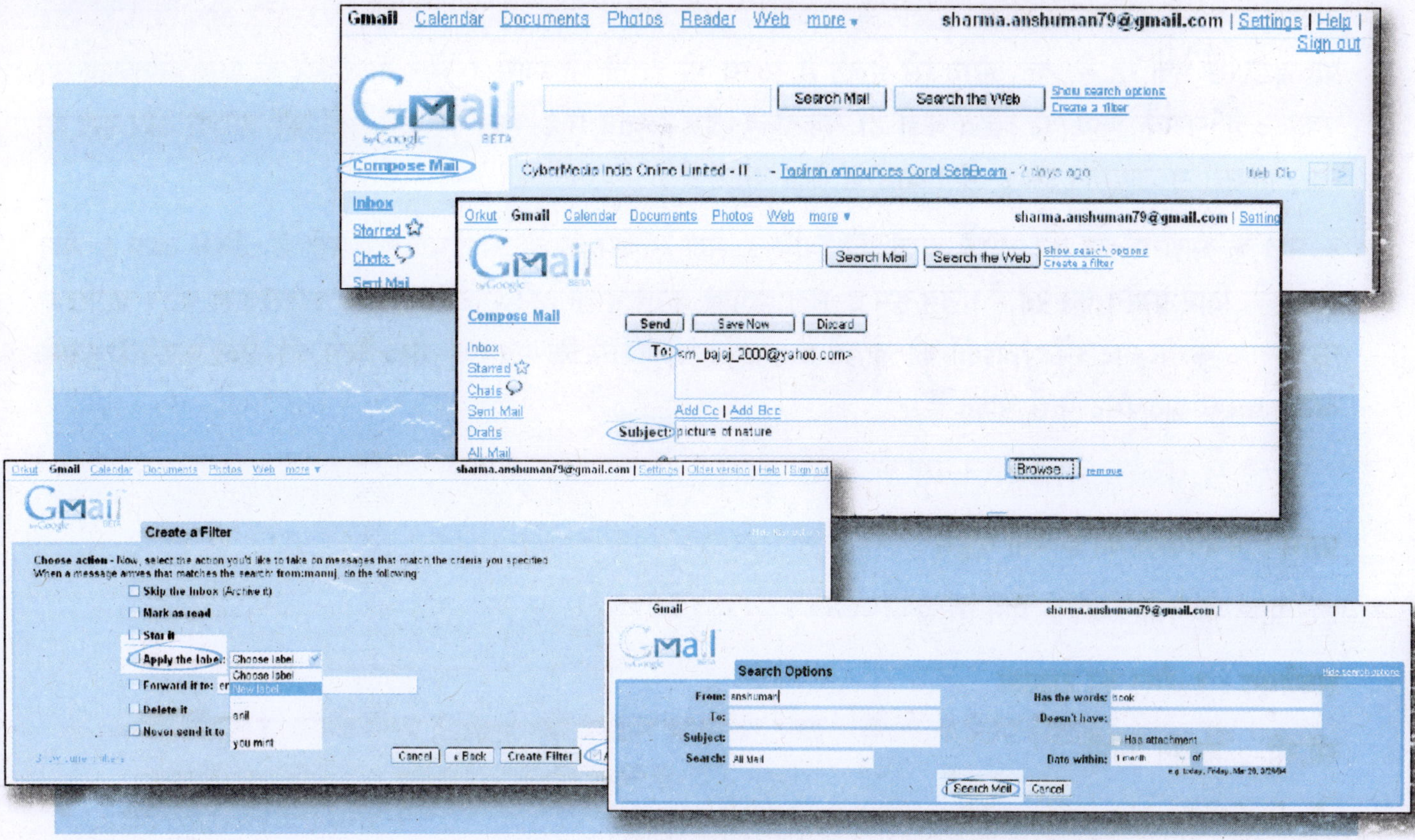

पिछली कक्षा में आपने इ-मेल और उसके लाभ के बारे में पढ़ा था। हमने यह भी चर्चा की थी कि आप ऐसी कोई भी चीज जिसे कंप्यूटर स्क्रीन पर देख सकते हैं, उसे भेज सकते हैं और प्राप्त कर सकते हैं। इसे इ-मेल के साथ भेज सकते हैं और इसे **अटैचमेंट** कहते हैं। चिंता का विषय केवल एक है और वह है फाइल का आकार। सामान्यत: इ-मेल एप्लीकेशन 10 एम.बी. से बड़े आकार की फाइल भेजी और प्राप्त नहीं की जा सकती है। अधिक बड़े आकार की फाइल को अपलोड और डाउनलोड करने से इंटरनेट कनेक्शन भी धीमा हो जाता है। यद्यपि हाई स्पीड ब्रॉडबैंड कनेक्शन में ऐसी समस्या नहीं आती।

इस अध्याय में इ-मेल अटैचमेंट और उनके लाभ के बारे में हम और अधिक सीखेंगे।

इ-मेल अटैचमेंट

कोई भी फाइल जो इ-मेल के साथ भेजी जाती है, उसे इ-मेल अटैचमेंट या **अटैचमेंट** कहते हैं। अटैचमेंट किसी भी प्रकार की फाइल हो सकती है, जिसमें (इमेज, फोटो जैसे—.bmp, .jpg, .gif), कंप्रेस्ड (zip, rar इत्यादि) फाइलें या फोल्डर, सभी प्रकार की फाइलें जिनमें वर्ड प्रोसेसर या स्प्रेडशीट डॉक्यूमेंट, ऑडियो / वीडियो फाइलें एवं अन्य डॉक्यूमेंट शामिल हैं

अधिकांश इ-मेल प्रोवाइडर अटैचमेंट से भेजनेवाली फाइल की सीमा निर्धारित करते हैं। प्रत्येक इ-मेल के साथ आप निश्चित संख्या के अटैचमेंट, सामान्यत: 5 तक भेज सकते हैं। अधिकांश इ-मेल सर्विस इ-मेल अटैचमेंट के माध्यम से 5 से 10 एम.बी. से अधिक आकार की फाइल भेजने की अनुमति नहीं देते। फिर भी गूगल 20 एम.बी. आकार तक की फाइल का आदान-प्रदान करने की अनुमति देता है। यह 20 एम.बी. का अटैचमेंट आप जिस इ-मेल प्रोवाइडर से भेज रहे हैं, वह अगर इसे भेजने में सक्षम भी हो तो भी जिस इ-मेल प्रोवाइडर के पास प्राप्तकर्ता का एकाउंट है, उसके लिए यह बहुत बड़ी हो सकती है। इस स्थिति में इ-मेल स्वीकार नहीं की जाएगी और इरर के साथ वापस आ जाएगी। इसे इ-मेल **बाउंस्ड बैक** कहते हैं।

इ-मेल के साथ फाइल को अटैच करने की विधि इ-मेल सर्विस के अनुसार बदल सकती है। जिसे आप इ-मेल भेजने के लिए प्रयोग कर रहे हैं। जब हम इ-मेल कंपोज करते हैं तो अटैचमेंट या अटैच फाइलवाले बटन या लिंक पर क्लिक करके अटैचमेंट फाइलों को जोड़ते हैं। यहाँ हम सीखेंगे कि गूगल इ-मेल जिसे **जी-मेल** कहते हैं उससे अटैच करके अटैचमेंट कैसे भेजते हैं।

इ-मेल में प्रयोग होनेवाले महत्त्वपूर्ण टर्म्स

फ्रॉम : भेजनेवाले का इ-मेल एड्रेस

टू : प्राप्त करनेवाले का इ-मेल एड्रेस

सब्जेक्ट : इ-मेल का टाइटल

सी.सी. : कार्बन कॉपी

बी.सी.सी. : ब्लाइंड कार्बन कॉपी

इनबॉक्स : हम सारी इ-मेल इन बॉक्स में प्राप्त करते हैं। इ-मेल पढ़ने के लिए उसके सब्जेक्ट पर क्लिक करिए।

कंपोज : इस विधि का प्रयोग करके हम इ-मेल लिखते हैं।

इ-मेल अटैचमेंट भेजना

किसी फाइल (फोटो, डॉक्यूमेंट आदि) भेजने के लिए उस फाइल को इ-मेल के साथ अटैच करना होता है। यहाँ बताया गया है कि यह कैसे करते हैं।

1. अपना यूजर नेम और पासवर्ड लिखकर अपने इ-मेल एकाउंट में लॉगइन करिए। **'Sign In'** बटन पर क्लिक करिए।

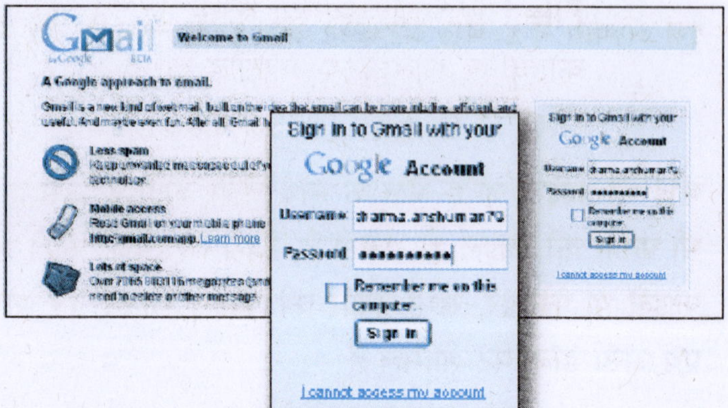

2. जब आप **'Sign In'** कर लेंगे तो स्क्रीन इस तरह आएगी, जैसी यहाँ दिखाई दे रही है।

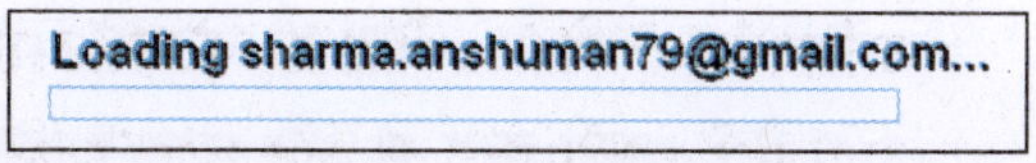

इसके बाद आप **'inbox'** पर जाते हैं, जो निम्न प्रकार आता है। हम वही इ-मेल एकाउंट प्रयोग करेंगे जो पिछली कक्षा में बनाया था, जहाँ इ-मेल बनाने और उसकी बेसिक जानकारी के बारे में पढ़ा था।)

3. **Compose Mail** विकल्प पर क्लिक करिए। अपने मित्र का इ-मेल एड्रेस **To** बॉक्स में और सब्जेक्ट **(Subject)** बॉक्स में टाइप करिए।

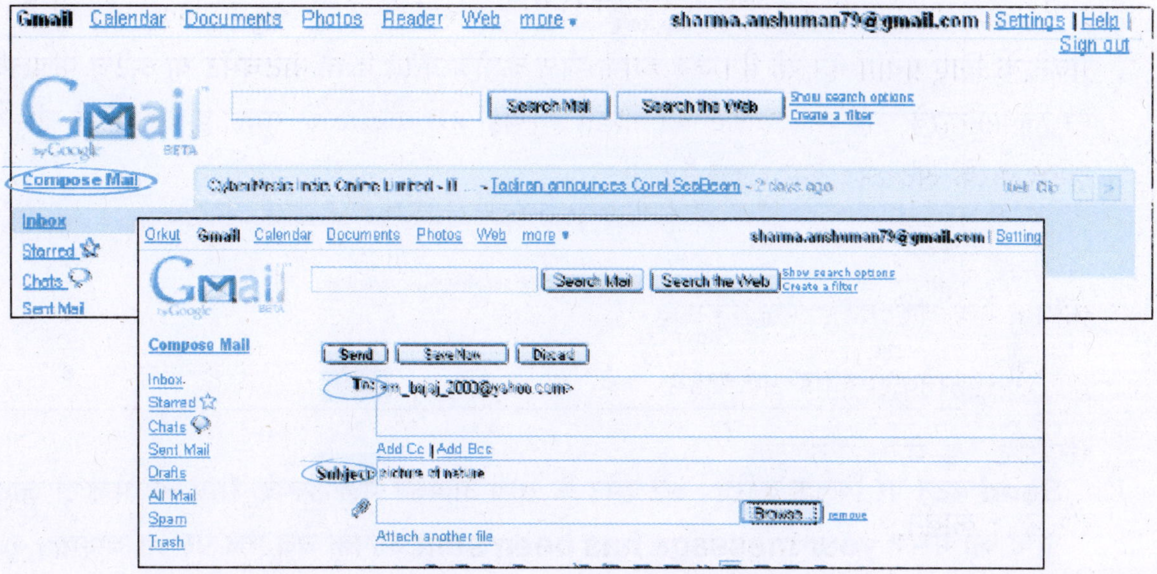

4. **Attach** पर क्लिक करिए फिर **Browse** विकल्प पर क्लिक करिए और।

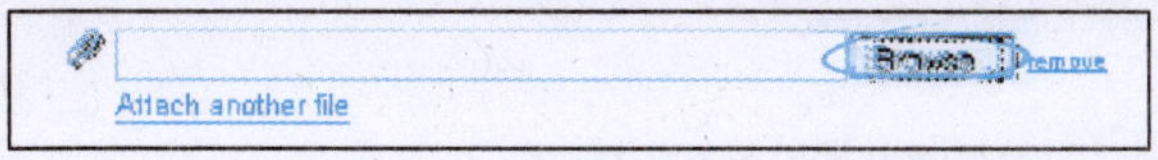

5. **File Upload** डायलॉग बॉक्स से उस फाइल को चुनिए जिसे आप अपलोड करना चाहते हैं और फिर **Open** पर क्लिक करिए।

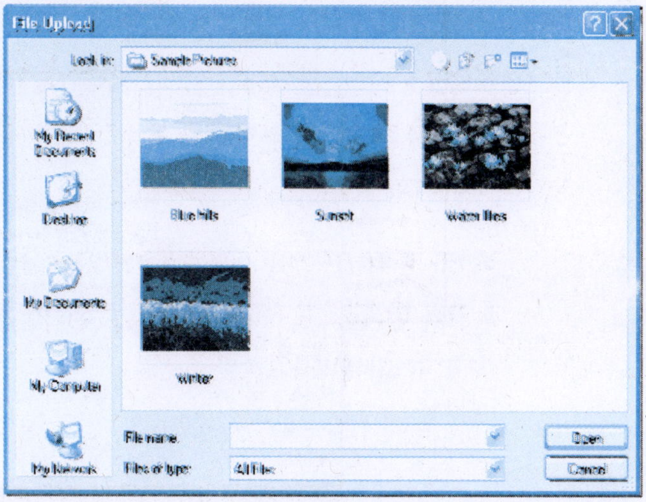

6. इमेज इ-मेल में अटैच हो जाएगी। **message** बॉक्स में अपना मेसेज टाइप करिए, जैसे कि नीचे दिखाया गया है। इसी तरह से और फाइलें अटैच करके आप कई फाइलों को अटैचमेंट के रूप में भेज सकते हैं। यदि आपने फाइलों को अटैचमेंट के लिए चुनने के बाद न भेजने का निर्णय किया है तो उनके नाम के सामने बॉक्स अनचेक करके उन्हें अटैचमेंट से मिटा भी सकते हैं।

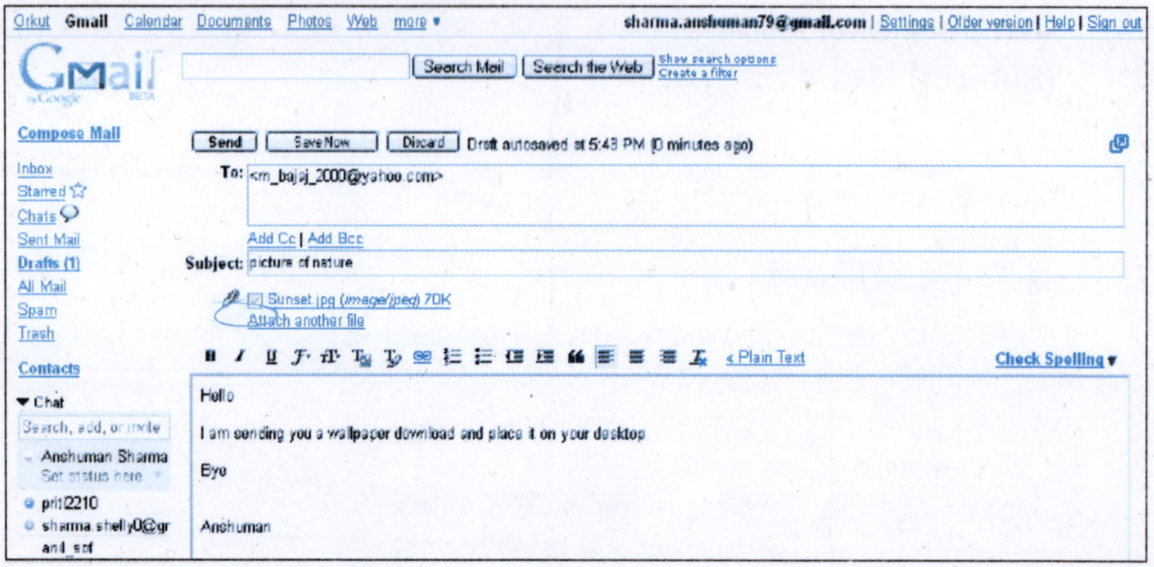

7. **Send** बटन पर क्लिक करिए। अटैचमेंट के साथ आपकी मेल आपके मित्र को भेज दी जाएगी और उसकी पुष्टि का मेसेज **your message has been sent** आपके वेब पेज पर आ जाएगा।

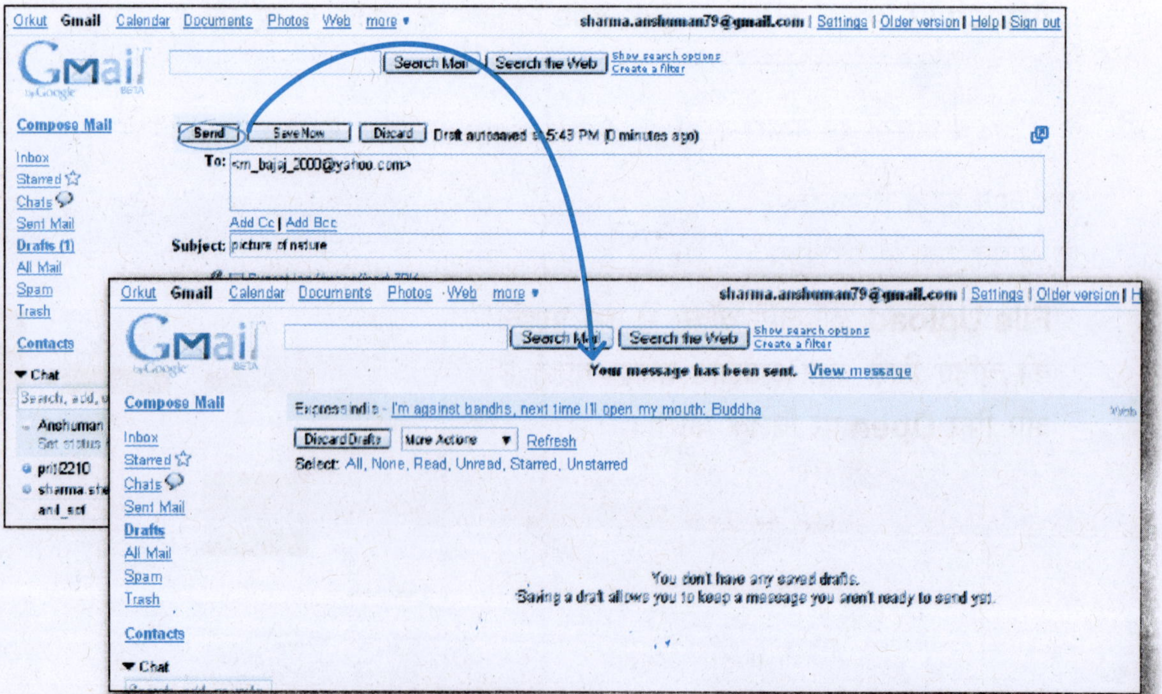

Inbox से अटैचमेंट डाउनलोड करना

भेजे गए अटैचमेंट को देखना या डाउनलोड करना आपके इ-मेल प्रोवाइडर या प्रोग्राम पर निर्भर करता है, जिसमें आप इ-मेल प्राप्त कर रहे हैं। हम अटैचमेंट देखने और डाउनलोड करने की विधि को समझने के लिए जी-मेल का प्रयोग करेंगे। दूसरे इ-मेल सर्विस प्रोवाइडर के लिए लगभग ऐसी ही विधि प्रयोग करते हैं।

चेतावनी : इ-मेल में वायरस

अटैचमेंट को डाउनलोड करना खतरनाक हो सकता है। हम सलाह देंगे कि अटैचमेंट डाउनलोड करते समय नीचे दी गई बातों का ध्यान रखें—

- अटैचमेंट खोलने से पहले उसे सदैव एक अप-टू डेट एंटीवायरस सॉफ्टवेयर से स्केन कर लें।
- कभी भी ऐसे अटैचमेंट को Send, Click, Open या Run न करें जिनके बारे में आपको जानकारी नहीं है। (एक्जीक्यूटेबल फाइल के बारे में विशेष सावधानी रखें जिसके नाम के अंत में change font English आदि हो)
- अपने कंप्यूटर पर अप-टू-डेट एंटीवायरस सॉफ्टवेयर इंस्टॉल करिए और जल्दी-जल्दी नवीनतम वायरस डेफिनेशन डाउनलोड करिए।
- अपने कंप्यूटर की महत्त्वपूर्ण डेटा फाइल का बैकअप लेते रहिए। यदि आप किसी अज्ञात व्यक्ति से इ-मेल अटैचमेंट प्राप्त करते हैं तो उसे बिना खोले तुरंत डिलीट कर दीजिए।
- आप जो अटैचमेंट भेज रहे हैं, उन्हें वायरस से मुक्त होने की जाँच कर लीजिए।

नोट

सभी बड़ी इ-मेल सर्विसें जैसे याहू और गूगल दूषित फाइलों को यूजर द्वारा अपलोड और डाउनलोड करने से रोकती हैं, परंतु अपने कंप्यूटर को ऐसी चीजों से बचाने के लिए अच्छा तरीका यह है कि सभी अटैचमेंट को स्वयं जाँच लें। पीड़ादायक चिकित्सा से आसान बचाव उत्तम है।

जी-मेल में अटैच फाइल का प्रकार देखने के लिए और मेसेज खोलने के लिए ये स्टेप्स लें—

1. यदि आप पहले से इनबॉक्स में नहीं हैं तो **Inbox** पर क्लिक करिए। जब आप इनबॉक्स में इ-मेल के सब्जेक्ट के सामने एक **पेपर क्लिप** देखते हैं तो समझ जाते हैं कि इ-मेल के साथ अटैचमेंट भी है। अटैचमेंट खोलने के लिए इ-मेल के सब्जेक्ट पर क्लिक करिए।

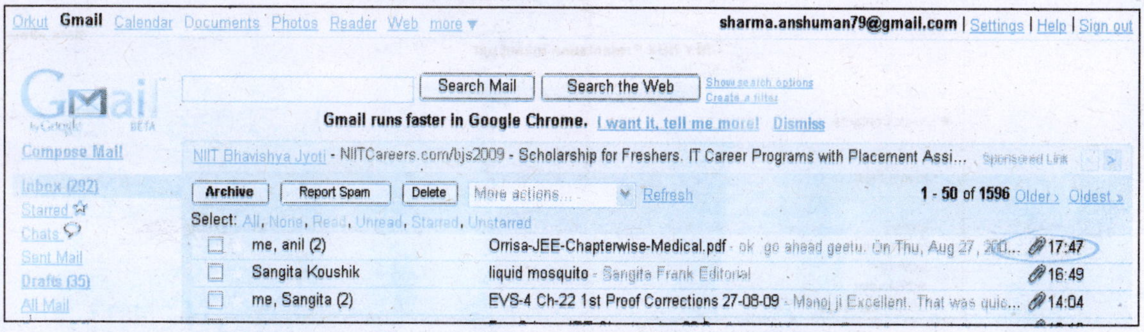

2. निम्न विकल्प दिखाती हुई एक स्क्रीन आती है—

- View as HTML
- View as Slideshow
- Download

1. यदि आप अपने अटैचमेंट के कंटेंट बिना फाइल को डाउनलोड किए नई ब्राउसर विंडो में देखना चाहते हैं तो view as HTML बटन पर क्लिक करिए।

   view as HTML बटन फाइल को वेब पेज के रूप में खोलने का प्रयास करता है। यह आपको फाइल डाउनलोड होने से पहले यह जानने में सहायता करता है कि उसमें क्या है। कभी-कभी ये HTML व्यू ठीक नहीं आते और अटैच की गई फाइल को बहुत ही खराब तरीके से दिखाते हैं। ऐसी स्थिति में उस फाइल को देखने के लिए डाउनलोड करें।

2. अटैच की गई पावर पॉइंट फाइल को अपने कंप्यूटर पर बिना डाउनलोड किए खोलने के लिए view as stile show विकल्प पर क्लिक करिए। आप सामान्य विकल्प देखने के लिए जैसे XLS फाइलों के लिए view as spreadsheets और ऑफिस डॉक्यूमेंट के लिए **Google Document** खोल सकते हैं।

> **नोट**
>
> भेजे गए अटैचमेंट के आधार पर गूगल केवल अनुकूल विकल्प दर्शाता है। यह DOC, XLS और PPT फाइलों के लिए अलग विकल्प देता है।

3. फाइल को डाउनलोड करके अपने कंप्यूटर पर सेव करने के लिए **Download** विकल्प पर क्लिक करिए।

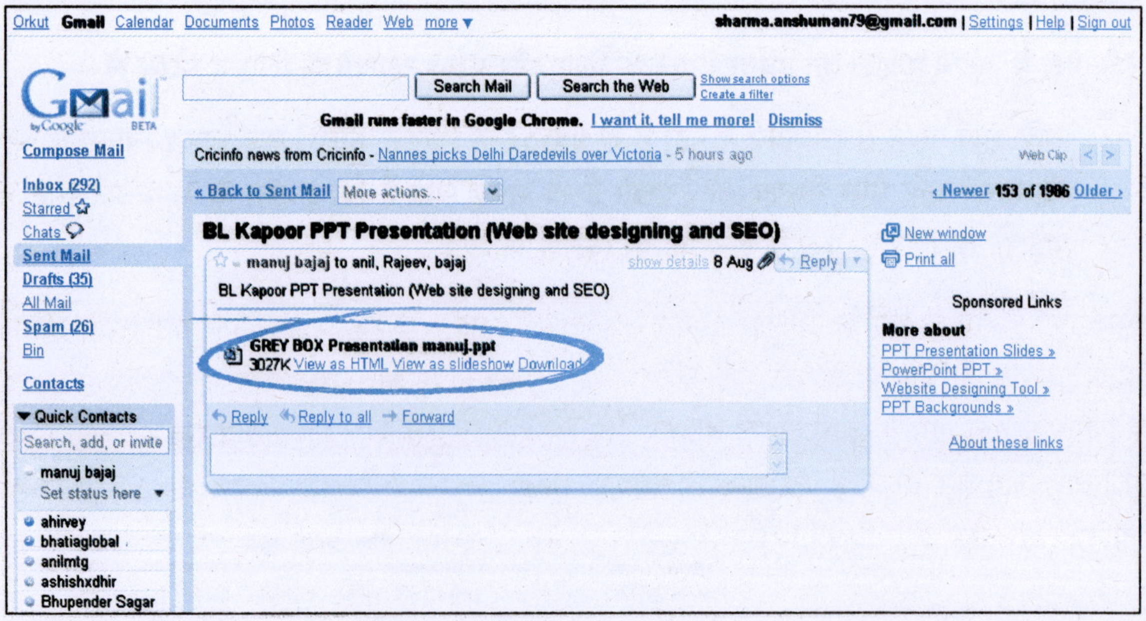

इ-मेल स्पैम

इ-मेल स्पैम, जिसे **bulk email** या **junk mail** भी कहते हैं, स्पैम का एक रूप है, जिसमें अनेक प्राप्तकर्त्ताओं को इ-मेल द्वारा एक जैसे असंख्य मेसेज भेजे जाते हैं। स्पैम सदैव झुँझलाहट, भ्रम उत्पन्न करता है। इ-मेल एड्रेस चैट रूम, वेबसाइट, न्यूज ग्रुप और वायरस द्वारा एकत्र किए जाते हैं, जो यूजर की एड्रेस बुक से मिल जाते हैं और इन्हें स्पैम भेजनेवाले दूसरे लोगों को बेच दिया जाता है। अधिकतर स्पैम अवैध इ-मेल एड्रेस से भेजे जाते हैं। स्पैम की कीमत अधिकतर उसे प्राप्त करनेवाले से वसूली जाती है। अतः यह एक ऐसे पत्र के समान होते हैं जिस पर डाक टिकट न लगा हो।

इ-मेल में फिल्टरिंग विकल्प का प्रयोग करके आप स्पैम इ-मेल के बड़े समूह से बच सकते हैं। अच्छी फिल्टरिंग के कारण अधिकतर इ-मेल यूजर प्राप्त होनेवाले स्पैम की मात्रा कम कर देते हैं।

स्पैम मेल चेक करना

1. **Spam** लिंक पर क्लिक करिए, जैसा कि दिखाया गया है। जी-मेल में जो स्पैम 30 दिन से अधिक रहते हैं वे स्वतः ही मिटा दिए जाते हैं

2. **Delete forever** बटन पर क्लिक करके आप स्पैम मेल को स्वयं मिटा सकते हैं।

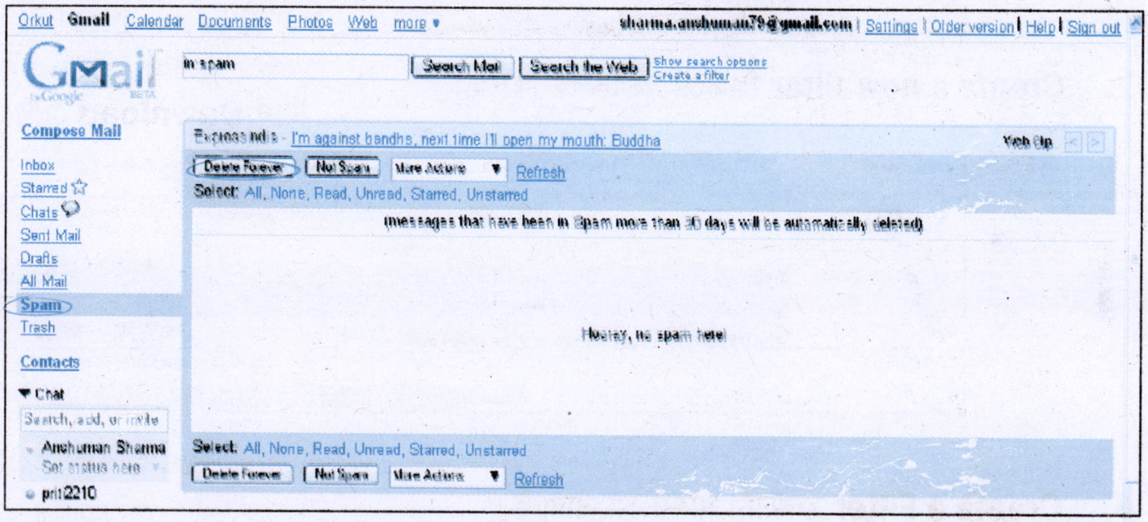

इ-मेल फिल्टरिंग

फिल्टरिंग विशेष नियमों के अनुसार इ-मेल को स्वचालित रूप से हैंडल करने और व्यवस्थित करने के लिए प्रयोग होती है। मान लीजिए कि आपके भाई-बहन, मित्र आदि हैं और आप उन सबका संवाद अलग-अलग रखना चाहते हैं। आप प्रत्येक नाम के साथ लेबल बनाकर अपने कॉण्टेक्ट जैसे ब्रदर या आशीष रख सकते हैं। अब आप फिल्टर में नियम लागू कर सकते हैं। आशीष के लिए लिखी गई या उससे प्राप्त इ-मेल में आशीष लेबल के नीचे सेव हो जाएँगी। इस तरह आप किसी विशेष मित्र से एक लेबल के अंतर्गत इ-मेल संवाद देखने में सक्षम हो जाएँगे।

अतिरिक्त जानकारी : इ-मेल में फोल्डर्स या लेबल्स

सभी इ-मेल सर्विस इ-मेल को विभिन्न वर्गों में व्यवस्थित करने की सुविधा प्रदान करती हैं। कुछ इ-मेल सर्विसें जैसे याहू, रेडिफ मेल और हॉट मेल इस कैटेगरी को फोल्डर नाम देते हैं जी-मेल इसे लेबल कहता है। ये सभी कैटेगरी, फोल्डर लेबल आपकी इ-मेल को बेहतर ढंग से व्यवस्थित करने के लिए प्रयोग होते हैं। फोल्डर की अवस्था में आप उसके अंदर भी सब फोल्डर बना सकते हैं; लेकिन जी-मेल में लेबल के अंदर ऐसा नहीं कर सकते हैं।

फिल्टर प्रयोग करके आप इ-मेल को आरकाइव कर सकते हैं, रीड मार्क कर सकते हैं, स्टार चिह्न लगा सकते हैं, इ-मेल पर लेबल दे सकते हैं। उसे दूसरे इ-मेल एड्रेस पर फॉरवर्ड कर सकते हैं अथवा डिलीट कर सकते हैं। इ-मेल फिल्टरिंग एक हद तक स्पैम मेल को व्यवस्थित करने में सहायता करती है।

इ-मेल फिल्टर बनाना

1. **Settings ऑप्शन** पर क्लिक करिए और फिर **फिल्टर विकल्प** चुनिए, जैसा कि नीचे दिखाया गया है—

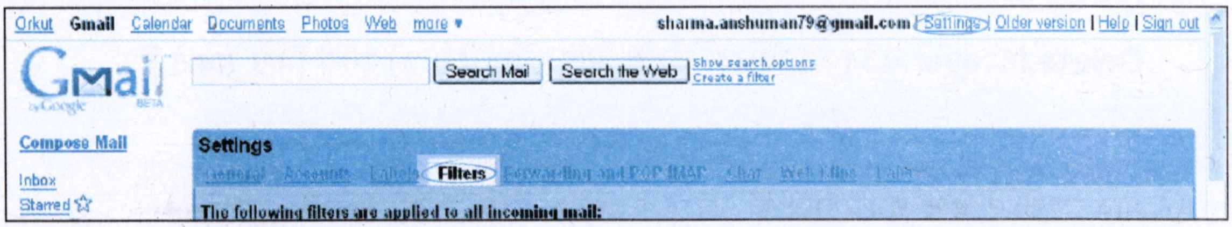

2. **Create a new filter** विकल्प पर क्लिक करिए।

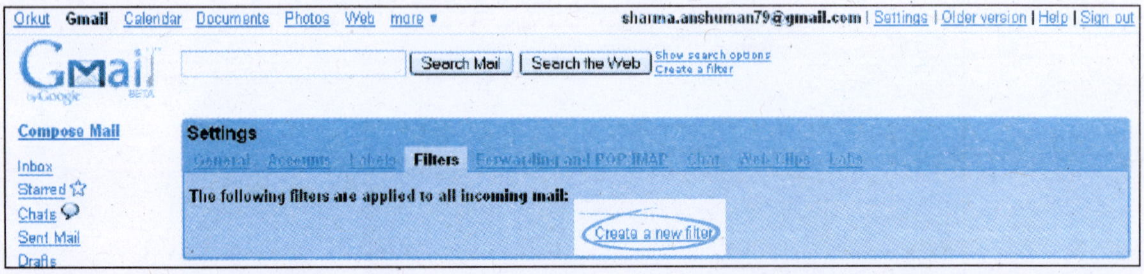

3. **Create a Filter** डायलॉग बॉक्स आ जाता है।

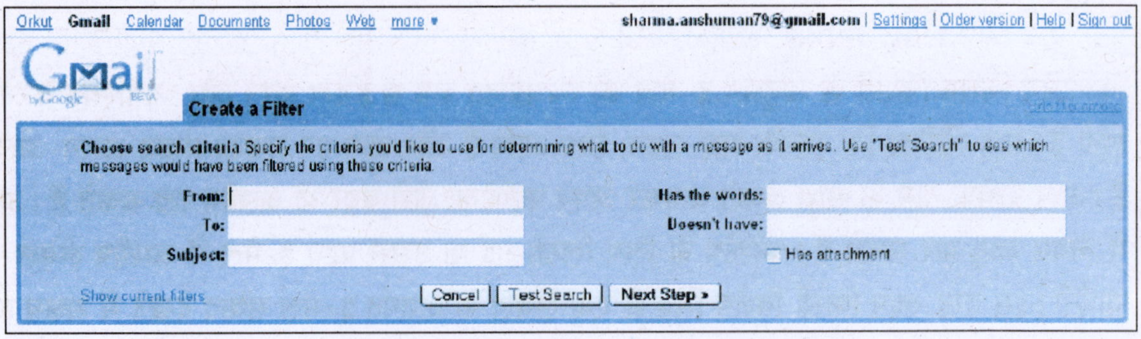

4. मेसेज के साथ क्या करना है, उसे निर्धारित करने के लिए अपनी पसंद का क्राइटेरिया बताइए। फिल्टर बनाने के लिए टेक्स्ट बॉक्स को फिल करिए, जैसा कि दिखाया गया है और फिर **Next Step** बटन पर क्लिक करिए।

   उदाहरण के लिए यदि, अंशुमान चाहता है कि उसके मित्र मनोज से होनेवाले सभी संवाद को मनोज लेबल के नीचे सेव किया जाए तो नीचे दिए स्क्रीन शॉट से समझिए कि यह कैसे करे।

5. अब वह क्राइटेरिया सिलेक्ट करिए, जिसे आप अपने मेसेज पर सिलेक्ट करना चाहते हैं। **Next Step** बटन पर क्लिक करिए।

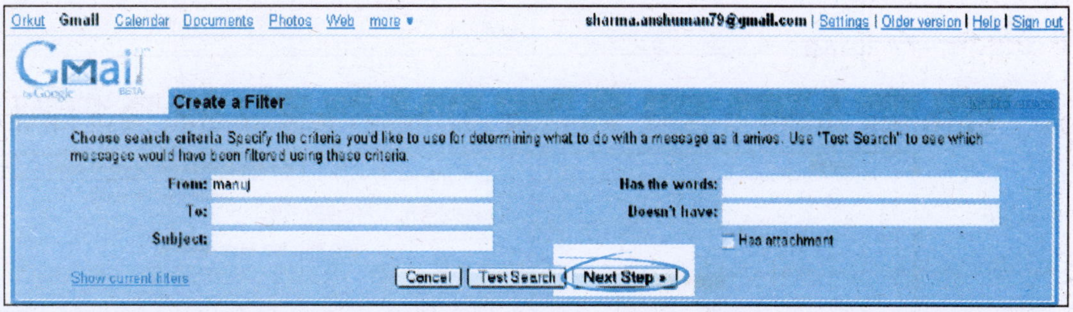

6. आप या तो लेबल चुन सकते हैं, जो ड्रॉपडाउन बॉक्स में उपलब्ध है अथवा **New Lable** सिलेक्ट करके अपना स्वयं का लेबल बना सकते हैं। अब **Apply the Lable** विकल्प चुनिए।

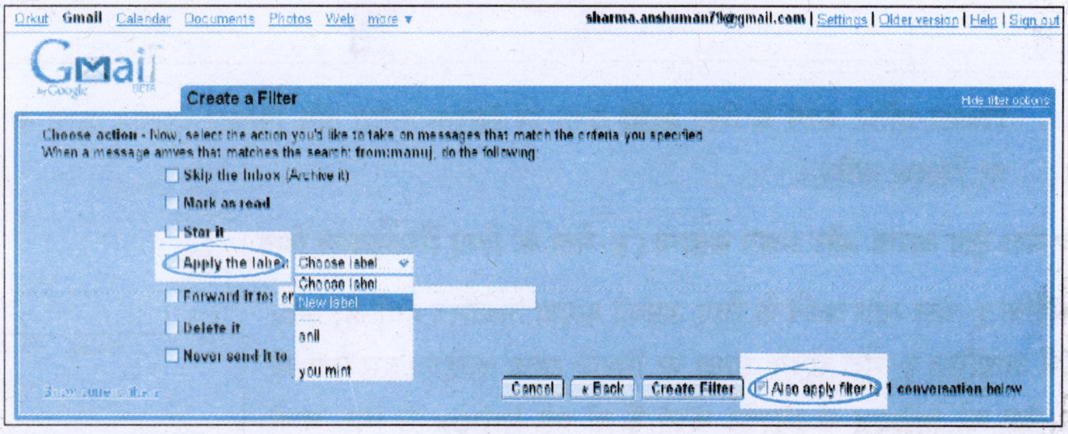

7. जब आप **New lable** सिलेक्ट करते हैं तो आपसे नए लेबल के लिए नाम पूछा जाता है, जैसा कि नीचे दिखाया गया है। नया लेबल बन जाता है।

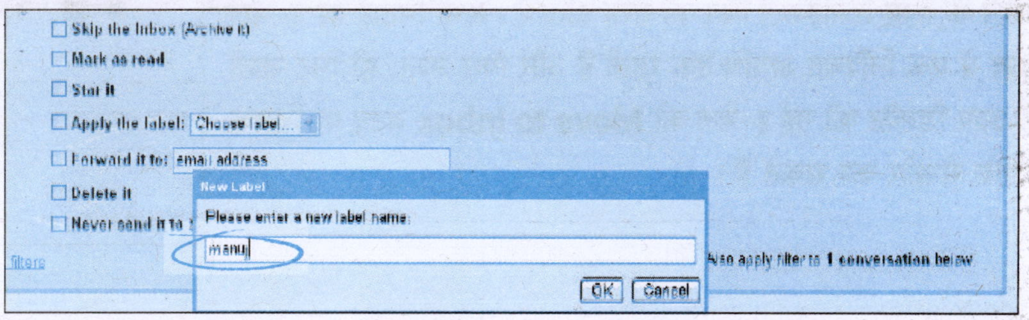

8. नया लेबल बनाने के बाद **Create Filter** विकल्प पर क्लिक करिए।

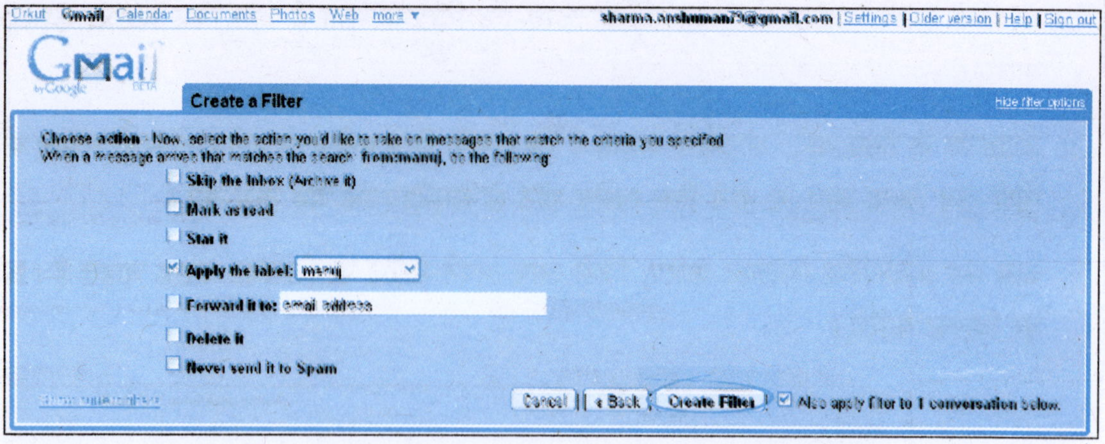

9. फिल्टर बॉक्स में दिखाया जाएगा और फिल्टर बनाने के लिए स्टेप 1 से 5 तक दोहराइए।

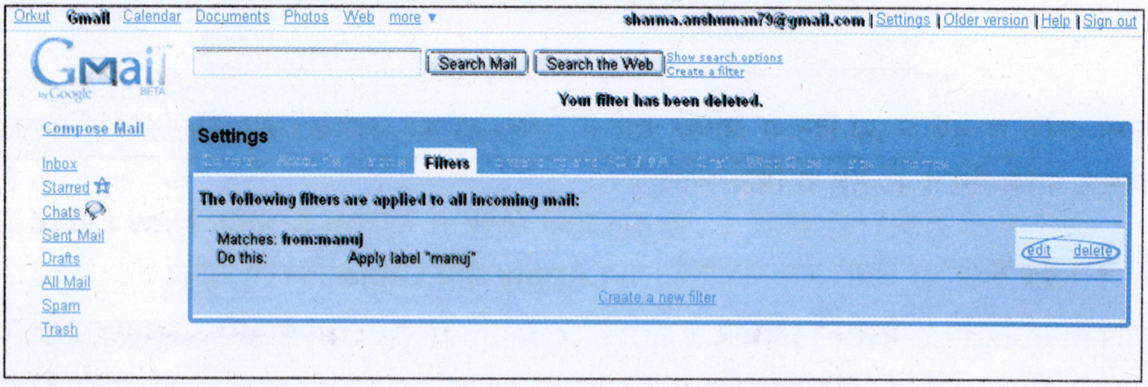

10. फिल्टर एडिट करने के लिए **edit** बटन पर क्लिक करिए और फिल्टर डिलीट करने के लिए **delete** बटन पर क्लिक करिए।

इ-मेल ट्रैश करना और स्थान बढ़ाना (इ-मेल के लिए रिसाइकल बिन)

क्योंकि इ-मेल स्टोर करने के लिए उसकी क्षमता निर्धारित होती है, अत: हमें अवांछित इ-मेल समय-समय पर मिटाते रहना चाहिए। हम जब भी इ-मेल को **Inbox** से डिलीट करते हैं तो वह **Inbox** से मिट जाती है, परंतु **ट्रैश** में चली जाती है (जिस तरह हमारे कंप्यूटर से मिटाई गई फाइलें रिसाइकल बिन में जाती हैं क्रेश डिलीट की गई इ-मेल को स्टोर करने के लिए रिसाइकल बिन की तरह होता है। सभी मिटाई गई इ-मेल **ट्रैश** में एक निश्चित अवधि तक रहती हैं और फिर स्वत: ही मिट जाती हैं आप डिलीट की गई इ-मेल को **Move to Inbox** बटन पर क्लिक करके रीस्टोर कर सकते हैं।

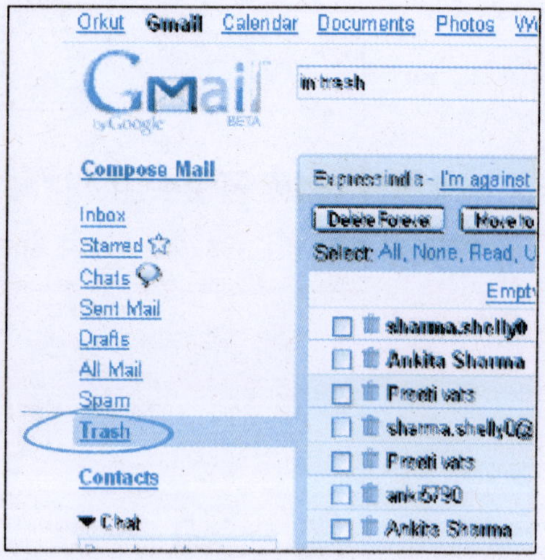

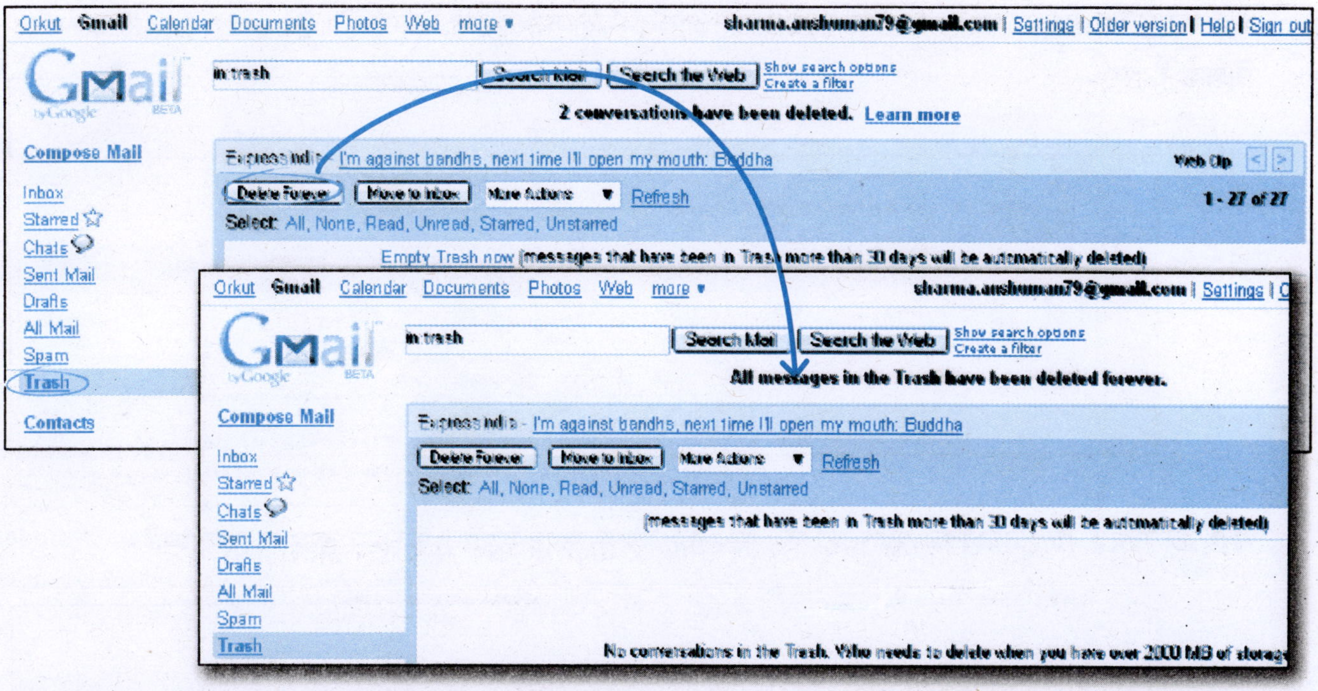

सभी मेसेज जो ट्रैश में 30 दिन से अधिक रहते हैं, स्वत: ही मिट जाते हैं। आप **Delete Forever** बटन पर क्लिक करके मेसेज को ट्रैश से मिटा सकते हैं।

इ-मेल ढूँढ़ना

आप किसी विशेष इ-मेल को विभिन्न क्राइटेरिया के आधार पर ढूँढ़ सकते हैं, जैसे—सब्जेक्ट, भेजनेवाले का नाम, प्राप्त करनेवाले का नाम और अटैचमेंट आदि। इ-मेल सर्च करने से किसी मनचाही इ-मेल को ढूँढ़ने में लगनेवाला समय बचता है। आपके इ-मेल एकाउंट में इ-मेल सर्च करने की स्टेप्स निम्न प्रकार है—

1. आप साधारणत: सर्च **Search Mail** विकल्प का प्रयोग करके अथवा **Show Search option** लिंक पर क्लिक करके एडवांस्ड इ-मेल सर्च पर जा सकते हैं।

2. **Search Options** डायलॉग बॉक्स खुलकर आ जाता है।

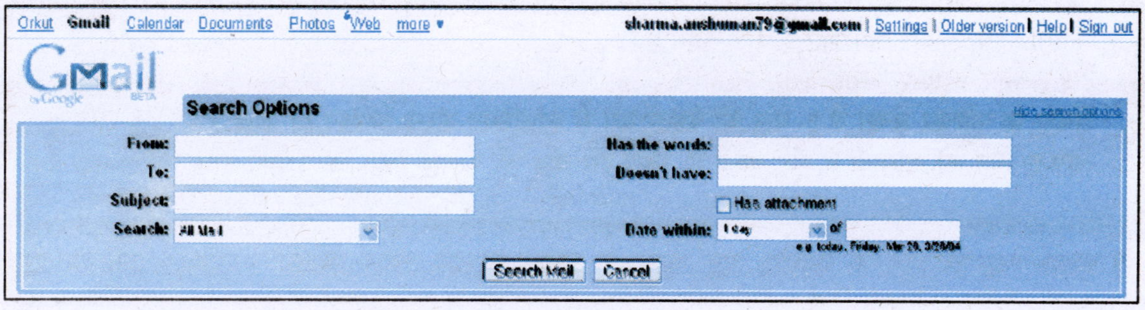

3. वह क्राइटेरिया टाइप करिए, जिसके आधार पर आप इ-मेल को ढूँढ़ना चाहते हैं। **Search Mail** बटन पर क्लिक करिए—

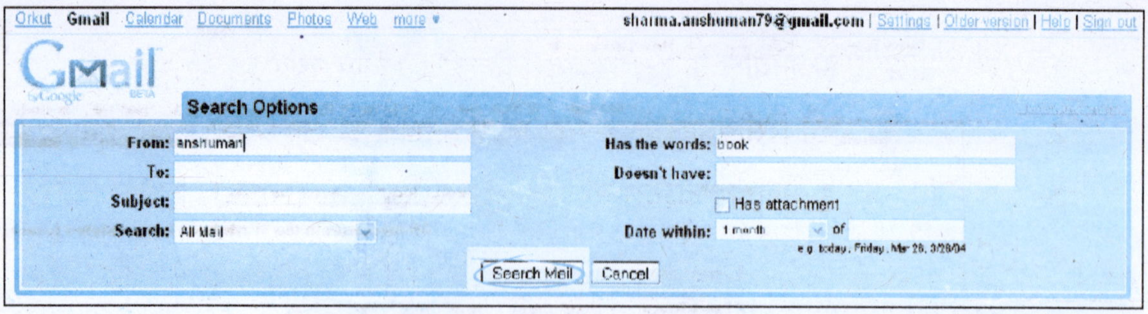

4. सर्च की गई इ-मेल नवीनतम प्राप्त की गई मेल को सबसे ऊपर रखते हुए घटते क्रम में दिखाएगी।

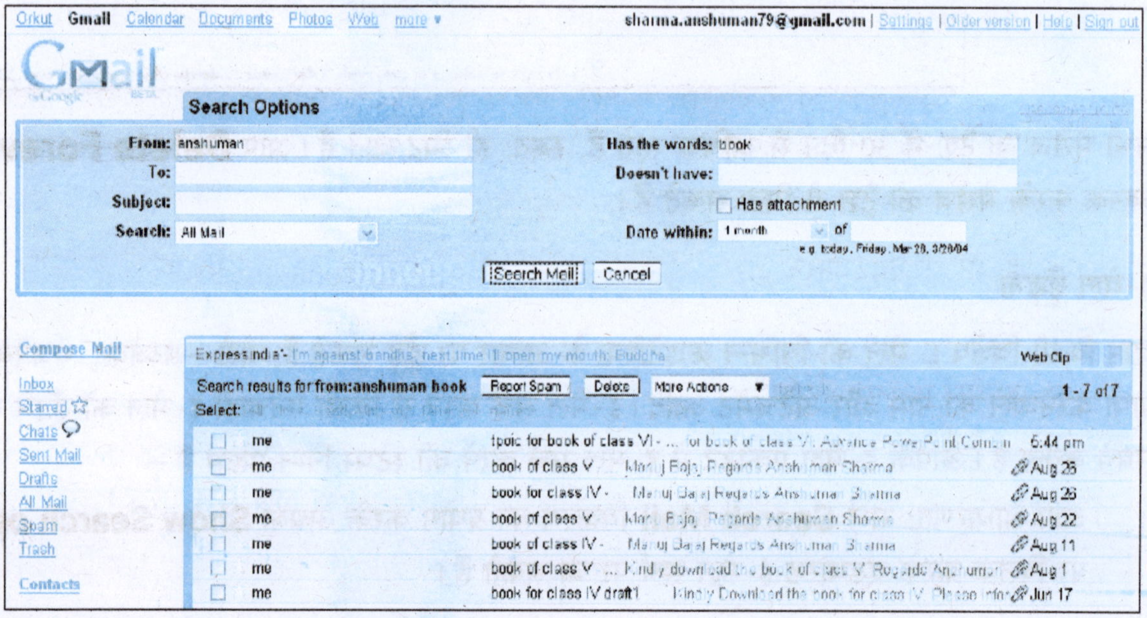

याद करें

1. सामान्यत: इ-मेल एप्लीकेशन 10 एम.बी. से अधिक आकारवाली फाइलें भेजी या प्राप्त नहीं की जा सकती हैं।
2. गूगल इ-मेल को जी-मेल कहते हैं।
3. गूगल 20 एम.बी. तक के आकार की फाइल को आदान-प्रदान करने की अनुमति देता है।
4. यदि इ-मेल अटैचमेंट का आकार सीमा से अधिक है तो वह स्वीकार नहीं की जाएगी और इरर मेसेज के साथ वापस आ जाएगी। इसे इ-मेल का बाउंस्ड बैक कहते हैं।
5. ट्रैश इ-मेल के लिए रिसाइकिल बिन है।
6. लेबल या फोल्डर बनाने से इ-मेल को बेहतर ढंग से व्यवस्थित करना आसान हो जाता है।
7. आप इ-मेल को आसानी से ढूँढ़ सकते हैं, बिना इस बात की परवाह किए कि उसकी ठीक डिटेल क्या है।

अभ्यास

(अ) रिक्त स्थान भरें—

1. ....भेजनेवाले के इ-मेल एड्रेस लिखने के लिए प्रयोग किया जाता है।
2. ....को रिसीववाले के इ-मेल एड्रेस लिखने के लिए प्रयोग किया जाता है।
3. ....इ-मेल का टाइटल है।
4. CC : ....
5. BCC : ....
6. हम सभी इ-मेल .... में प्राप्त करते हैं।
7. हम जी-मेल पर इ-मेल लिखने के लिए .... बटन पर क्लिक करते हैं।

(ब) निम्न की स्टेप्स लिखिए—

1. इ-मेल अटैचमेंट सेंड करना
2. इ-मेल अटैचमेंट को ओपेन और डाउनलोड करना
3. इ-मेल डिलीट करना
4. स्पैम मेल चैक करना
5. इ-मेल फिल्टर बनाना
6. इ-मेल सर्च करना

(स) निम्न प्रश्नों के उत्तर दीजिए :

1. जब हम अटैचमेंट डाउनलोड करते हैं तो किन बातों का ध्यान रखना चाहिए?
2. इ-मेल अटैचमेंट पर संक्षिप्त टिप्पणी लिखिए।
3. स्पैम मेल पर संक्षिप्त टिप्पणी लिखिए।
4. इ-मेल फिल्टर पर संक्षिप्त टिप्पणी लिखिए।

बहुविकल्पीय प्रश्न

निम्न चार विकल्पों में से सही विकल्प पर (✓) निशान लगाएँ।

1. ....को भेजनेवाले का इ-मेल एड्रेस लिखने के लिए प्रयोग किया जाता है।

अ. To	ब. From
स. CC	द. BCC

2. ………………… को रिसीववाले के इ-मेल एड्रेस लिखने के लिए प्रयोग किया जाता है।

अ. To | ब. From
स. CC | द. BCC

3. ………………… मेल का टाइटल है।

अ. To | ब. From
स. Title | द. Subject

4. CC है…………………

अ. कॉमन कॉपी | ब. कार्बन कॉपी
स. सेंटर कॉपी | द. इनमें से कोई नहीं

5. BCC हैं…………………

अ. ब्लाइंड कार्बन कॉपी | ब. ब्लैंक कार्बन कॉपी
स. ब्लैंक कार्बन कॉपी | द. इनमें से कोई नहीं

6. हम सभी इ-मेल ………………… में प्राप्त करते हैं।

अ. ड्राफ्ट्स | ब. इनबॉक्स
स. आउटबॉक्स | द. ट्रैश

7. नई इ-मेल देखने के लिए जी-मेल में ………………… पर क्लिक करिए।

अ. कंपोज | ब. इनबॉक्स
स. सब्जेक्ट | द. टाइटल

8. हम इ-मेल लिखने के लिए ………………… विकल्प का प्रयोग करते हैं।

अ. कंपोज | ब. इनबॉक्स
स. सब्जेक्ट | द. टाइटल

9. वायरस इन फाइलों में इ-मेल अटैचमेंट के रूप में भेजा जा सकता है—

अ. .exe, .com | ब. .pif, .scr
स. .vbs, .bat | द. उपर्युक्त सभी

10. आप निम्न अटैचमेंट के साथ इ-मेल सर्च करते हैं—

अ. doc, ppt, xls files | ब. bmp, jpg, tif, png files
स. zip, rar files | द. उपर्युक्त सभी

11. अगर समीर अशोक के इ-मेल एड्रेस पर ppt फाइल भेजता है तो अशोक देखेगा—

अ. View as slide show

ब. Save slide show as image file

स. अ और ब दोनों

द. इनमें से कोई नहीं

12. सही स्टेटमेंट पर टिक करिए—

अ. जी-मेल में लेबल याहू मेल के फोल्डर के समकक्ष होते हैं।

ब. जी-मेल में लेबल बिलकुल वही होते हैं, जो याहू मेल में फोल्डर के समान होते हैं।

स. याहू फोल्डर की तरह इ-मेल में लेबल और सब-लेबल होते हैं।

द. अ, ब और स सभी सही हैं।

8 इंटरनेट पर अन्य एप्लीकेशंस

एक परिचय

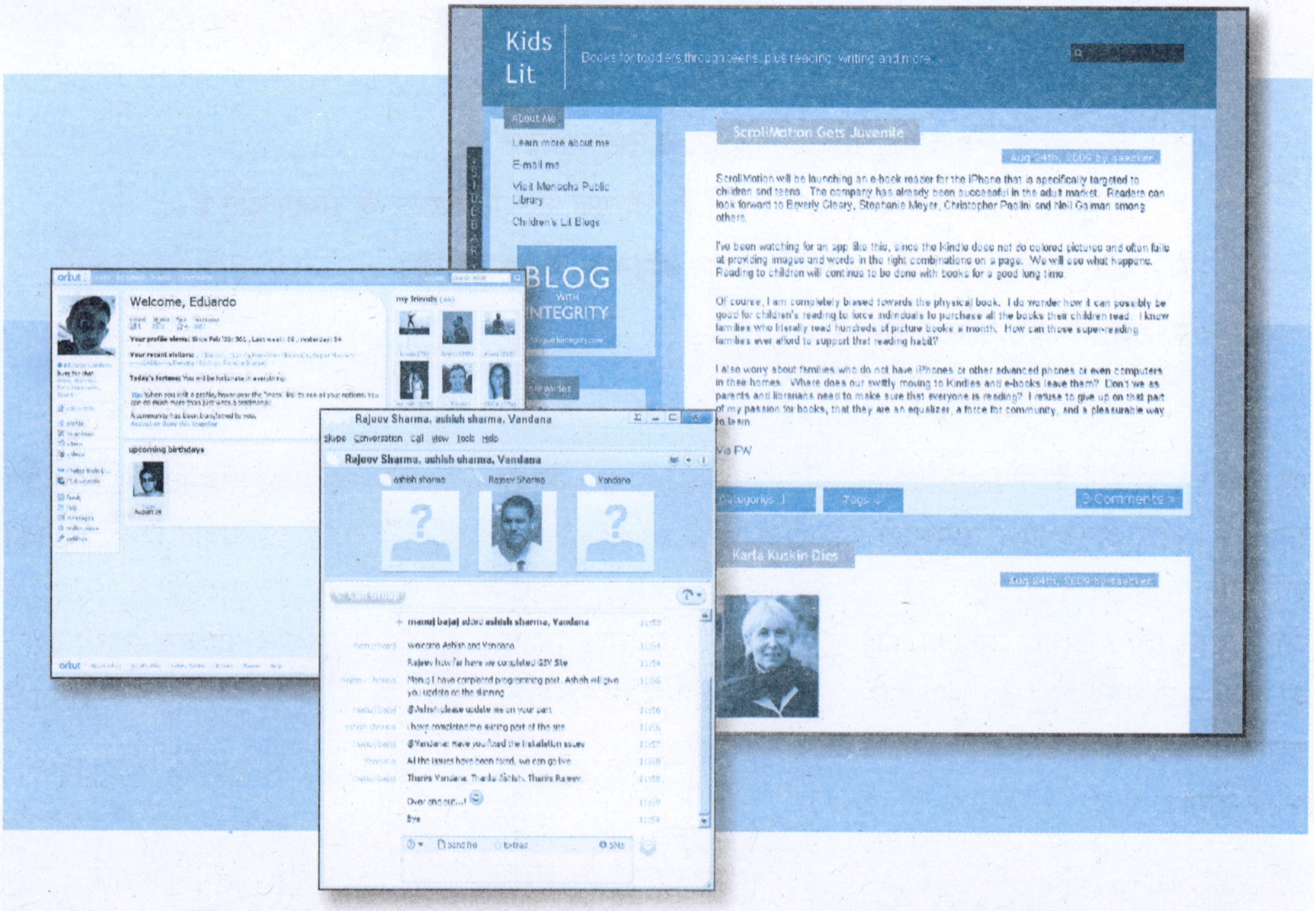

पिछले कुछ पाठों में हम पहले ही चर्चा कर चुके हैं कि इंटरनेट का सबसे प्रचलित प्रयोग क्या है। यह है इन्फॉरमेशन को ढूँढ़ना और इ-मेल करना। इनके अतिरिक्त इंटरनेट पर कई अन्य उपयोगी कार्यों भी होते हैं।

इस अध्याय में आप इन कार्यों के बारे में पढ़ेंगे।

डिस्कशन फोरम/इंटरनेट फोरम

इंटरनेट फोरम का साधारण भाषा में अर्थ है—ऑनलाइन डिस्कशनवाली वेबसाइट। आपने अपने स्कूल में बुलेटिन बोर्ड अवश्य देखे होंगे। इंटरनेट फोरम को आप इंटरनेट पर बुलेटिन बोर्ड की तरह समझ सकते हैं। इन्हें वेब फोरम, मेसेज बोर्ड, डिस्कशन बोर्ड आदि भी कहते हैं।

यह एक इलेक्ट्रॉनिक फोरम है, जिस पर एक जैसे विचारोंवाले लोग विचारों का आदान-प्रदान कर सकते हैं, प्रश्न पूछ सकते हैं, उत्तर दे सकते हैं अथवा संबंधित विषय पर सहायता प्रदान कर सकते हैं। यह एक सेवा है, जहाँ लोगों का समूह एक जैसी रुचिवाले विषयों पर चर्चा करता है। इंटरनेट यूजर अपनी रुचि के डिस्कशन ग्रुप को ढूँढ़कर वेबसाइट या इ-मेल के माध्यम से वार्त्तालाप में भाग ले सकते हैं।

वे चर्चा के लिए नया विषय भी आरंभ कर सकते हैं। इन ग्रुपों की पोस्टिंग की आरकाइव भी होती हैं। आप इंटरनेट फोरम देखने के लिए हमारी आधिकारिक वेबसाइट **www.mtgess.com/forum** पर जा सकते हैं। इस फोरम

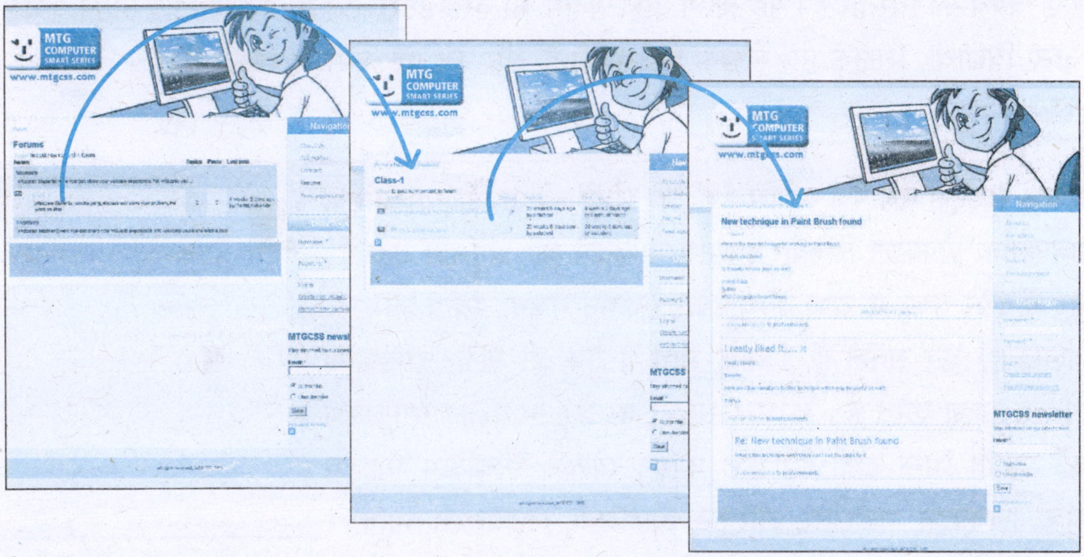

पर आप इन पुस्तकों के लेखक, शिक्षकों और विद्यार्थियों से बात करके उनके अनुभव और विशेषज्ञता पर चर्चा कर सकते हैं। आप अपने प्रश्न, समस्याएँ और परेशानियाँ इस पुस्तक के लेखकों को पोस्ट कर सकते हैं और उनकी प्रतिक्रिया पा सकते हैं। उदाहरण के लिए—यदि आप एक्सेल, वर्ड में काम कर रहे हैं और कुछ विषय समझने में कठिनाई हो रही है अथवा आपको कोई नया अच्छा फीचर मिल गया है तो आप इस फोरम के माध्यम से उसे दूसरों के साथ साझा कर सकते हैं। आप डिस्कशन के लिए नया विषय आरंभ कर सकते हैं अथवा जो विषय चल रहा है उसमें भाग ले सकते हैं। ऐसा करने के लिए आपको रजिस्टर करना होगा।

ब्लॉग्स

ब्लॉग एक वेबसाइट है, जिस पर आप नियमित रूप से इन्फॉरमेशन या लेख भेज सकते हैं और सबसे नया लेख सबसे ऊपर दिखाया जाता है। ब्लॉग शब्द **'वेब-लॉग'** का संक्षिप्त रूप है। ब्लॉग लिखना, उसे मेनटेन करना या उसमें लेख जोड़ना **ब्लॉगिंग** कहलाता है। ब्लॉग पर व्यक्तिगत आर्टिकल ब्लॉग पोस्ट, पोस्ट या एंट्रीज कहलाते हैं। जो व्यक्ति यह एंट्री भेजता है उसे **ब्लॉगर** कहते हैं। एक ब्लॉग में टेक्स्ट, हाइपरटेक्स्ट, इमेज और लिंक (दूसरे वेब पेज और ऑडियो, वीडियो एवं अन्य फाइलों के लिए) होते हैं।

ब्लॉग को अच्छी तरह समझने के लिए आप हमारी आधिकारिक वेबसाइट **www.mtgcss.com/blog** पर जा सकते हैं। इस ब्लॉग में लेखक नई टिप, टेक्नोलॉजी, ट्यूटोरियल वीडियो ट्यूटोरियल पोस्ट करते हैं, जो इस पुस्तक में बताए गए विषय का विस्तार है। यह ब्लॉग अन्य ब्लॉग की तरह इंटरेक्टिव हैं, जिनमें आप अपने कमेंट भेज सकते हैं, जिसे अन्य विद्यार्थी, शिक्षक एवं लेखक पढ़ सकते हैं और उन पर कमेंट दे सकते हैं।

सोशल नेटवर्क साइट्स

सोशल नेटवर्क साइट्स वेब पेज सर्विसेज हैं, जो लोगों को अपनी सार्वजनिक या अर्धसार्वजनिक प्रोफाइल सिक्योर सिस्टम में बनाने की अनुमति देती हैं। ये लोग बाद में दूसरे यूजर के साथ कम्युनिकेट (कमेंट भेजना, स्क्रेप लिखना, वॉल पर लिखना) कर सकते हैं, जिनके साथ वे एक ही रुचि, दृष्टिकोण पर विचारों का साझा करते हैं। विभिन्न साइटों पर इन मित्रों का वर्गीकरण और उनकी प्रकृति भिन्न होती है। कुछ कॉमन सोशल नेटवर्किंग साइट्स हैं—फेसबुक, लिंक्डइन, माईस्पेस, ऑरकुट, आईबिबो, लाइवस्पेस आदि।

कॉन्फ्रेंसिंग (टेक्स्ट, डेटा, ऑडियो, वीडियो)

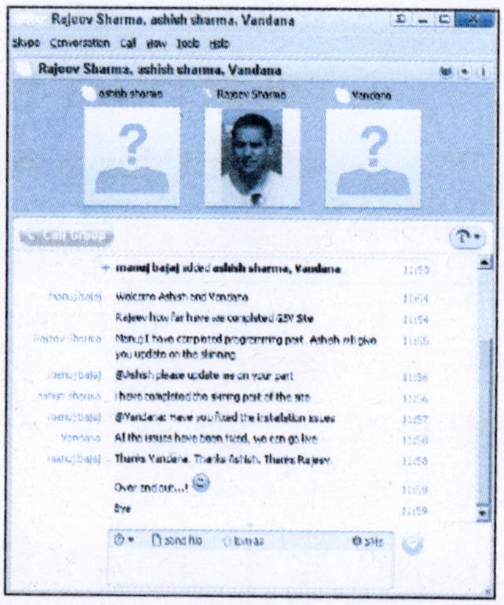

कॉन्फ्रेंसिंग दो या अधिक लोगों के बीच उस इंटरेक्टिव सेशन को कहते हैं, जिसमें रीयल टाइम में (बिना देर किए) कंप्यूटर डेटा साझा करते हैं। साझा होनेवाले डेटा किसी भी रूप में होते हैं जैसे—टेक्स्ट, फाइल, ऑडियो, वीडियो के रूप में। कॉन्फ्रेंसिंग का सबसे प्रचलित रूप इंस्टेंट मेसेंजर के माध्यम से है, जैसे—याहू मेसेंजर एम.एस.एन. मेसेंजर, स्काइपी, आई.आर.सी. आदि।

कोलेबोरेशन

यह कॉन्फ्रेंसिंग का एडवांस्ड रूप है जिसमें भाग लेनेवाले लोग अपनी कंप्यूटर स्क्रीन, की-बोर्ड, माउस, कैमरे आदि का साझा कर सकते हैं अथवा दूसरे के कंप्यूटर पर नियंत्रण कर सकते हैं (आज्ञा लेकर)। इस डेटा में डॉक्यूमेंट, ग्राफिक्स, ड्रॉइंग और एप्लीकेशन (कोई भी चीज, जिसे हम कंप्यूटर स्क्रीन पर देख सकते हैं) कुछ भी हो सकता है। भाग लेनेवाले लोग कमेंट जोड़ सकते हैं अथवा इन ग्राफिक्स ड्रॉइंग, डॉक्यूमेंट को बातचीत के दौरान उसी समय टेक्स्ट या वाइसचैट के माध्यम से बदल सकते हैं। इसे कोलेबोरेशन या कोलेबोरेटिव कंप्यूटिंग कहते हैं। इसका उदाहरण है—नेट मीटिंग, टीम व्यूअर आदि। आपका ऑफिस एप्लीकेशन सुइट भी कोलेबोरेशन को सपोर्ट करता है। आप अपने ऑफिस डॉक्यूमेंट (.doc, .xls, .ppt) को अपने मित्रों के साथ कोलेबोरेट (साझा या दूर से एडिट) कर सकते हैं।

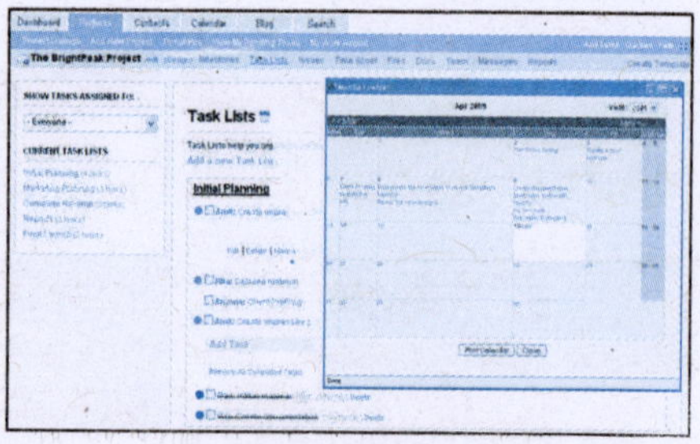

याद करें

1. इंटरनेट फोरम को वेब फोरम, मेसेज बोर्ड्स, डिस्कशन बोर्ड, (इलेक्ट्रॉनिक) डिस्कशन ग्रुप, डिस्कशन फोरम, बुलेटिन बोर्ड भी कहते हैं।
2. ब्लॉग एक वेबसाइट है, जिसमें नियमित रूप से आइटम पोस्ट किए जाते हैं और नवीनतम लेख सबसे ऊपर के आधार पर दिखाए जाते हैं।
3. कुछ कॉमन सोशल नेटवर्किंग साइट्स हैं—फेसबुक, माईस्पेस, ऑरकुट, आईबिबो, लाइवस्पेस आदि।
4. कॉन्फ्रेंसिंग का सबसे लोकप्रिय रूप इंस्टेंट मेसेंजर के माध्यम से जैसे—याहू मेसेंजर, एम.एस.एन. मेसेंजर, स्काइपी, आई.आर.सी. आदि।

अभ्यास

(अ) रिक्त स्थान भरें—

1. ब्लॉग शब्द.................... का संक्षिप्त रूप है।
2. ब्लॉग लिखना, उसे मेनटेन करना या उसमें लेख जोड़ना.................... कहलाता है।
3. ब्लॉग पर व्यक्तिगत लेख.........., ... या .... कहलाते हैं।
4. जो व्यक्ति एंट्रीज पोस्ट करता है, उसे.................... कहते हैं।
5. आप और आपके मित्र के बीच कॉन्फ्रेंसिंग का एडवांस्ड रूप, जिसमें आप अपने मित्र के कंप्यूटर पर साथ-साथ डॉक्यूमेंट एडिट या मोडीफाई कर सकते हैं, उसे कहते हैं ....

(ब) निम्न पर संक्षिप्त टिप्पणी लिखिए—

1. इंटरनेट फोरम
2. ब्लॉग
3. सोशल नेटवर्क साइट
4. कॉन्फ्रेंसिंग
5. कोलेबोरेशन

(स) सही या गलत—

1. कोलेबोरेशन को कोलेबोरेटिव कंप्यूटिंग भी कहते हैं।
2. कोलेबोरेशन का सबसे लोकप्रिय रूप इंस्टेंट मेसेंजर के माध्यम से है।
3. फेसबुक कॉमन सोशल नेटवर्किंग साइट है।
4. डिस्कशन ग्रुप में पोस्टिंग की आरकाइव भी होती है।
5. इंटरनेट फोरम आपके स्कूल के बुलेटिन बोर्ड से बहुत भिन्न होते हैं।

बहुविकल्पीय प्रश्न

निम्न चार विकल्पों में से सही विकल्प पर (✓) निशान लगाएँ।

1. इंटरनेट फोरम को यह भी कहते हैं—

    अ. वेब फोरम या मेसेज बोर्ड

    ब. डिस्कशन बोर्ड या (इलेक्ट्रॉनिक) डिस्कशन ग्रुप

    स. डिस्कशन फोरम या बुलेटिन बोर्ड

    द. उपर्युक्त सभी

2. ....वेबसाइट है, जिसमें नियमित रूप से आर्टिकल पोस्ट किए जाते हैं और उन्हें नवीनतम सबसे ऊपर के आधार पर दिखाया जाता है।

    अ. वेब फोरम

    ब. ब्लॉग

    स. बुलेटिन बोर्ड

    द. इ-मेल अटैचमेंट

3. कुछ कॉमन सोशल नेटवर्किंग साइट्स हैं—

    अ. फेसबुक और माईस्पेस

    ब. ऑरकुट और आईबिबो

    स. लाइव स्पेस

    द. उपर्युक्त सभी

4. कॉन्फ्रेंसिंग का सबसे प्रचलित रूप इंस्टेंट मेसेंजर के माध्यम से संचालित होता है, जैसे—

    अ. याहू मेसेंजर

    ब. एम.एस.एन. मेसेंजर

    स. स्काइपी और आई.आर.सी.

    द. उपर्युक्त सभी

9 गोपनीयता और सावधानी

चेतावनी, करें और न करें

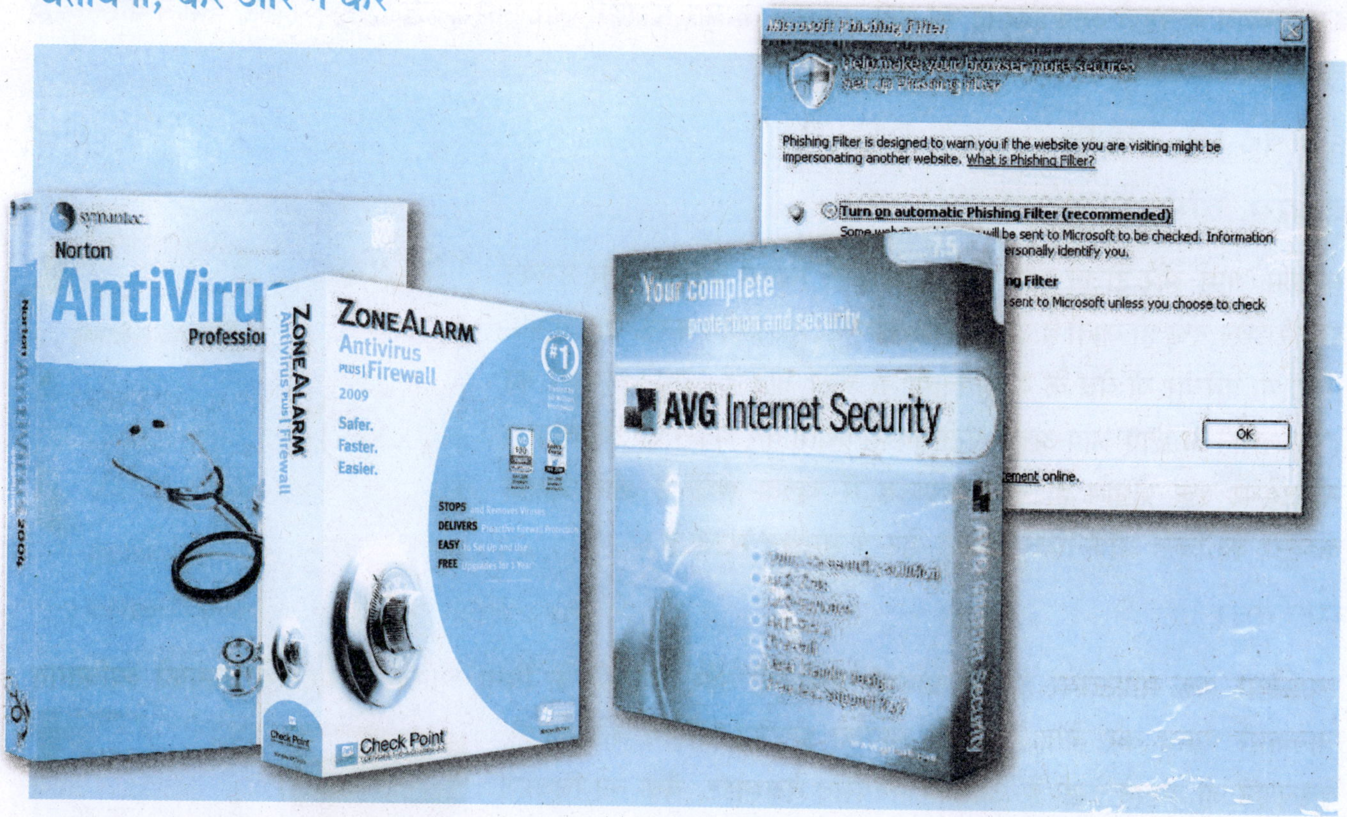

अब तक सभी कक्षाओं में आप इंटरनेट के किसी-न-किसी रूप के विषय में पढ़ रहे हैं। आप इसके लाभ और प्रयोग के विविध रूपों के बारे में पहले से जानते हैं। इंटरनेट के विकास ने कई क्षेत्रों में बहुत अधिक सकारात्मक प्रभाव छोड़े हैं। अब लोग दुनिया के किसी भी कोने में रहकर एक-दूसरे के साथ संवाद कर सकते हैं। जरा से प्रयास से सूचना की असीमित आपूर्ति चौबीसों घंटे पाई जा सकती है। सभी प्रकार के व्यापार को इंटरनेट पर नया और रोज बढ़ता हुआ बाजार मिलता है।

लेकिन कभी आपने सोचा है कि कुछ क्षेत्रों में इंटरनेट के बहुत ही नकारात्मक प्रभाव भी पड़े हैं? दुर्भावनावाले लोग वेबसाइट से इन्फॉरमेशन चुरा लेते हैं और क्रेडिट कार्ड, प्रोफाइल आदि का दुरुपयोग करते हैं और आपके कंप्यूटर को विध्वंश करने के लिए आपकी जानकारी के बिना हैक करके गलत प्रयोग करते हैं। साइबर अपराधी और साइबर आतंकवादी इन्फॉरमेशन को चुराने, दूषित करने, नष्ट करने एवं कंप्यूटर व सर्वर को नुकसान पहुँचाने जैसे कामों के लिए उन पर हमला करते हैं। परिणामस्वरूप व्यक्तिगत लोग, कंपनियाँ एवं सरकार प्रत्येक वर्ष करोड़ों डॉलर की आर्थिक क्षति को झेलते हैं।

इसलिए आप जब भी इंटरनेट प्रयोग करें, हम सलाह देंगे कि बहुत सावधान रहें। इंटरनेट ऐसी सामग्री से भरा पड़ा है, जो बेढंगी और आक्रामक है। इस बात की सीमा रखिए कि आप कितनी जानकारी दे रहे हैं। यह याद रखना आवश्यक है कि हम यह नहीं जानते कि हम वास्तव में किससे बात कर रहे हैं और उसका वास्तविक उद्‌देश्य क्या है। अत: जिससे बात कर रहे हैं, उसकी पुष्टि किए बिना उसे कोई भी व्यक्तिगत जानकारी न दें।

इस अध्याय में पहले आप इंटरनेट की कुछ उलझनों के बारे में पढ़ेंगे और फिर इंटरनेट पर क्या करें, क्या न करें—यह जानेंगे।

इंटरनेट पर उलझनें

वायरस, वॉर्म और ट्रोजन हॉर्स

वायरस, वॉर्म और ट्रोजन हॉर्स दूषित प्रोग्राम हैं, जिनसे कंप्यूटर और उसकी इन्फॉरमेशन नष्ट हो जाती है और आपके कंप्यूटर का प्रयोग करके यह आपके मित्रों या परिवार या वेब के बाकी लोगों पर फैल जाते हैं। अपने कंप्यूटर को इनसे बचाने के लिए आप अच्छा एंटीवायरस प्रयोग कर सकते हैं। एंटीवायरस सॉफ्टवेयर एक प्रोग्राम है, जो बैकग्राउंड में चलता रहता है और आपके कंप्यूटर को बिना ऑफ किए अप-टू-डेट व सुरक्षित रखता है।

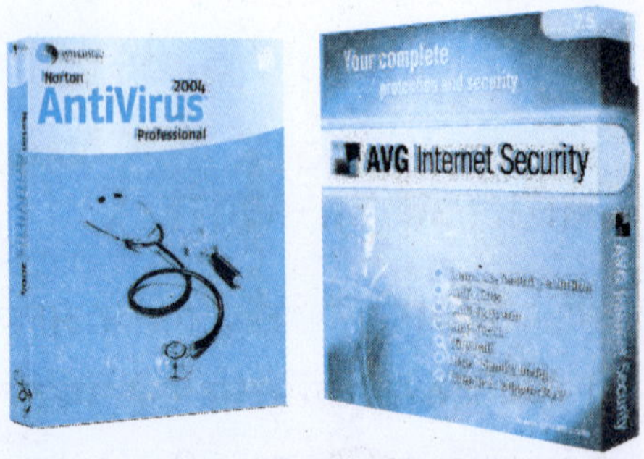

स्पाईवेयर

स्पाईवेयर एक सॉफ्टवेयर है, जो आपकी जानकारी और अनुमति के बिना आपके कंप्यूटर से आपकी व्यक्तिगत जानकारी एकत्र कर लेता है। जैसे आपकी इंटरनेट सर्फिंग की आदत, वेबसाइट जो आपने देखी है, आपकी मनपसंद वेबसाइट, बैंक का विवरण आदि। स्पाईवेयर से होनेवाली क्षति को रोकने के लिए और अपने कंप्यूटर को बचाने के लिए आप एंटीस्पाईवेयर सॉफ्टवेयर प्रयोग कर सकते हैं।

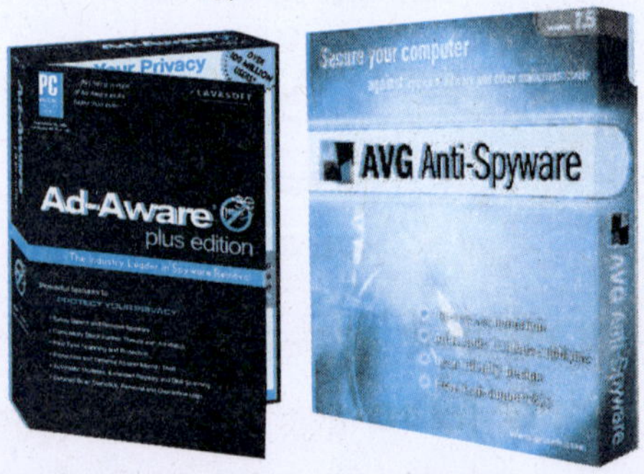

फिशिंग

कंप्यूटर सुरक्षा के क्षेत्र में फिशिंग एक ऐसे प्रक्रिया है, जिसे संवेदनशील इन्फॉरमेशन प्राप्त करने के लिए प्रयोग किया जाता है, जैसे—यूजर नेम, पासवर्ड और क्रेडिट कार्ड की जानकारी आदि। दुर्भावनावाले लोग सोशल वेबसाइट (यूट्यूब, फेसबुक, माईस्पेस), नीलामीवाली साइटें (ईबे), इ-मेल्स (याहू, गूगल आदि) का प्रयोग करके इंटरनेट पर मासूम लोगों को जानकारी देने का लालच देते हैं। फिशिंग इ-मेल अथवा इंस्टेंट मेसेंजिंग से चलती हैं। ये नकली वेबसाइट के माध्यम से यूजर को उनके यूजर्स नेम, पासवर्ड और ऐसी ही जानकारियाँ देने के लिए प्रेरित करती हैं। ये नकली साइट्स देखने में बिलकुल असली की तरह होती हैं। फिशिंग इंटरनेट टेक्नोलॉजी लोगों को बेवकूफ बनाने का एक उदाहरण है। हमारी सलाह है कि अपना

विवरण इंटरनेट पर आप किसी को न दें, क्योंकि कुछ भी सुरक्षित नहीं है। जब तक कि आप उस व्यक्ति, कंपनी या वेबसाइट पर पूरी तरह भरोसा न कर लें।

हॉक्स इ-मेल

ये इ-मेल लोगों को डराने या विचलित करने के उद्देश्य से चेतावनी देती हैं। ये इ-मेल ऐसी कहानियाँ बताती हैं या वायदे करती हैं कि यदि आप इस इ-मेल को अपने मित्रों या संपर्क के लोगों को फॉरवर्ड करेंगे तो आप बड़ा पुरस्कार या नि:शुल्क ऑफर प्राप्त करेंगे। ऐसी फॉरवर्ड की गई इ-मेल से बचने का कोई उपाय नहीं है। अत: स्मरण रखें—वे जो भी कहते हैं, एक झूठा वायदा होता है।

अतिरिक्त जानकारी

क्या आप जानते हैं कि दुनिया के आतंकवादी संगठन पब्लिक वेबसाइट जैसे ऑरकुट, फेसबुक, वैवाहिक साइटों आदि से नाम और सूचनाएँ लेकर उन्हें नकली पहचान-पत्र बनाने आदि के लिए प्रयोग करते हैं। अत: आपको सलाह दी जाती है कि ऐसी साइटों पर अपनी असली पहचान कभी न दें और अपना फोटो अपलोड न करें।

इंटरनेट पर अपने काम को सुरक्षित और सुखद बनाने के लिए नीचे दिए गए 'करें और न करें' का ध्यान रखें—

करें

1. स्कूल के कार्य में सहायता के लिए इंटरनेट का प्रयोग करें। इंटरनेट जानकारी एकत्र करने का एक बड़ा स्रोत है। यह दुनिया के सबसे बड़े पुस्तकालय को आपकी उँगलियों पर रखता है।
2. इंटरनेट का प्रयोग देखने के लिए किया जाता है। सुदूर स्थानों की जानकारी हासिल करने के लिए करें।
3. इंटरनेट का प्रयोग अपने मित्रों-संबंधियों से संपर्क करने के लिए करें, जो देश-विदेश में आपसे दूर रहते हैं।
4. कंप्यूटर नेटवर्क पर अजनबी लोगों से बात करने में बहुत सतर्क रहें। कुछ लोग ऐसी बातें या काम करते हैं, जो ठीक और सभ्य नहीं होते।
5. इंटरनेट पर दूसरों की गोपनीयता का आदर करें। जैसे आप भी चाहते हैं कि आपकी गोपनीयता का दूसरे लोग सम्मान करें। यदि कोई आपकी व्यक्तिगत इ-मेल या वार्षिक रिपोर्ट कार्ड को पढ़ ले तो आप क्या करेंगे?
6. जब आप इंटरनेट से सॉफ्टवेयर डाउनलोड करते हैं तो सावधान रहें। उसे कंप्यूटर पर चलाने से पहले एंटीवायरस से स्केन कर लें। इंटरनेट पर कुछ प्रोग्राम वायरसवाले होते हैं, जो आपके कंप्यूटर को गंभीर क्षति पहुँचा सकते हैं।

न करें

1. किसी को अपना यूजर नेम और पासवर्ड न बताएँ। ये आपके कंप्यूटर और फाइलों को बचाने के लिए बनाए जाते हैं। यह इस तरह होगा जैसे आप अपने घर की चाबी किसी को दे दें।

2. ऐसे मेसेज का उत्तर न दें, जो आपको असहज लगे; क्योंकि यह अभद्र अथवा धमकीवाले हो सकते हैं। तुरंत अपने माता-पिता को बताएँ।

3. किसी को अपनी व्यक्तिगत जानकारी न दें जैसे—आपके परिवार का पता, फोन नंबर, क्रेडिट कार्ड या कॉलिंग कार्ड नंबर, स्कूल का नाम या अपना फोटो आदि।

4. जिससे आप इंटरनेट पर मिले हैं, उससे बिना अपने माता-पिता को बताए व्यक्तिगत रूप से मिलने का प्रयास न करें। कुछ लोग इस बारे में झूठ बोलते हैं कि वे कौन हैं, कितने बड़े हैं और आपसे क्यों मिलना चाहते हैं।

5. किसी के कंप्यूटर में घुसने का प्रयास न करें। यह एक खेल नहीं है। यह गोपनीयता का उल्लंघन अपराध है। कंप्यूटर में अकसर संवेदनशील इन्फॉरमेशन होती हैं आप कैसा महसूस करेंगे, यदि कोई आपके कंप्यूटर में घुसकर आपके पासवर्ड बदल दे या उस रिपोर्ट को मिटा दे, जिसे आपने तीन दिन में बनाया है या आपके मित्र या परिवार की ऐसी फोटो को मिटा दे जो आपने किसी विशेष अवसर या छुट्टियों में ली थी।

6. कंप्यूटर के कॉपीराइट प्रोग्राम या सॉफ्टवेयर को इंटरनेट से न चुराएँ। यह वैसा ही है जैसे आप किसी दुकान से इसे चुराते हैं। लोग उसे बनाने के लिए कड़ी मेहनत करते हैं। अत: उसके लिए उन्हें धन मिलना चाहिए। यदि सॉफ्टवेयर डिजाइनरों को उनके काम का पारिश्रमिक नहीं मिलेगा तो वे और नए सॉफ्टवेयर नहीं बना पाएँगे, जैसे नए एजुकेशनल गेम अथवा उपकरण, जो आपके स्कूल-कार्य में आपकी सहायता करते हैं।

7. किसी भी कॉपीराइट सामग्री को उसके पब्लिशर, लेखक या कलाकार की अनुमति के बिना कॉपी न करें, जैसे—पुस्तकें, मैगजीन या म्यूजिक। कॉपीराइट कार्य इंटरनेट पर (सामान्यत: अवैध रूप से) उपलब्ध होते हैं। यदि आप उन्हें कॉपी या डिस्ट्रीब्यूट कर रहे हैं तो यह एक अपराध है। अत: सावधान रहें कि आप क्या कर रहे हैं और लापरवाही न करें। जब आप पकड़े जाएँगे तो कड़ा दंड मिलेगा। ऐसे टेक्निकल एक्सपर्ट और साइबर डिटेक्टिव हैं, जो यह पता लगा लेते हैं कि अपराध किसने किया है। इन्हें कंपनियाँ और सरकार अपनी सामग्री की सुरक्षा के लिए तैनात रखती हैं।

8. इंटरनेट से कोई भी चीज कॉपी करके उसे अपनी न बताएँ। यह वैसे ही है जैसे किसी पुस्तक या मैगजीन से किसी लेख को कॉपी करके आप उसे अपना लिखा हुआ बताएँ। इसे पकड़ना बहुत आसान है। याद रखें, उसे आपके शिक्षक, सहपाठियों और हजारों अन्य विद्यार्थियों ने भी इंटरनेट पर देखा होगा।

याद करें

1. आप एक एंटीवायरस सॉफ्टवेयर प्रयोग करके अपने कंप्यूटर को वायरस से सुरक्षित रख सकते हैं।
2. स्पाईवेयर एक सॉफ्टवेयर है, जो आपकी जानकारी के बिना आपके कंप्यूटर से आपकी व्यक्तिगत जानकारी एकत्र करता है।
3. एंटीस्पाईवेयर सॉफ्टवेयर उपलब्ध हैं, जो आपके कंप्यूटर को स्पाईवेयर से बचाते हैं।
4. फिशिंग इंटरनेट टेक्नोलॉजी मासूम लोगों को बेवकूफ बनाने और उनकी व्यक्तिगत जानकारी जैसे पासवर्ड, क्रेडिट की डिटेल आदि निकालने की तकनीक है।
5. हॉक्स इ-मेल नकली चेतावनी देकर लोगों को डराते या गुमराह करते हैं।

अभ्यास

(अ) निम्न प्रश्नों के उत्तर दीजिए—

1. नीचे दिए गए इंटरनेट व्यवधान या उलझनों पर संक्षिप्त टिप्पणी लिखिए—
   अ. वायरस, वॉर्म और ट्रोजन हॉर्स
   ब. स्पाईवेयर
   स. फिशिंग
   द. हॉक्स इ-मेल
2. निम्न पर संक्षिप्त टिप्पणी लिखिए—
   अ. एंटीवायरस
   ब. एंटीस्पाईवेयर
3. क्या करें और क्या न करें लिखिए, जो इंटरनेट प्रयोग करते समय पालन करने चाहिए।

(ब) गलत या सही—

1. आप इंटरनेट से किसी सामग्री को कॉपी करके यह बता सकते हैं कि वह आपने बनाई है।
2. आप किसी भी कॉपीराइट सामग्री की कॉपी बना सकते हैं।
3. किसी भी कंप्यूटर में घुसने का प्रयास न करें।
4. जिनसे आप इंटरनेट पर मिलते हैं, उनसे अपने माता-पिता को बिना बताए व्यक्तिगत रूप से मिलें।
5. इंटरनेट पर किसी को व्यक्तिगत जानकारी नहीं देनी चाहिए।
6. आप अपना यूजर नेम अपने सभी मित्रों को बाँट सकते हैं।
7. स्कूल-कार्य में सहायता के लिए और संबंधित डेटा एकत्र करने में इंटरनेट का प्रयोग करें।
8. इंटरनेट पर डाउनलोड करने के लिए सभी प्रोग्राम वायरस से मुक्त होते हैं।

बहुविकल्पीय प्रश्न

निम्न चार विकल्पों में से सही विकल्प पर (✓) निशान लगाएँ।

1. आप अपने कंप्यूटर को इसके द्वारा सुरक्षित रख सकते हैं—

   अ. एंटीस्पाईवेयर सॉफ्टवेयर

   ब. एंटीवायरस सॉफ्टवेयर

   स. फायरवॉल

   द. उपर्युक्त सभी

2. एंटीस्पाईवेयर सॉफ्टवेयर बाजार में उपलब्ध है, जो आपके कंप्यूटर को इससे बचाता है—

   अ. वायरस

   ब. स्पाईवेयर

   स. हॉक्स इ-मेल

   द. उपर्युक्त सभी

3. ....इंटरनेट टेक्नोलॉजी innocent का प्रयोग करके मासूम लोगों को मूर्ख बनाने का उदाहरण है—

   अ. हॉक्स इ-मेल

   ब. फिशिंग

   स. अ और ब दोनों

   द. इनमें से कोई नहीं

4. ....अकसर इ-मेल होती हैं, जिनमें लोगों को डराने या गुमराह करने से संबंधित नकली चेतावनी होती है—

   अ. स्पैम्स

   ब. हॉक्स इ-मेल

   स. जंक

   द. इनमें से कोई नहीं

10 डिस्क डीफ्रेगमेंटर और डिस्क क्लीनअप

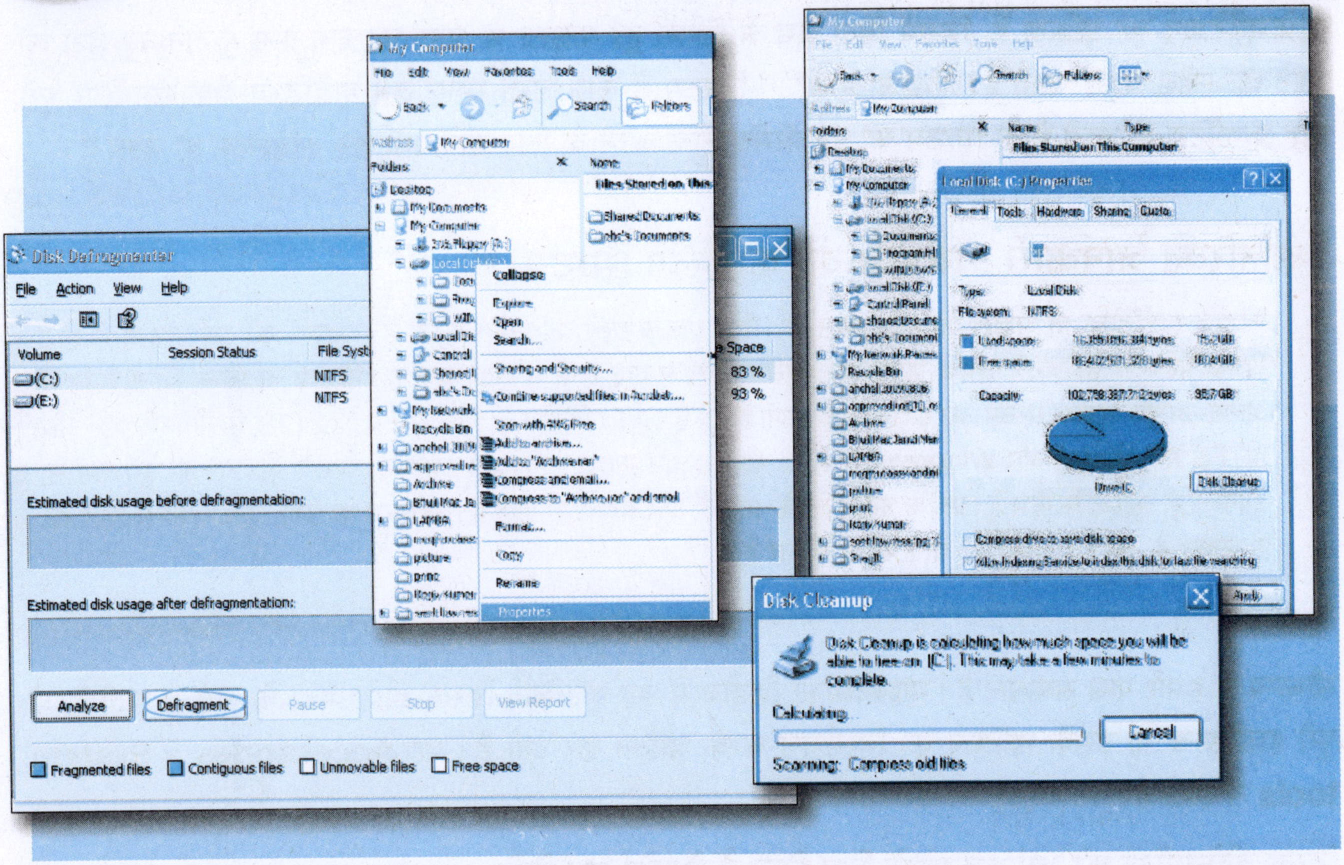

आपको याद है, जब आपने कंप्यूटर के बारे में पहली बार पढ़ा था तो आपको बताया गया था कि कंप्यूटर एक मशीन है? दूसरी सभी मशीनों की तरह कंप्यूटर के भी रख-रखाव की आवश्यकता पड़ती है, अन्यथा यह खराब कार्य करने लगता है। इस अध्याय में हम कुछ ऐसे कार्यों के बारे में सीखेंगे, जिनसे कंप्यूटर को अच्छी अवस्था में रखा जा सकता है। आप सीखेंगे कि कंप्यूटर का रख-रखाव कैसे करें, जिससे कि वह अच्छी तरह से काम करता रहे।

फ्रेगमेंटेशन और डीफ्रेगमेंटेशन

फ्रेगमेंटेशन फाइलों और फोल्डरों को बनाने, मिटाने, नए सॉफ्टवेयर डाउनलोड करने आदि के कारण होता है। कंप्यूटर की हार्डडिस्क में कोई भी डेटा या प्रोग्राम फाइल अथवा फोल्डर डिस्क में किसी एक ही स्थान पर पूरा नहीं रहता। ड्राइव जहाँ पर काम कर रही है, वहाँ से शुरू करके जहाँ-जहाँ स्थान उपलब्ध होता है वहाँ पर उसे सेव किया जाता है। जब हार्डडिस्क का एक बड़ा भाग भर जाता है तो बाद में सेव होनेवाली फाइलों या फोल्डरों को तितर-बितर करके छोटे-छोटे भागों में सेव किया जाता है।

जब आप फाइल या फोल्डर डिलीट करते हैं तो आपके कंप्यूटर की हार्डडिस्क में वह स्थान खाली हो जाता है। यह खाली स्थान बाद में सेव होनेवाली फाइलों द्वारा बिना किसी क्रम के भरा जाता है। इस तरह फ्रेगमेंटेशन बनता है। जब हार्डडिस्क में बहुत अधिक फ्रेगमेंटेशन हो जाता है तो फाइलों को खोलने की गति बहुत धीमी हो जाती है।

डीफ्रेगमेंटेशन वह प्रक्रिया है, जिसमें बिना क्रम के छितरी हुई फाइलों के भागों को एक क्रम में लगाकर डेटा को पढ़ने की स्पीड बढ़ाई जाती है। विंडोज ऑपरेटिंग सिस्टम में काम करते समय जब हार्डडिस्क एक समय पर बुरी तरह फ्रेगमेंटेड हो जाती है तो सिस्टम की परफॉरमेंस ठीक करने के लिए डीफ्रेगमेंटेशन आवश्यक हो जाता है।

अतिरिक्त जानकारी : विंडोज का फाइलिंग सिस्टम

विंडोज हार्डडिस्क पर फाइल को स्टोर करने के लिए एक प्रणाली का प्रयोग करती है। फाइलों की इस प्रणाली में हार्ड डिस्क पर स्टोर होनेवाली प्रत्येक फाइल का आरंभिक एड्रेस एक सूची में रखा जाता है। विंडोज के भिन्न-भिन्न वर्जन में अलग-अलग फाइल सिस्टम का प्रयोग किया जाता है। ये हैं FAT (विंडोज 3.1, 95), FAT32 (98, मिलेनियम, XP और NTFS XP, Vista) और Windows 7. FAT का पूरा नाम फाइल एलोकेशन टेबल है, जबकि NTFS का पूरा नाम न्यू टेक्नोलॉजी फाइल सिस्टम है। प्रत्येक नए वर्जन के साथ ये और बेहतर हो जाते हैं। उदाहरण के लिए, एनटीएफएस FAT32 से बेहतर है, FAT32 FAT16 या FAT से बेहतर है।

सौभाग्य से हमारे पास समाधान है। माइक्रोसॉफ्ट विंडोज में यह यूटिलिटी डिस्क डीफ्रेगमेंटर के नाम से होती है जो पूरी हार्डडिस्क या उसके पार्टिशन का विश्लेषण करके डीफ्रेग कर देती है। यह **Accessories > System tools** में होती है।

डिस्क डीफ्रेगमेंटर को आरंभ करने के लिए निम्न में से कोई एक विधि अपनाएँ।

विधि 1 : अपनी लोकल डिस्क की प्रॉपर्टीज का प्रयोग करें।

1. **My Computer** खोलिए।
2. लोकल डिस्क वॉल्यूम, जिसे आप डीफ्रेगमेंट करना चाहते हैं, उस पर राइट क्लिक करिए और फिर शॉर्टकट मेन्यू से **Properties** पर क्लिक करिए। **Properties** डायलॉग बॉक्स खुल जाता है।
3. **tools** टैब के नीचे **Defragment Now** पर क्लिक करिए।
4. **Defragment** पर क्लिक करिए।

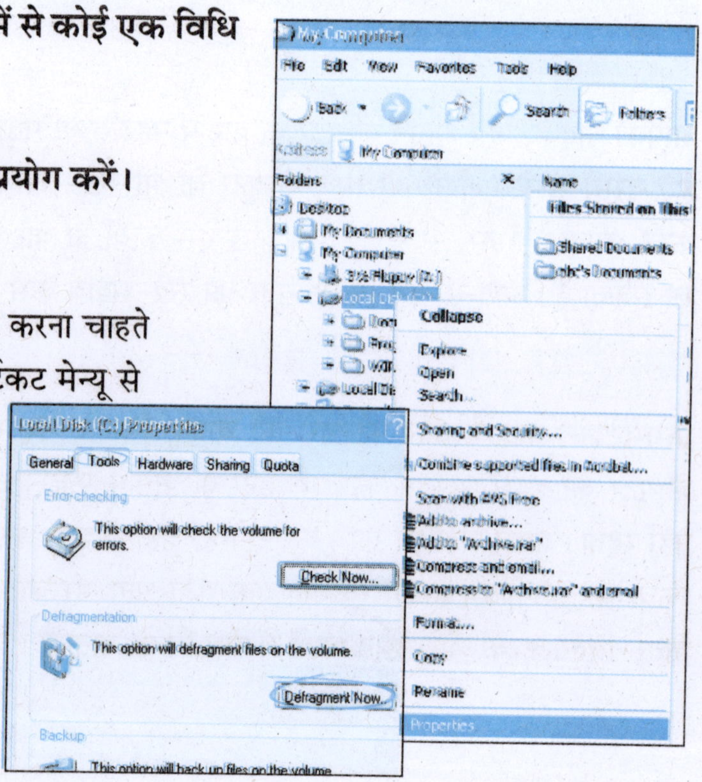

विधि 2 : डिस्क डीफ्रेगमेंटर का प्रयोग करके

Start>All Programs>Accessories>System Tools> Disk Defragmenter पर क्लिक करिए।

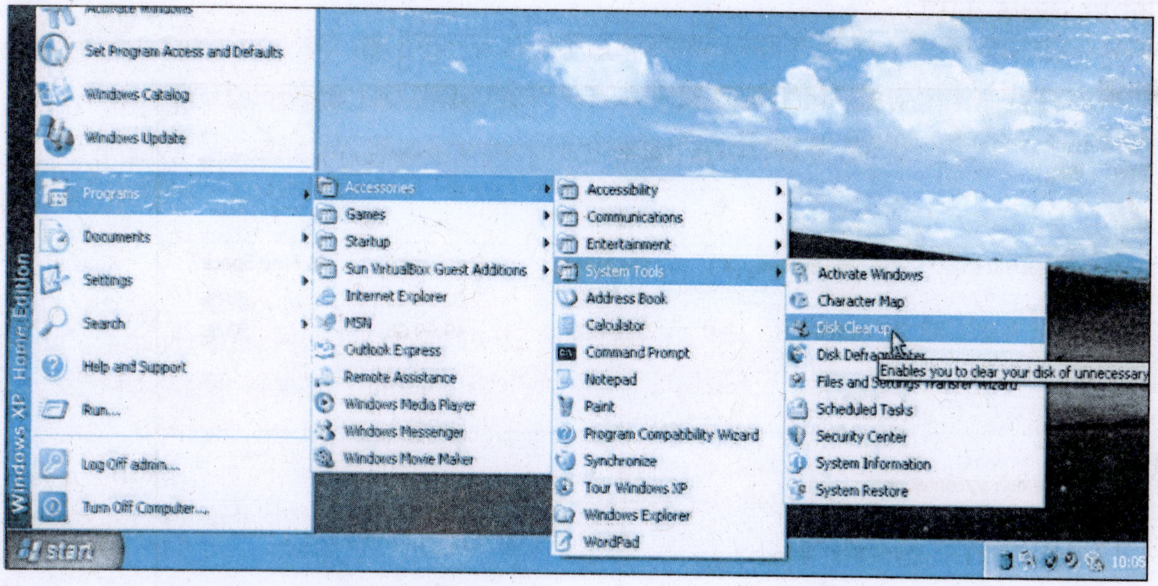

डिस्क वॉल्यूम डीफ्रेग करने के लिए

उस डिस्क वॉल्यूम पर क्लिक करिए, जिसे आप डिफ्रेगमेंट करना चाहते हैं। **Defragment** बटन पर क्लिक करिए।

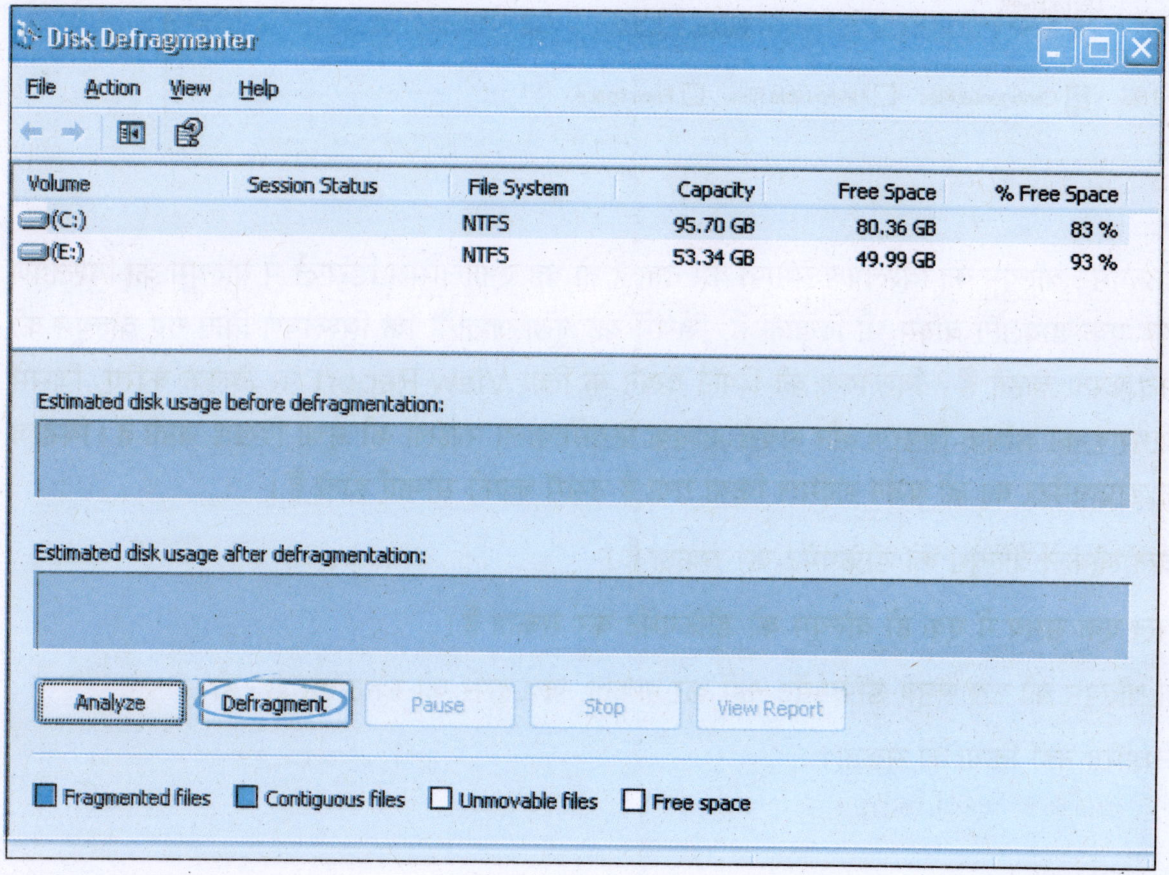

डिस्क वॉल्यूम का विश्लेषण करने के लिए

उस डिस्क वॉल्यूम पर क्लिक करिए जिस पर फ्रेगमेंटवाली फाइलों और फोल्डरों की जाँच करनी है और फिर **Analyze** बटन पर क्लिक करिए।

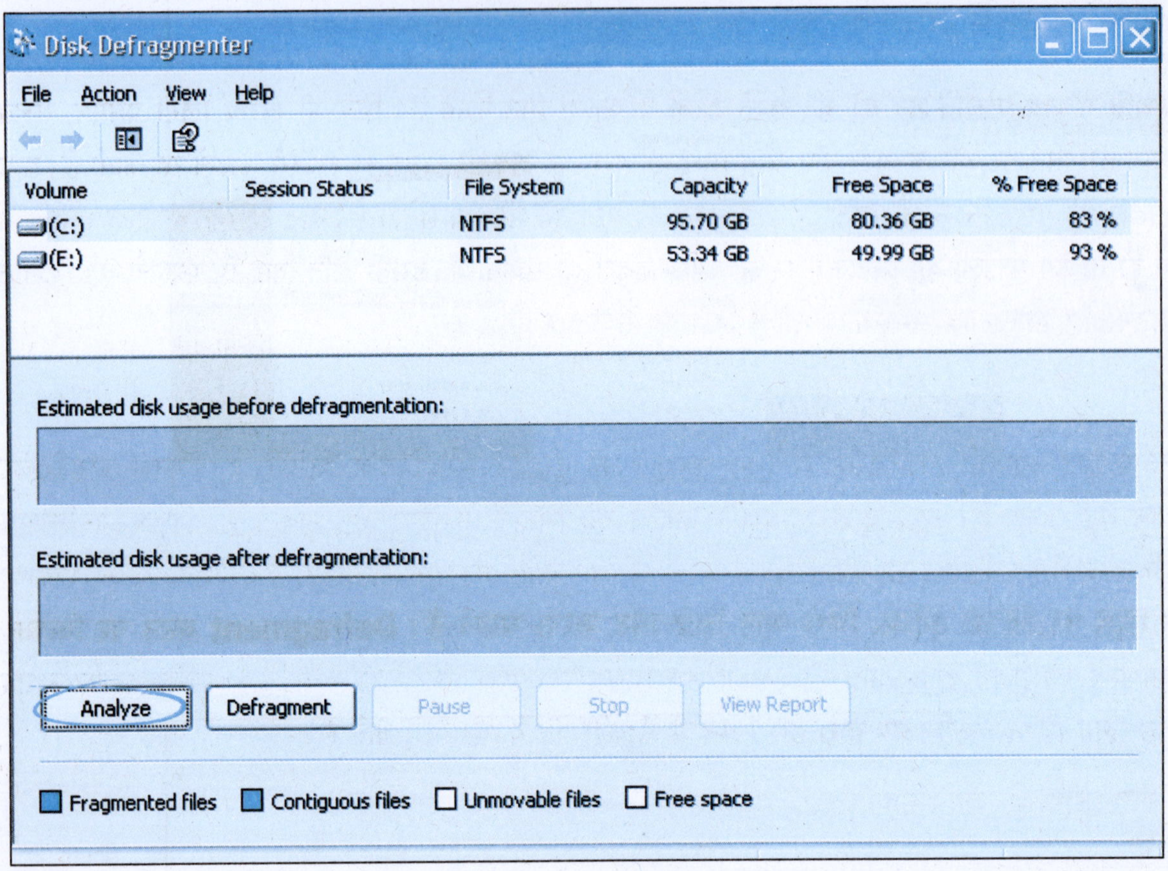

जब डिस्क डीफ्रेगमेंट वॉल्यूम का विश्लेषण समाप्त कर देता है तो वह एनालिसिस डिसप्ले में वॉल्यूम का विश्लेषण दिखाता है। यह एक डायलॉग बॉक्स भी दिखाता है, जिसमें यह पूछा जाता है कि विश्लेषण किए गए वॉल्यूम को आप डीफ्रेगमेंट करना चाहते हैं ? विश्लेषण की रिपोर्ट देखने के लिए View Report पर क्लिक करिए, जिसमें वॉल्यूम इन्फॉरमेशन का अधिक विवरण और सबसे अधिक फ्रेगमेंटवाली फाइलों की सूची दिखाई जाती है। विंडोज XP में डिस्क डीफ्रेगमेंटर का जो वर्जन शामिल किया गया है उसमें काफी सीमाएँ होती हैं।

- यह केवल लोकल वॉल्यूम को डीफ्रेगमेंट कर सकता है।
- यह केवल एक समय में एक ही वॉल्यूम को डीफ्रेगमेंट कर सकता है।
- वह एक वॉल्यूम को उस समय डीफ्रेगमेंट नहीं कर सकता, जब दूसरे को स्कैन कर रहा हो।
- इससे निर्धारित नहीं किया जा सकता।

टेंपॉररी फाइलें क्या हैं ?

हम विंडोज कंप्यूटर का प्रयोग करते हैं। अत: हमें टेंपॉररी फाइलों की कुछ जानकारी होनी चाहिए। विंडोज और विंडोज के एप्लीकेशनें जब काम करती हैं तो टेंपॉररी फाइलें बनाते हैं। काम करनेवाले प्रोग्राम जिस डेटा के अंश को फाइल में स्टोर करते हैं, उसे टेंपॉररी या टेंप फाइलें कहते हैं। ये वे फाइलें हैं, जिन्हें आवश्यकता न रहने पर मिटाया जा सकता है।

एक आदर्श स्थिति में जब एप्लीकेशन को बंद करते हैं तो ये फाइलें मिट जाती हैं। फिर भी खराब लिखे प्रोग्राम, गलत शटडाउन, प्रोग्राम हैंग होने पर और कंप्यूटर क्रैश होने पर हार्डडिस्क पर अकसर अनचाही टेंपॉररी फाइलें रह जाती हैं। बाद में ये फाइलें हार्डडिस्क पर स्थान घेरती रहती हैं और अंतत: कंप्यूटर को धीमा कर देती हैं। यदि आपका कंप्यूटर खराब या धीमा चल रहा हो तो टेंप फाइलों को मिटाकर उसकी स्पीड बढ़ाई जा सकती है। इसके अतिरिक्त टेंप फाइलों को डिलीट करने से शटडाउन और डाउनलोड समस्या को ठीक किया जा सकता है।

डिस्क क्लीनअप

डिस्क क्लीनअप टूल आपकी हार्डडिस्क से ऐसी फाइलों को ढूँढ़कर सुरक्षापूर्वक मिटाता है, जिनसे हार्डडिस्क में खाली स्थान बढ़ जाता है। आप कुछ या सभी फाइलों को मिटाने के लिए चुन सकते हैं। डिस्क क्लीनअप माइक्रोसॉफ्ट विंडोज में हार्डडिस्क का स्थान खाली करने के लिए बनाई गई एक यूटिलिटी है। क्लीनअप की प्रक्रिया में हार्डडिस्क में से फाइलों को ढूँढ़कर विश्लेषित किया जाता है, जिनकी आगे आवश्यकता नहीं होती। इसके बाद अनावश्यक फाइलों को मिटा दिया जाता है, जिससे हार्डडिस्क पर स्थान खाली हो जाता है। हार्डडिस्क पर स्थान खाली करने के लिए डिस्क क्लीनअप द्वारा हम निम्न में से कोई भी कार्य कर सकते हैं—

- टेंपॉररी इंटरनेट फाइल को मिटाएँ।
- इंटरनेट से डाउनलोड की गई प्रोग्राम फाइलों को मिटाएँ।
- रिसाइकल बिन खाली करें।
- विंडोज की टेंपॉररी फाइलें मिटाएँ।
- विंडोज के वैकल्पिक भागों को, जिनका प्रयोग नहीं हो रहा है, मिटाएँ।
- इंस्टॉल किए गए प्रोग्राम, जिनका आगे प्रयोग नहीं है, मिटाएँ।

डिस्क क्लीनअप आरंभ करने के लिए निम्न में से कोई भी स्टेप उठाएँ—

Start> Run चुनें

Run डायलॉग बॉक्स में **Open बॉक्स** के अंदर cleanmgr टाइप करिए, **OK** पर क्लिक करिए।

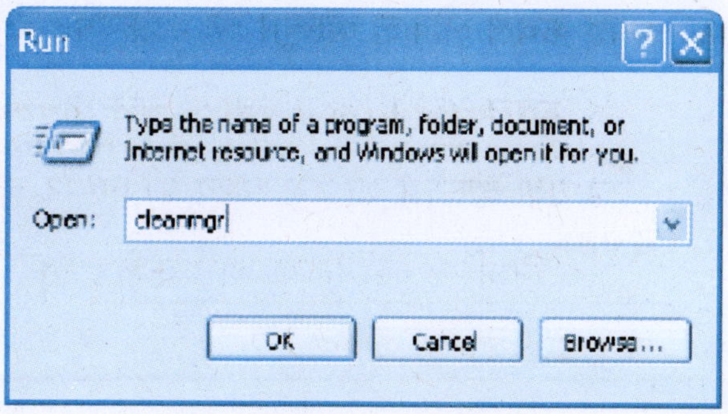

Start>All Programs>Accessories>System Tools>Disk Cleanup पर क्लिक करिए।

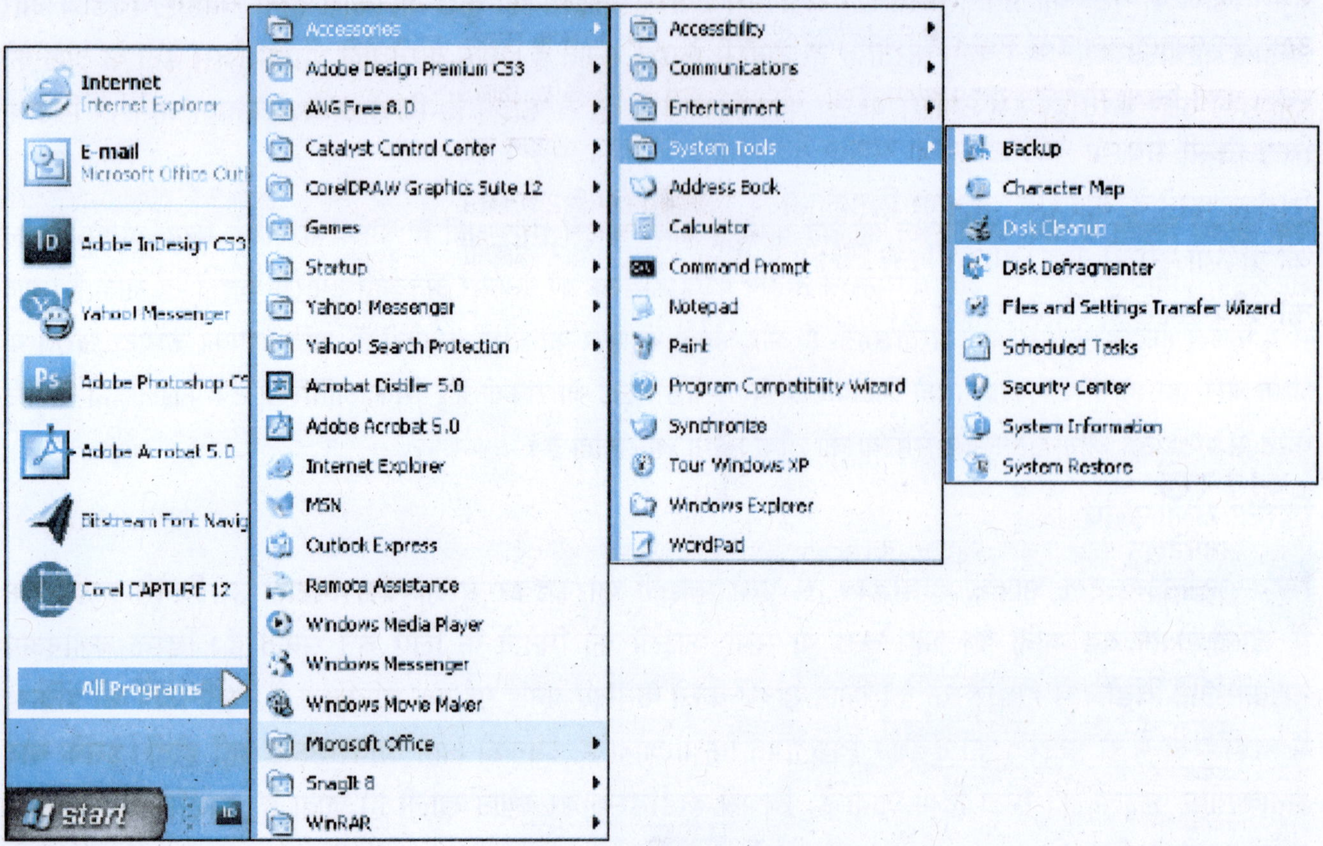

विंडोज एक्सप्लोरर या माई कंप्यूटर में उस डिस्क पर राइट क्लिक करें, जिसमें स्थान खाली करना है और फिर **Properties** पर क्लिक करें।

General tab पर क्लिक करिए और फिर **Disk Cleanup** पर क्लिक करिए। **Disk Cleanup** डायलॉग बॉक्स खुल जाता है, जो आपकी डिस्क को क्लीन करना शुरू कर देता है।

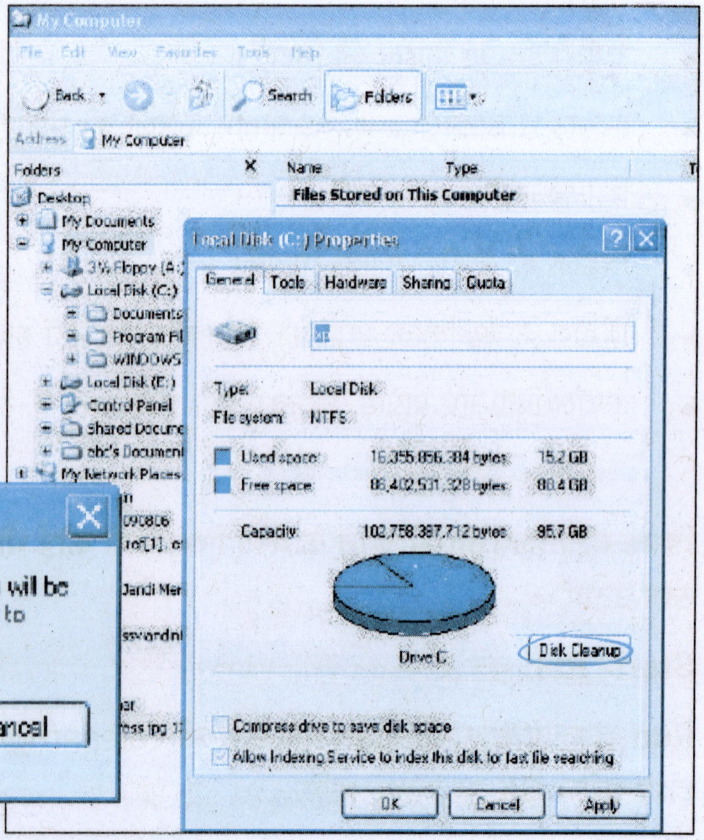

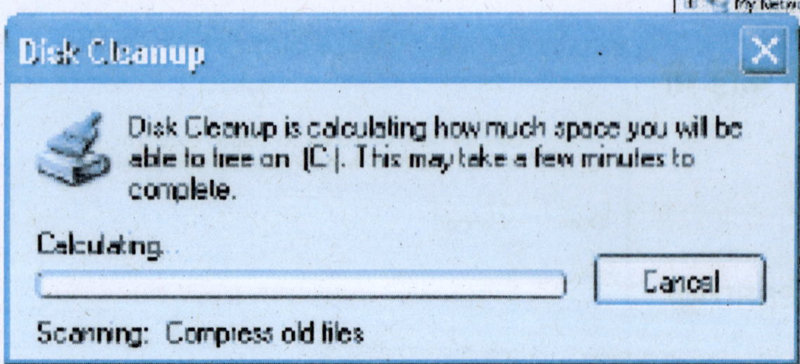

जब डिस्क क्लीनअप डिस्क का स्टेटिस्टिक या आँकड़े कैलकुलेट कर लेता है तो वह एक डायलॉग बॉक्स दिखाता है, जैसा कि यहाँ दिखाया गया है। आप उन फाइलों को देख सकते हैं जिन्हें मिटाया गया है और कितना खाली स्थान प्राप्त किया गया है। यह सेफ फाइलों को भी रिकमंड करता है, जिन्हें बिना किसी समस्या के मिटाया जा सकता है। मिटाने के लिए फाइल को सिलेक्ट करने के बाद **OK** बटन पर क्लिक करिए, जिससे डिस्क क्लीनअप की प्रक्रिया पूरी हो जाए। आप **View Files** पर क्लिक करके उन फाइलों को जाँच सकते हैं, जिन्हें मिटाना है।

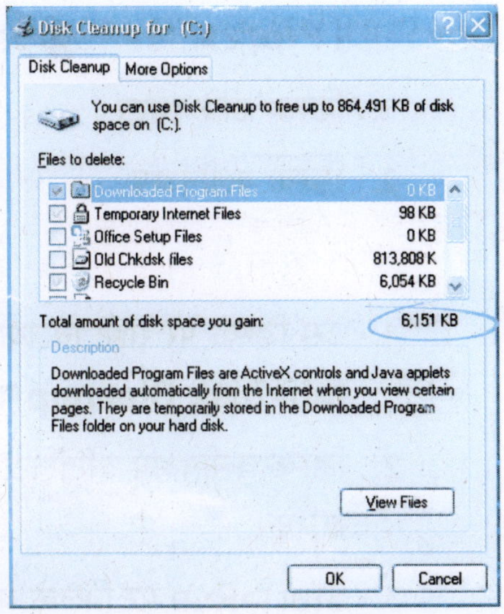

याद रखें

1. **फ्रेगमेंटेशन** फाइलों और फोल्डरों को बनाने व मिटाने के कारण बनता है।
2. **डीफ्रेगमेंटेशन** एक प्रक्रिया है, जिसमें फाइलों के छितरे हुए भागों को डिस्क में क्रम से लगाया जाता है, जिससे डेटा को लिखने, पढ़ने की स्पीड बढ़ जाती है।
3. विंडोज फाइलों को हार्डडिस्क पर प्रयोग करने के लिए एक प्रणाली का प्रयोग करता है—FAT और NTFS।
4. विंडोज और विंडोज की एप्लीकेशनें जब चलती हैं तो टेंपॉरैरी फाइलें बनाती हैं।
5. डिस्क क्लीनअप टूल हार्डडिस्क में फाइलों को ढूँढ़कर सुरक्षापूर्वक मिटाकर खाली स्थान बनाने में सहायता करता है।
6. माइक्रोसॉफ्ट विंडोज में यह यूटिलिटी डिस्क डीफ्रेगमेंटर के नाम से शामिल है, जो पूरी हार्डडिस्क और उसके पार्टिशन को विश्लेषित करके डीफ्रेग करता है। यह **Accessories>System Tools** में होती है।

अभ्यास

(अ) निम्न प्रश्नों के उत्तर दीजिए—

1. फ्रेगमेंटेशन और डीफ्रेगमेंटेशन का वर्णन करिए।
2. फाइलिंग सिस्टम क्या है?
3. डिस्क डीफ्रेगमेंटर क्या है?
4. टेपॉरैरी फाइलें क्या हैं?
5. डिस्क क्लीनअप क्या है?
6. डिस्क क्लीनअप से होनेवाले कार्यों का वर्णन कीजिए।
7. विंडोज XP में डिस्क डीफ्रेगमेंटर की क्या सीमाएँ हैं?
8. **Analyze Button** बटन और **MS Defragmenter** का क्या प्रयोग है?

(ब) निम्न प्रक्रियाओं की स्टेप्स लिखिए—

1. डिस्क डीफ्रेगमेंटर
2. डिस्क क्लीनअप

(स) गलत या सही—

1. उस डिस्क पर राइट क्लिक करिए, जिसमें स्थान खाली करना है और फिर **Properties>General tab>Disk Cleanup** पर क्लिक करिए।
2. डिस्क क्लीनअप यूटिलिटी खोलने के लिए Start>All Programs>Disk Cleanup पर क्लिक करिए।
3. Start>Run पर क्लिक करके cleanmgr टाइप करिए और फिर डिस्क क्लीनअप यूटिलिटी चलाने के लिए OK बटन पर क्लिक करिए।
4. डिस्क क्लीनअप में Analyze बटन डिस्क वॉल्यूम का विश्लेषण करता है।
5. NTFS FAT32 से कम शक्तिशाली है और FAT32 FAT16 या FAT से अधिक बेहतर है।

बहुविकल्पीय प्रश्न

निम्न चार विकल्पों में से सही विकल्प पर (✓) निशान लगाएँ।

1. ....फाइलों और फोल्डरों को बनाने व मिटाने, नए सॉफ्टवेयर इंस्टॉल करने और इंटरनेट से फाइलों को डाउनलोड करने के कारण बनता है।

अ. फ्रेगमेंटेशन ब. डीफ्रेगमेंटेशन

स. डिस्क क्लीनिंग द. इनमें से कोई नहीं

2. ....एक प्रक्रिया है, जिसमें फाइलों के छितरे हुए भागों को क्रम में लगाकर डिस्क पर रखा जाता है और डेटा को लिखने या पढ़ने की स्पीड बढ़ाई जाती है।

अ. फ्रेगमेंटेशन ब. डीफ्रेगमेंटेशन

स. डिस्क क्लीनिंग द. इनमें से कोई नहीं

3. विंडोज XP हार्डडिस्क पर फाइलों को स्टोर करने के लिए इस प्रणाली का प्रयोग करता है—

अ. FAT ब. NTFS

स. अ और ब दोनों द. इनमें से कोई नहीं

4. विंडोज और विंडोज एप्लीकेशन जब चलते हैं तो .... बनाते हैं—

अ. स्माइल फाइलें | ब. टेंपॉररी फाइलें

स. सिस्टम फाइलें | द. इनमें से कोई नहीं

5. ....टूल डिस्क में फाइलों को ढूँढ़कर सुरक्षापूर्वक मिटाकर हार्डडिस्क में खाली स्थान बढ़ाने में सहायता करता है।

अ. डिस्क डीफ्रेगमेंटेशन | ब. डिस्क क्लीनअप

स. सिस्टम रीस्टोर | द. इनमें से कोई नहीं

6. माइक्रोसॉफ्ट में यह.......................यूटिलिटी कहलाती है, जिससे पूरी हार्डडिस्क या कुछ हिस्सों को विश्लेषित करके डीफ्रेग करते हैं।

अ. डिस्क डीफ्रेगमेंटेशन | ब. डिस्क क्लीनअप

स. सिस्टम रीस्टोर | द. इनमें से कोई नहीं

7. मान लीजिए कि आप अपने कंप्यूटर का कई वर्षों से प्रयोग कर रहे हैं और उसमें 80 जी.बी. की हार्डडिस्क है, जिसमें 78 जी.बी. डेटा भरा हुआ है। कंप्यूटर की परफॉरमेंस बढ़ाने के लिए आप कौन सी यूटिलिटी का प्रयोग करेंगे?

अ. डिस्क क्लीनअप | ब. स्केन डिस्क

स. कंट्रोल पैनल | द. डेस्कटॉप प्रोपर्टीज

8. वाणी कई वर्षों से अपने कंप्यूटर का लगातार प्रयोग कर रही है और उसके कंप्यूटर की गति काफी धीमी हो गई है। उसे यह प्रयोग करना चाहिए—

अ. डिस्क डीफ्रेगमेंटर | ब. स्केन डिस्क

स. कंट्रोल पैनल | द. रिमूवेबल ड्राइव से फाइल डिलीट करना

11 फ्लैश एनिमेशन का परिचय

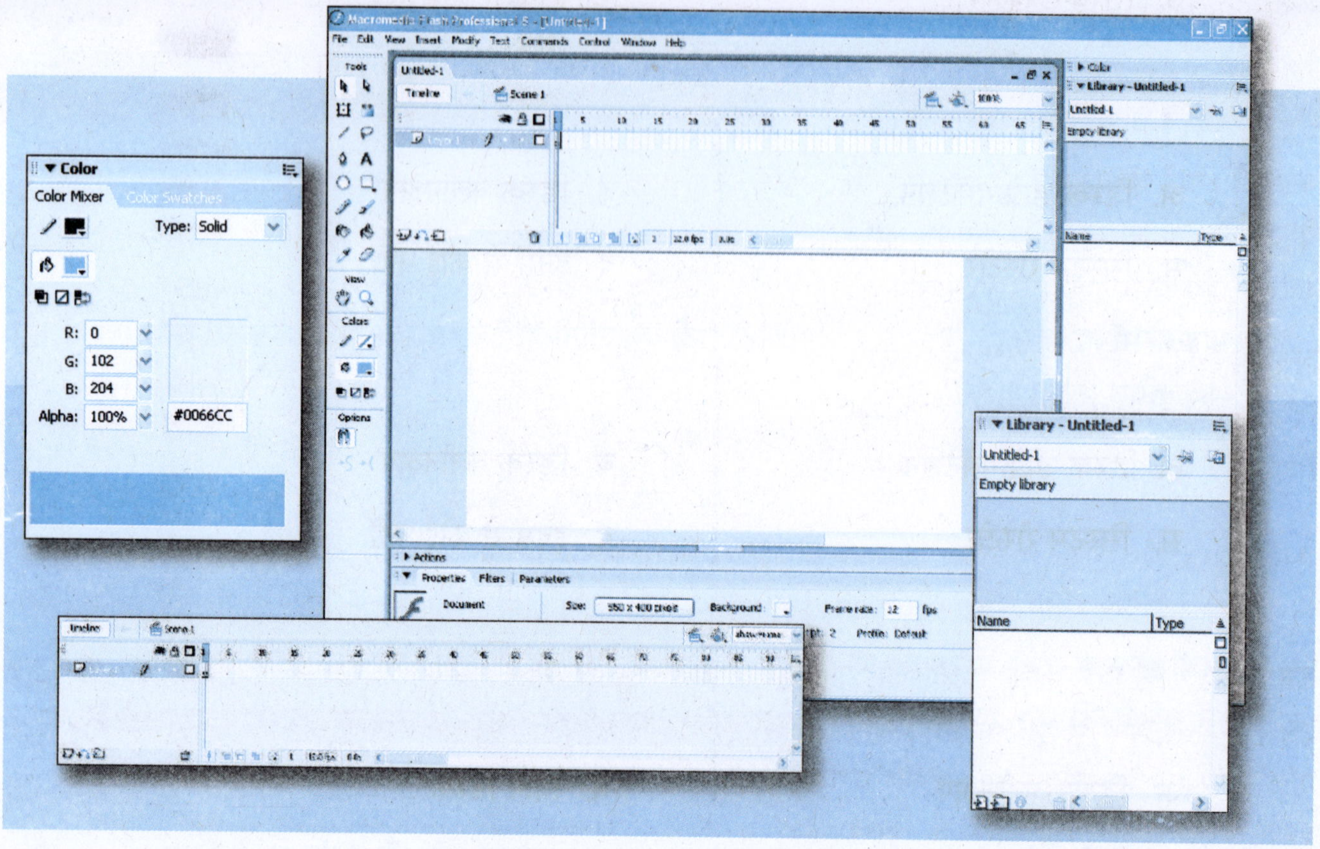

फ्लैश का परिचय

इंटरनेट का प्रयोग करते हुए आपने कुछ वेबसाइटों और विज्ञापनों में एनिमेशन जरूर देखा होगा। एनिमेशन कार्टून या इमेज के चलने को कहते हैं, जो इमेज के सीक्वेंस को एक के बाद एक-एक करके दिखाने से बनता है।

वेब पेजों को एनिमेशन से दर्शकों के लिए और आकर्षक बनाने तथा एनिमेशन के बढ़ते हुए प्रयोग को देखते हुए मैक्रोमीडिया इन कॉरपोरेट (जो अब एडोब है), एक एप्लीकेशन आधारित सॉफ्टवेयर लाया, जिसे फ्लैश कहते हैं।

फ्लैश का प्रयोग करके आप एनिमेशन वाले वेब पेज और वेबसाइटें बनाकर इंटरनेट पर अपलोड कर सकते हैं। इस अध्याय में आप इस नई एप्लीकेशन और उसके कार्यों के बारे में पढ़ेंगे, जिसे फ्लैश कहते हैं।

नोट

फ्लैश का नवीनतम वर्जन फ्लैश CS4 है। एडोब ने इसे सितंबर 2008 में उतारा था। हम यहाँ फ्लैश 8 के बारे में चर्चा करेंगे, क्योंकि वह आसानी से मिल जाता है और अधिक कंफर्टेबल है। यद्यपि इस पुस्तक में बताए गए फीचर नए वर्जन पर भी उसी तरह काम करेंगे।

आपको अपने कंप्यूटर में ब्राउसर में फ्लैश प्लेयर के प्लग-इन डालने होंगे, जिससे आप फ्लैश में बनाए गए प्रभाव देख सकें। आजकल फ्लैश प्लेयर अधिकांश कंप्यूटर सिस्टम में ब्राउसर के साथ इंस्टॉल किया मिलता है। अत: अधिकतर लोग फ्लैशवाली वेबसाइटों को बिना किसी विशेष डाउनलोड या तैयारी के साथ देख सकते हैं।

जब आप कोई फ्लैश प्रभाववाली वेबसाइट देखते हैं तो फ्लैश प्लेयर प्लग-इन फ्लैश के प्रभाव या एनिमेशन को दिखाता है। यदि आपके पास फ्लैश प्लेयर नहीं है तो **http://www.adobe.com** पर जाकर **Get Adobe Flash Player** बटन पर क्लिक करके उसे डाउनलोड कर सकते हैं।

फ्लैश क्या कर सकता है?

हम साधारण एनिमेशन बनाने और उसे वेब पेज पर जोड़ने के लिए फ्लैश का प्रयोग कर सकते हैं। अथवा आप इससे पूरा वेब पेज या पूरी वेबसाइट बना सकते हैं, जिसमें टेक्स्ट, ग्राफिक्स, इंटरेक्टिव बटन, साउंड, वीडियो और एनिमेशन लगा सकते हैं। आप फ्लैश में एप्लीकेशन (ऑनलाइन और ऑफलाइन दोनों) भी बना सकते हैं। आप फ्लैश में जो एप्लीकेशन बनाते हैं, उसमें इंटरेक्टिव मेन्यू बटन आदि लगाकर उन्हें उपयोग में आसान बना सकते हैं। ये एप्लीकेशनें कभी-कभी रिच इंटरनेट एप्लीकेशनें (RIA) भी कहलाती हैं। ये रिच इसलिए हैं, क्योंकि इनमें मल्टीपल माध्यम (टेक्स्ट, ग्राफिक्स, इमेज, साउंड, म्यूजिक, वॉइस, वीडियो, एनिमेशन, मेन्यू, बटन आदि) एक साथ जुड़े रहते हैं।

आइए, अब फ्लैश खोलें और इसके कार्यों को समझें…!

फ्लैश की पहली स्क्रीन

कंप्यूटर पर फ्लैश खोलने के लिए **Start>Programs>Macromedia>Macromedia Flash** सिलेक्ट करिए। यह फ्लैश की पहली स्क्रीन खोल देगा।

फ्लैश की स्क्रीन तीन मुख्य भागों में बँटी होती है—टाइमलाइन, स्टेज और पैनल्स। आइए, अब इन्हें एक-एक करके समझें।

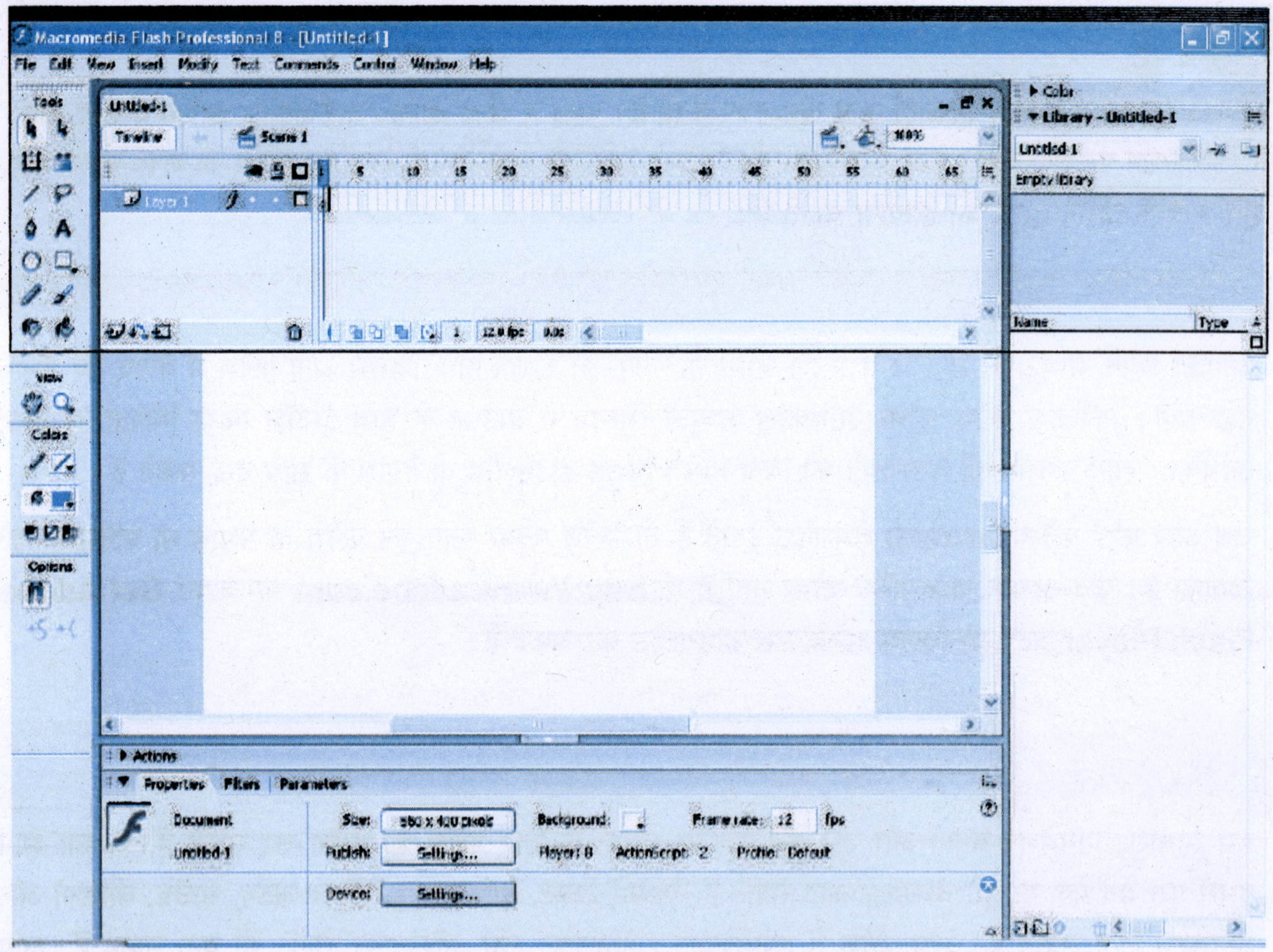

टाइमलाइन

टाइमलाइन फ्लैश का एक सबसे अधिक महत्त्वपूर्ण टूलबार है। इसमें उन इमेजों की सीक्वेंस होती है, जिनसे हम एनिमेशन बनाती है। टाइमलाइन में एनिमेशन की कई लेयर हो सकती हैं। इस तरह कोई ग्राफिक दूसरे के ऊपर या नीचे रखा जा सकता है और एक साथ कई एनिमेशन चल सकते हैं। वास्तव में लेयर टाइमलाइन के की डाइमेंशन होते हैं।

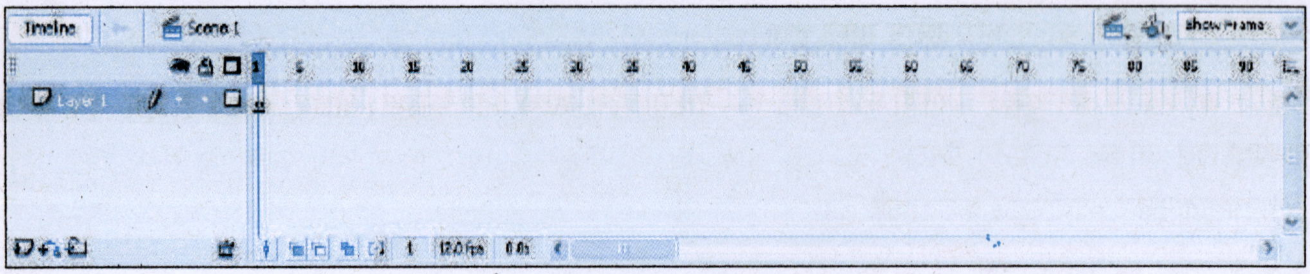

स्टेज

स्टेज उस स्थान को कहते हैं, जहाँ आप खुद काम करते हैं। यह दिखाई देनेवाला वह स्थान है जहाँ आप काम करते हैं। इस स्थान पर रखा कोई भी ग्राफिक यूजर को दिखाई देता है। इस तरह स्टेज पर ऐसे सभी एलीमेंट होते हैं, जिन्हें एनिमेशन के दौरान दूसरों को दिखाना चाहते हैं।

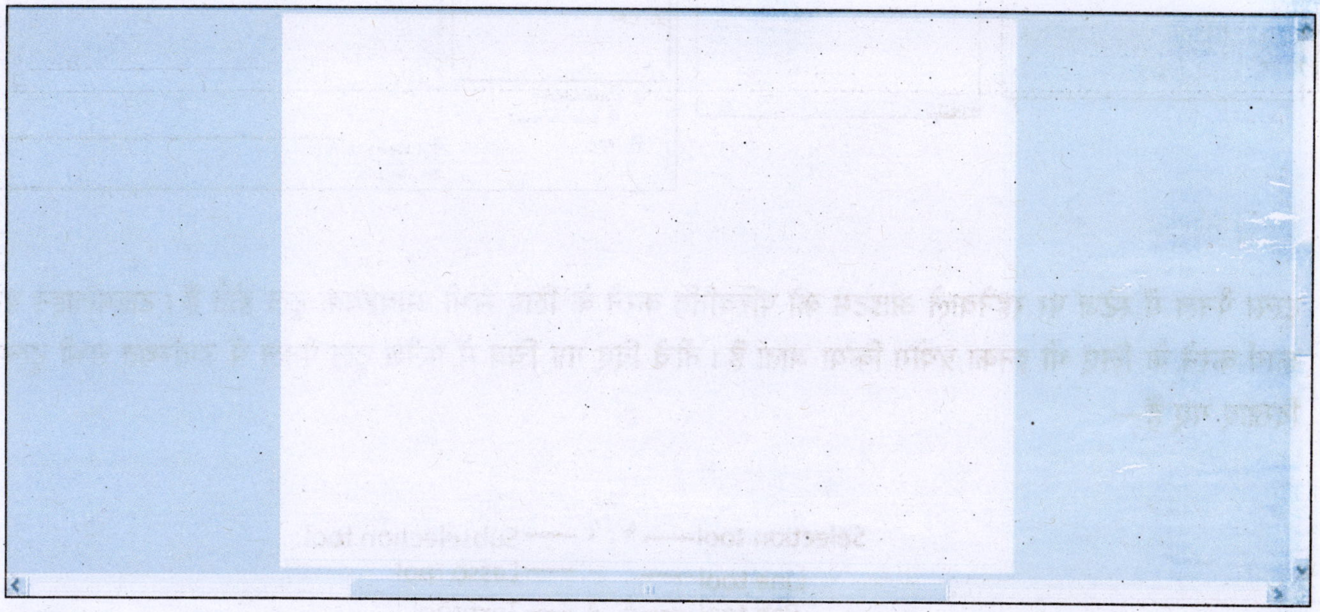

पैनल्स

फ्लैश में पैनल्स वे विशेष टूल हैं, जो फाइल को एडिट करते समय सेटिंग को देखने और बदलने के काम आते हैं। फ्लैश स्क्रीन में प्रॉपर्टीज पैनल सबसे अधिक उपयोगी पैनल है, क्योंकि यह आवश्यकता के अनुसार स्वचालित रूप से बदलाव करता है। इसका प्रयोग स्टेज पर पहले आनेवाले ऑब्जेक्ट के गुण-धर्म बदलने में प्रयोग होता है।

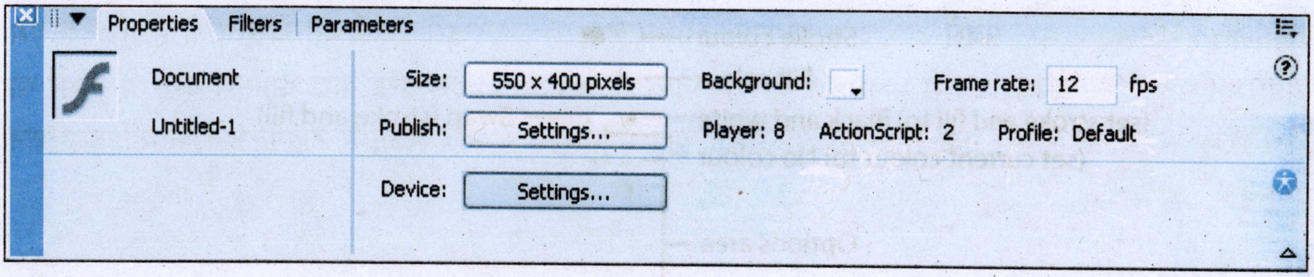

सभी पैनल स्टेज के बाहर चारों तरफ एक-दूसरे के आगे लगे रहते हैं।

वैकल्पिक रूप से आप उन्हें अनडॉक करके हटा सकते हैं, जिससे बाकी सभी चीजें फैलकर दिखाई दें। आप दो या इससे अधिक फ्लोटिंग पैनलों को एक साथ ग्रुप कर सकते हैं। वास्तव में आप पैनल को अपने काम की आवश्यकतानुसार व्यवस्थित कर सकते हैं।

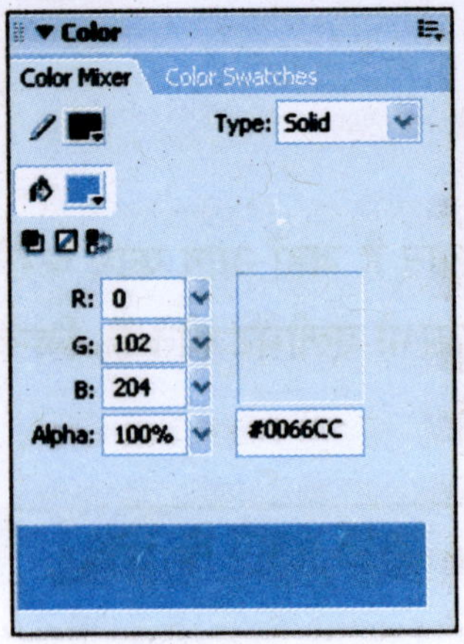

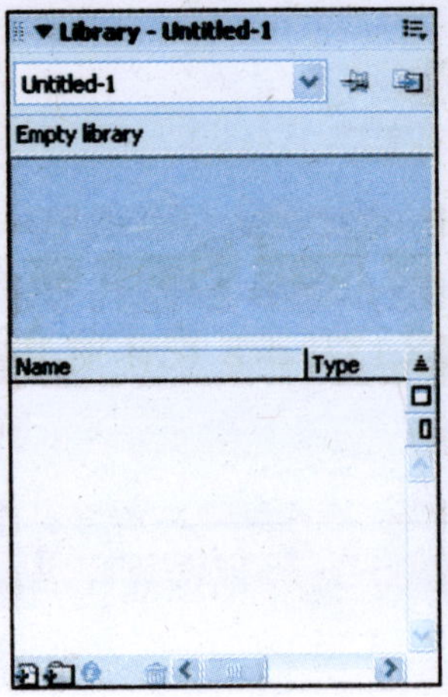

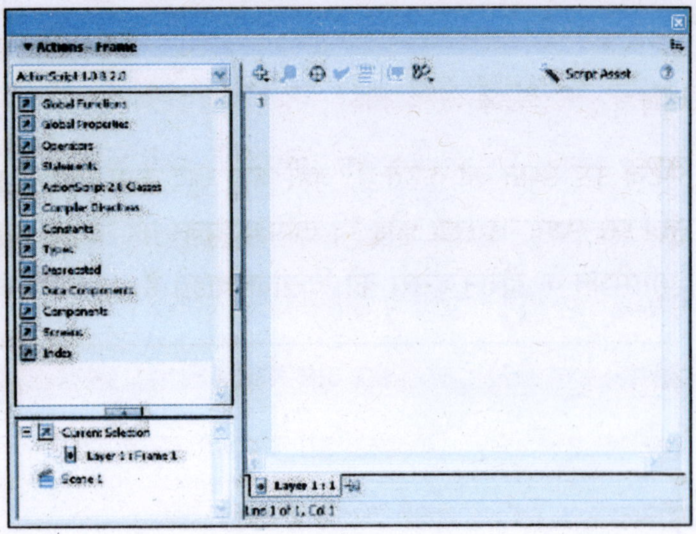

टूल्स पैनल

टूल्स पैनल में स्टेज पर रहनेवाले आइटम को परिवर्तित करने के लिए सभी आवश्यक टूल होते हैं। टाइमलाइन पर कार्य करने के लिए भी इनका प्रयोग किया जाता है। नीचे दिए गए चित्र में फ्लैश टूल पैनल में उपस्थित सभी टूल्स दिखाए गए हैं—

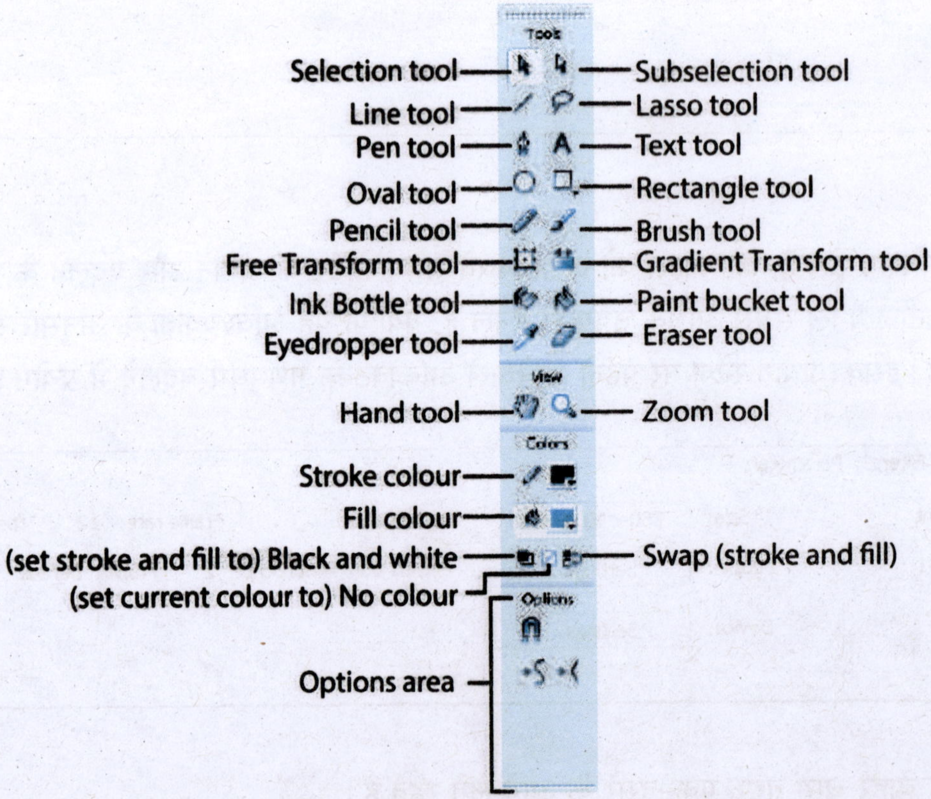

आइए, अब प्रत्येक टूल के बारे में संक्षेप में समझें

सिलेक्शन टूल (V) : पूरे ऑब्जेक्ट को सिलेक्ट करने और मूव करने के लिए।

सब सिलेक्शन टूल (A) : ऑब्जेक्ट के भागों को सिलेक्ट करने के लिए।

लाइन टूल (N) : सीधी लाइन बनाने के लिए।

लासो टूल (L) : ऑब्जेक्ट के अनियमित भागों को सिलेक्ट करने के लिए।

पेन टूल (P) : तिरछी रेखाएँ बनाने के लिए।

टेक्स्ट टूल (T) : स्टेज में टेक्स्ट बॉक्स लगाने के लिए।

ओवल टूल (O) : अंडाकार और गोल (Shift दबाकर ड्रैग करने से गोला बनता है) आकृति बनाने के लिए।

रेक्टेंगल टूल (R) : डिफाल्ट द्वारा यह आयताकार बॉक्स बनाता है। (Shift दबाकर ड्रैग करने पर वर्ग बनाता है।)

पेंसिल टूल (Y) : पतली लाइनें बनाने के लिए।

ब्रश टूल (B) : ब्रश से ड्रॉइंग बनाने के लिए।

फ्री ट्रांसफॉर्म टूल (Q) : किसी ऑब्जेक्ट को स्केल, रोटेट और स्क्यू करने के लिए।

फिल ट्रांसफॉर्म टूल (F) : किसी एक ऑब्जेक्ट में ग्रेडिएंट फिल को डिस्टोर्ट करने के लिए।

स्ट्रोक टूल (S) : स्ट्रोक का रंग और आकार बदलने के लिए।

फिल टूल (K) : फिल का रंग बदलने के लिए।

आइड्रॉपर टूल (I) : स्टेज से रंग का नमूना लेने के लिए।

इरेजर टूल (E) : ऑब्जेक्ट के भागों को मिटाने के लिए।

हैंड टूल (H) : यदि पूरी स्टेज दिखाई नहीं दे रही है तो उसे इधर-उधर खिसकाने के लिए।

जूम टूल (M, Z) : जूम इन या आउट करने के लिए।

अगले अध्याय में फ्लैश का पहला एनिमेशन बनाएँगे।

याद करें

1. फ्लैश ऐसा सॉफ्टवेयर है, जो कुछ अच्छी वेबसाइटों के चारों तरफ चलता रहता है।
2. फ्लैश का नवीनतम वर्जन फ्लैश CS4 है। एडोब ने इसे सितंबर 2008 में उतारा था।
3. फ्लैश की स्क्रीन तीन मुख्य भागों में बँटी होती है—टाइमलाइन, स्टेज और पैनल।
4. पैनल का प्रयोग स्टेज पर पहले से बने ऑब्जेक्ट के गुर्ण-धर्म बदलने के लिए किया जाता है।
5. स्टेज उस स्थान को कहते हैं, जहाँ आप खुद काम करते हैं।
6. टाइमलाइन में उन इमेजों की सीक्वेंस होती है, जिनसे हम एनिमेशन बनाते हैं।

अभ्यास

(अ) निम्न प्रश्नों के उत्तर दीजिए—

1. मैक्रोमीडिया फ्लैश क्या है ?
2. फ्लैश के कुछ उपयोग लिखिए।
3. फ्लैश के निम्नलिखित उपकरणों कंपोनेंट के बारे में संक्षेप में लिखिए—
   अ. स्टेज

   ब. टाइमलाइन
4. पैनल क्या है ? पैनल के प्रकारों का वर्णन कीजिए।
5. नीचे दी गई इमेज का नामांकन कीजिए—

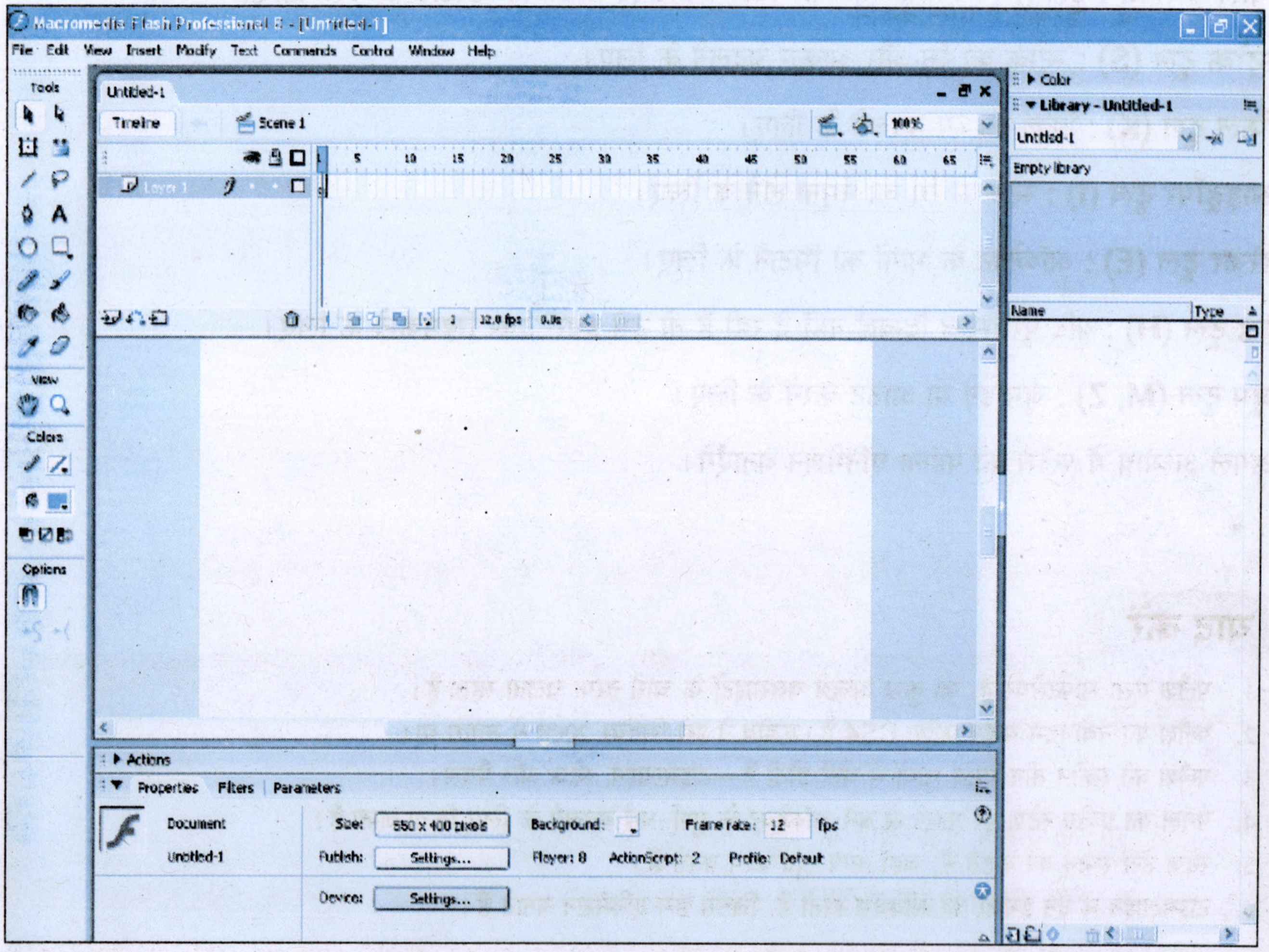

बहुविकल्पीय प्रश्न

निम्न चार विकल्पों में से सही विकल्प पर (✓) निशान लगाएँ।

1. .... एक सॉफ्टवेयर है, जो कुछ अच्छी वेबसाइटों के चारों तरफ चलता रहता है—

   अ. मीडिया प्लेयर

   ब. क्विक टाइम

   स. फ्लैश

   द. फोटोशॉप

2. फ्लैश द्वारा हम बना सकते हैं—

   अ. ऑनलाइन एप्लीकेशन

   ब. डेस्कटॉप एप्लीकेशन

   स. अ और ब दोनों

   द. इनमें से कोई नहीं

3. फ्लैश में लाइन टूल का शॉर्टकट है—

   अ. N   ब. L

   स. E   द. F3

4. फ्लैश 8 में पेंसिल टूल का शॉर्टकट है—

   अ. P   ब. Y

   स. N   द. E

5. फ्लैश 8 में पेंट बकेट टूल का शॉर्टकट है—

   अ. P   ब. B

   स. T   द. E

6. फ्लैश में रिच इंटरनेट एप्लीकेशन (RIA) बना सकते हैं। RIA ऐसी एप्लीकेशनें हैं—

   अ. जो केवल धनी लोगों के प्रयोग के लिए बनाई जाती हैं।

   ब. बड़े संस्थानों द्वारा बनाए गए महँगे सॉफ्टवेयर हैं।

   स. एक एप्लीकेशन जिसमें इमेज, वीडियो, एनिमेशन, टेक्स्ट, साउंड, म्यूजिक आदि का प्रयोग होता है।

   द. इनमें से कोई नहीं।

12 आपका पहला फ्लैश एनिमेशन

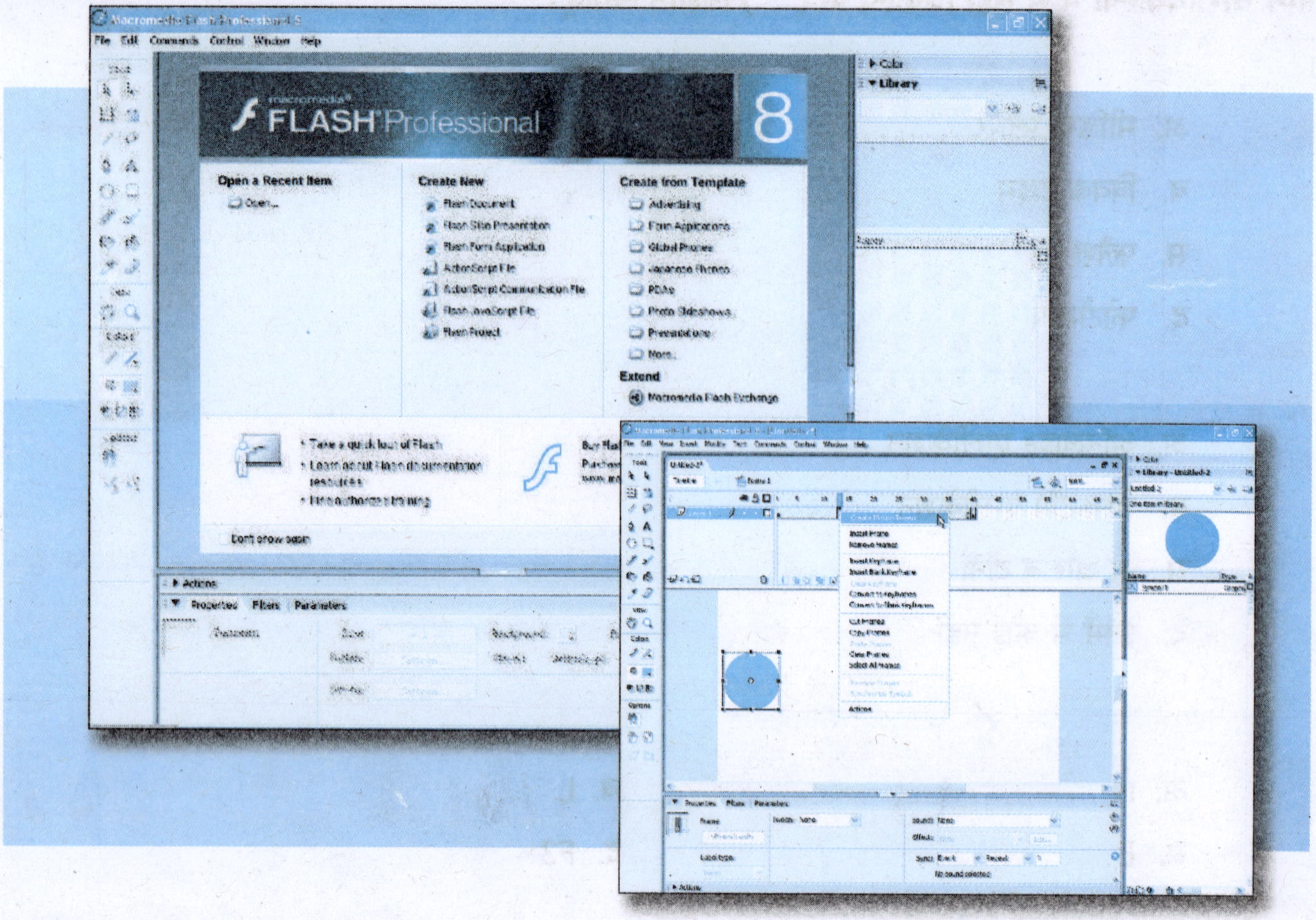

पिछले अध्याय में आपने मैक्रोमीडिया (अब एडोब) फ्लैश के बारे में पढ़ा। इस अध्याय में आप एक कदम आगे जाएँगे और अपना फ्लैश का पहला एनिमेशन बनाएँगे। फ्लैश में अनके आप अनेक विधियों से एनिमेशन बना सकते हैं। प्रत्येक विधि अनोखी है और भिन्न प्रकार के एनिमेशन बनाने और उसमें प्रभाव देने के लिए प्रयोग की जाती है। सबसे आसान और प्रचलित हैं—शेप ट्वीन, मोशन ट्वीन और मोशन गाइड। हम अपना पहला एनिमेशन बनाने के लिए शेप ट्वीन से आरंभ करेंगे और फिर बाद में मोशन ट्वीन के बारे में सीखेंगे।

शेप ट्वीन द्वारा एनिमेशन बनाना

शेप ट्वीन स्टेज पर किसी ऑब्जेक्ट की आकृति बदलने का सबसे आसान तरीका है। शेप ट्वीन से एनिमेशन बनाने के लिए नीचे दी गई स्टेप्स लें।

1. डेस्कटॉप पर 

आइकन पर डबल क्लिक करके या **Start> Programs> Macromedia >Macromedia Flash 8** पर क्लिक करेंगे। Macromedia पर क्लिक करके Macromedia Flash खोलें।

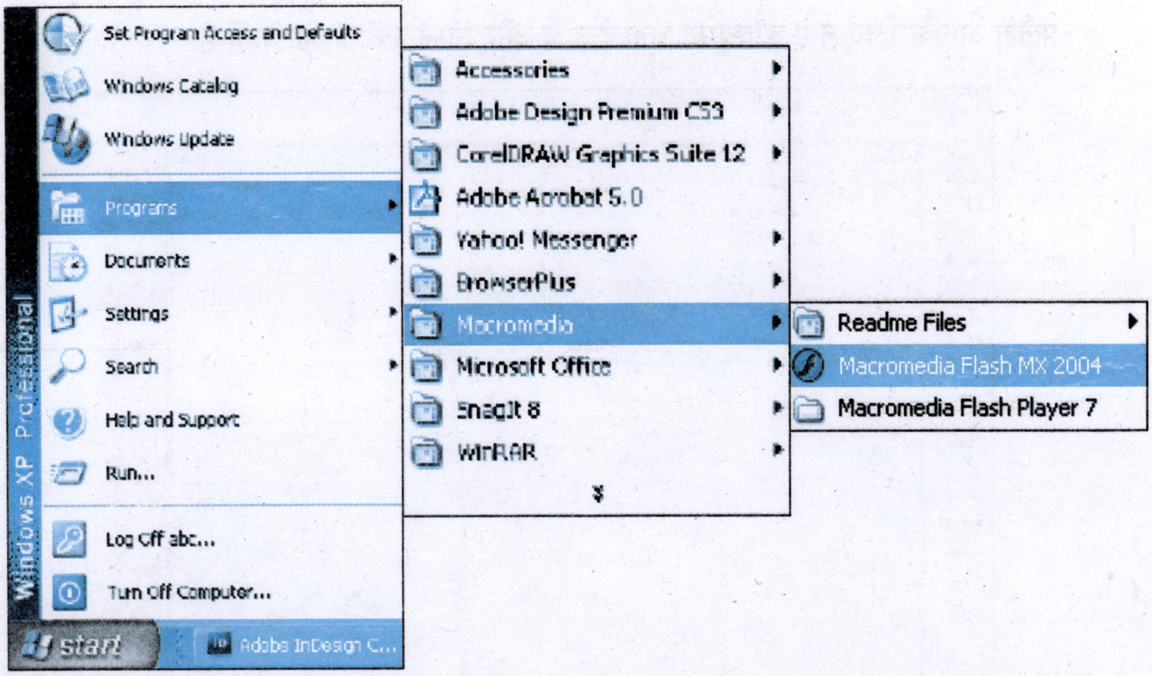

2. फ्लैश की पहली स्क्रीन आ जाती है। **Create New** कॉलम के नीचे **Flash Document** विकल्प पर क्लिक करें।

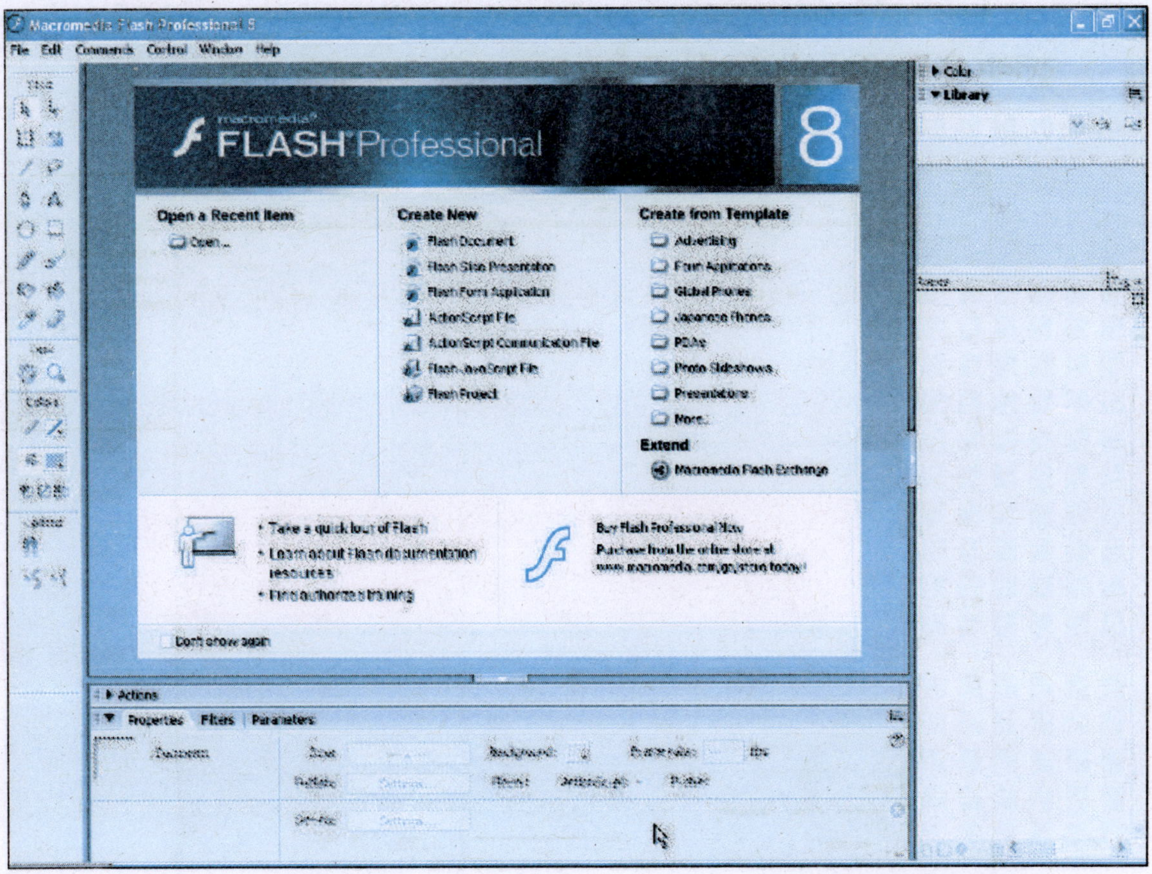

3. फ्लैश आपके लिए नया डॉक्यूमेंट बना देता है और निम्न स्क्रीन आ जाती है—

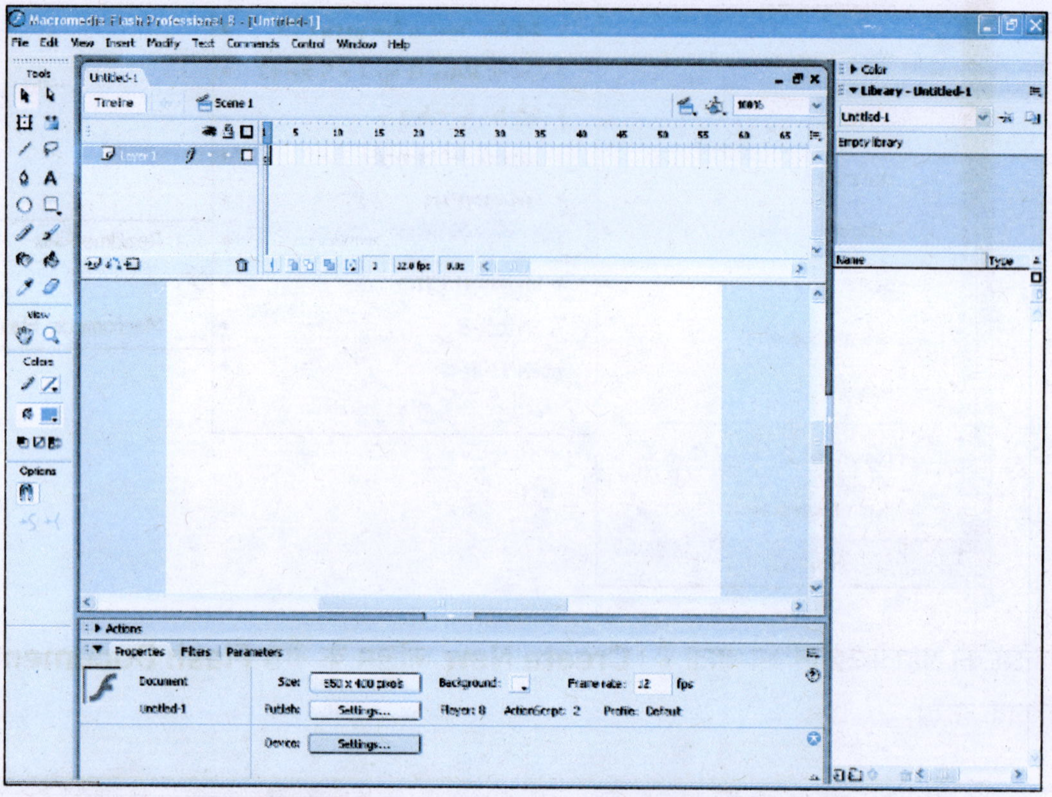

4. टूलबार से **Rectangle tool**  का प्रयोग करके एक आयत बनाएँ।

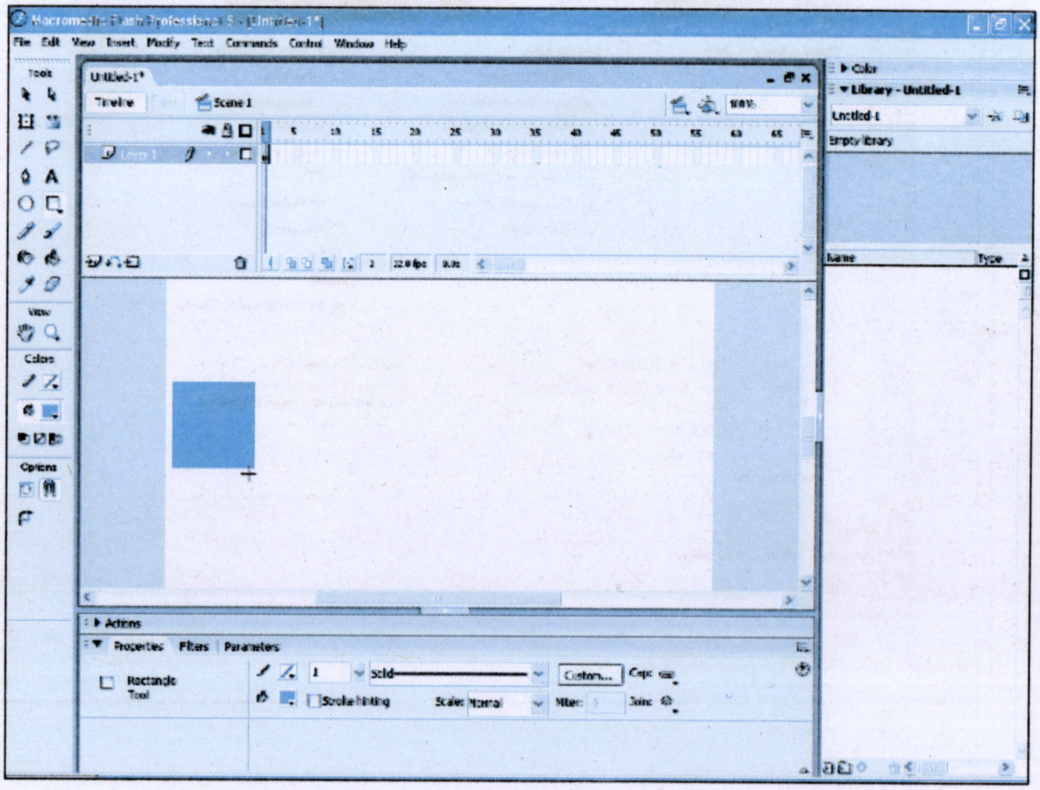

5. टाइमलाइन में की फ्रेम 40 पर राइट क्लिक करिए और Insert Blank Keyframe सिलेक्ट करिए।

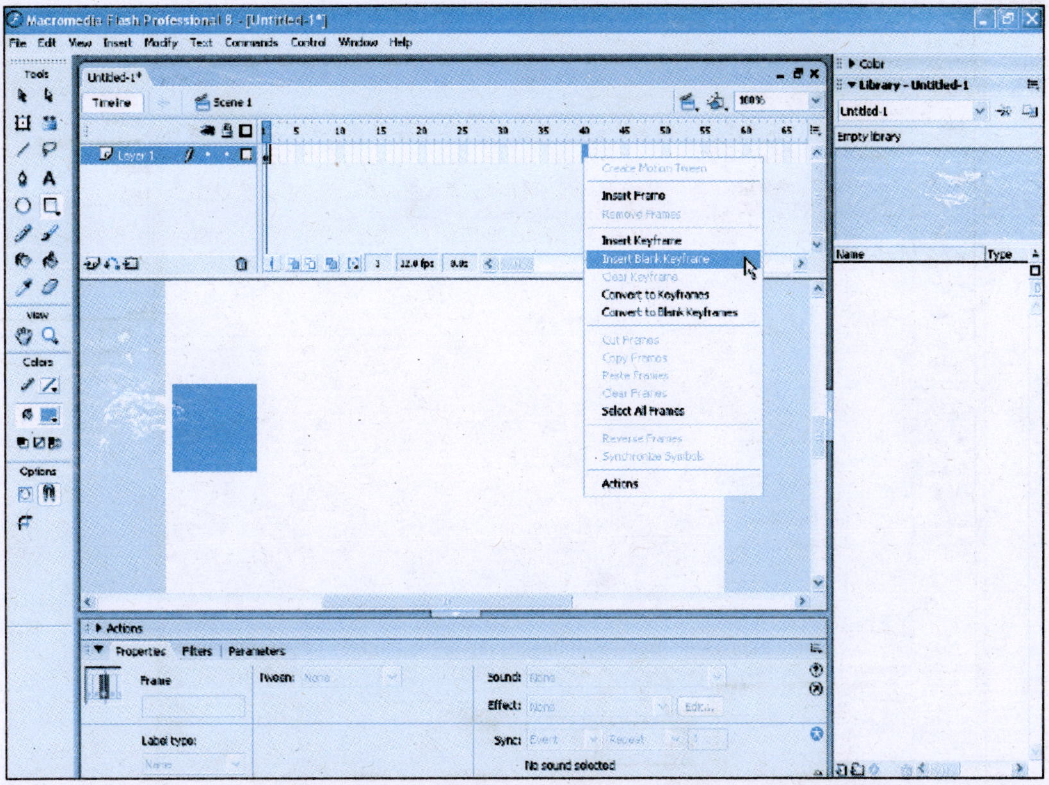

6. इंसर्ट किए गए ब्लैंक फ्रेम पर **Circle** टूल  का प्रयोग करके एक गोला बनाइए।

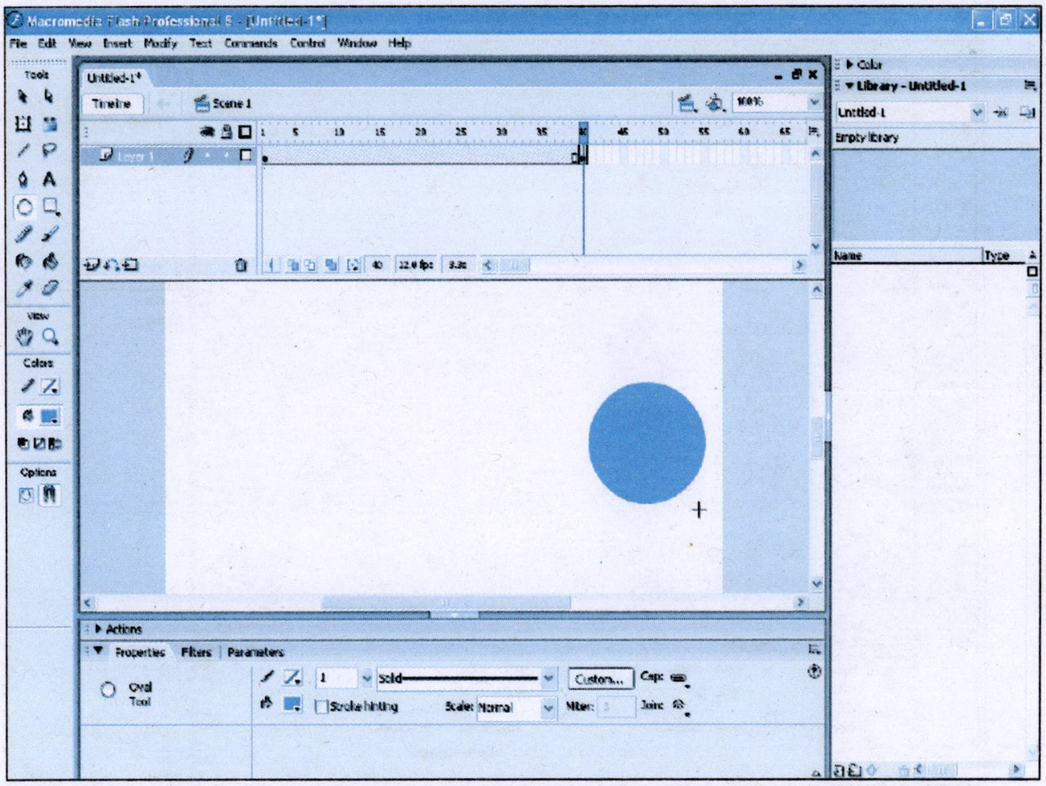

7. टाइमलाइन में किसी भी फ्रेम पर क्लिक करिए और **Properties** पैनल में **Tween>Shape** सिलेक्ट करिए।

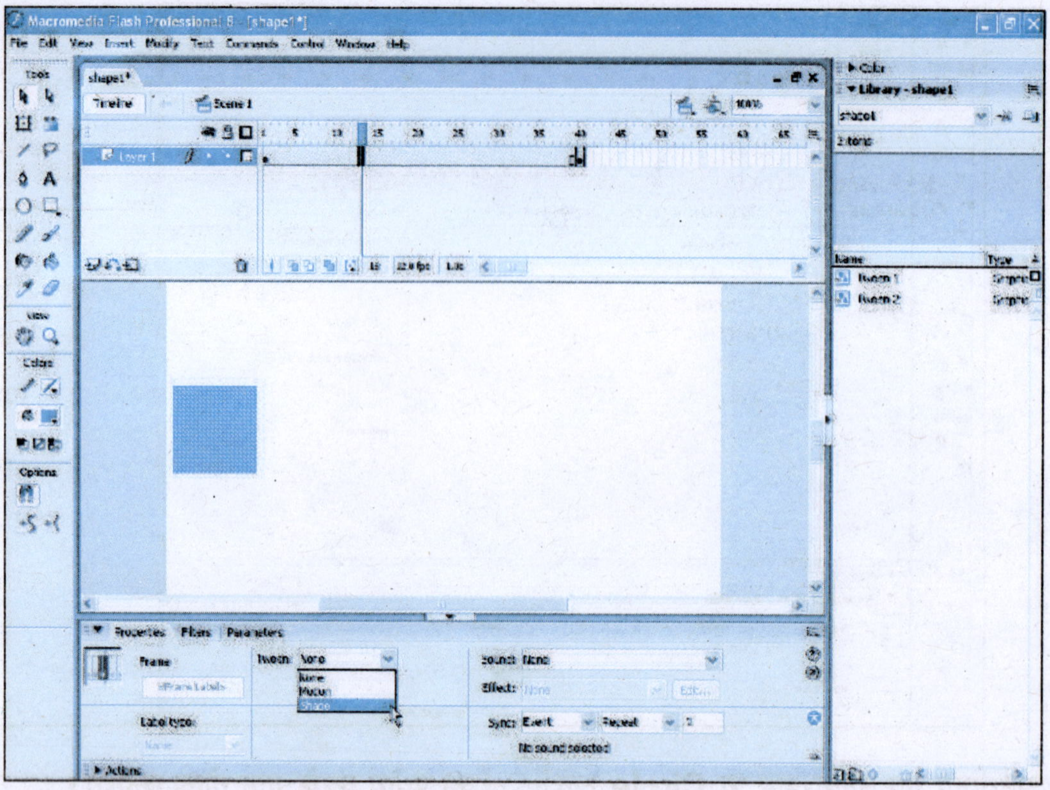

8. आयत ट्वीन शेप में बदल जाती है, जैसा कि नीचे दिखाया गया है।

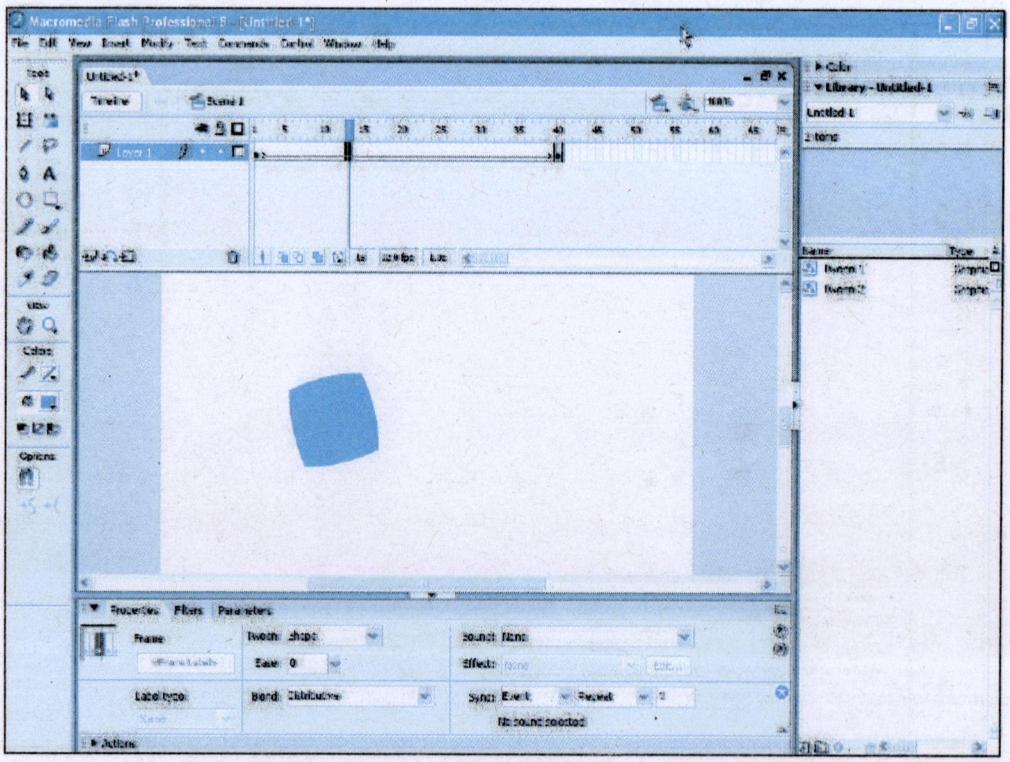

9. फाइल shape 1.fla से सेव करिए। (.fla फ्लैश फाइल के लिए एक्सटेंशन होता है।)

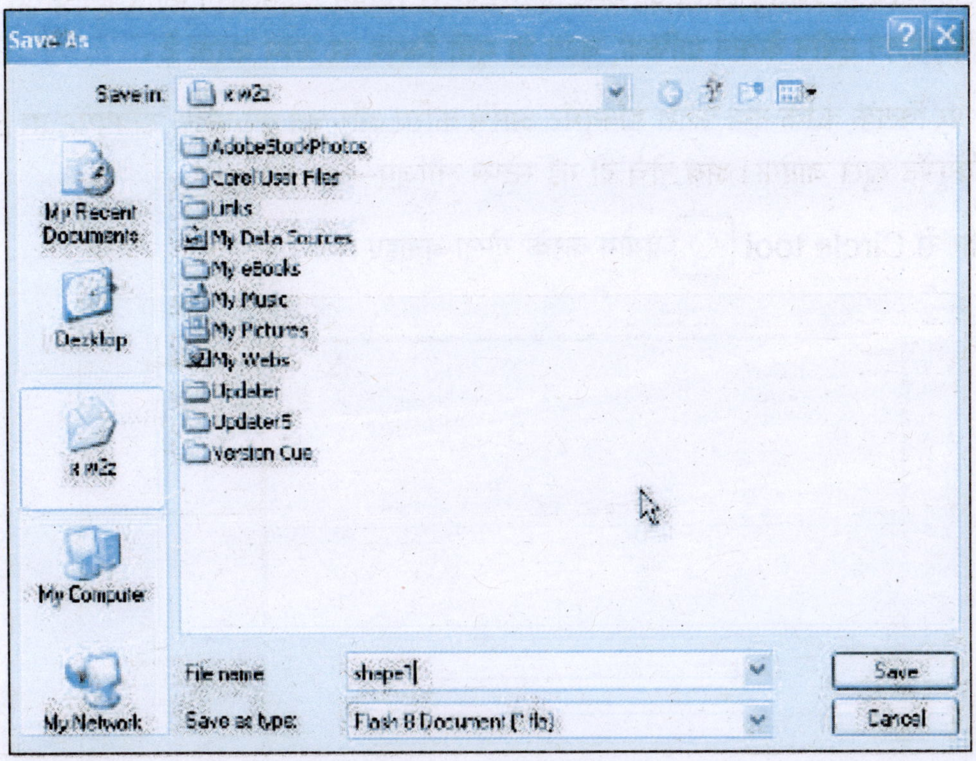

10. एनिमेशन देखने के लिए **Enter** को दबाइए या फ्लैश फाइल बनाने के लिए **Ctrl+Enter** को दबाइए। बाद में यह छोटे वेब फॉरमेट में बदल जाती है।

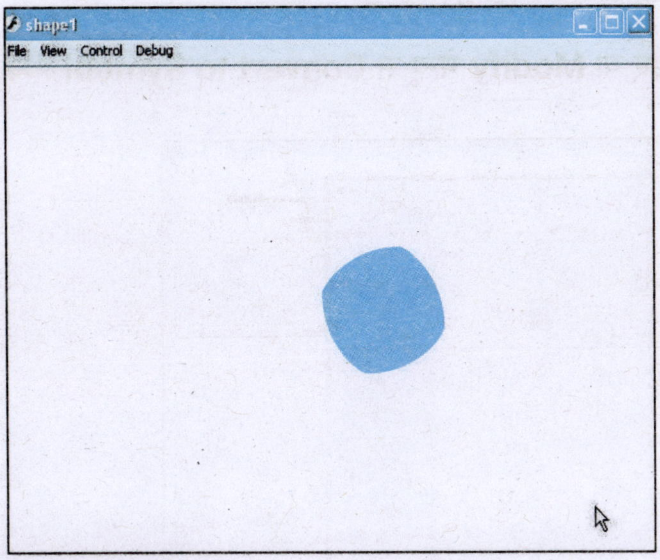

ध्यान दीजिए कि नेटिव फाइल फॉरमेट फ्लैश डेटा, कंटेंट और प्रोग्रामिंग कमांड्स (एक्शन स्क्रिप्ट) का प्रयोग करने के लिए fla बनाती है। अंतिम मूवी या एनिमेशन swf फाइल में सेव होता है।

अतिरिक्त जानकारी

शेप ट्वीन मोरफिंग इफेक्ट के समान होता है। यह एक शेप को दूसरे में बदलने के लिए प्रयुक्त होता है।

मोशन ट्वीन

मोशन ट्वीन एक विधि है, जिसमें किसी ऑब्जेक्ट को स्टेज पर रखकर टाइमलाइन का प्रयोग करके एनिमेशन बनाते हैं। याद रखें कि मोशन ट्वीन केवल ग्राफिक, बटन या मूवी क्लिप पर काम करता है।

File> New पर क्लिक करके नया फ्लैश डॉक्यूमेंट आरंभ करिए और चुने गए फ्लैश डॉक्यूमेंट पर **Enter** दबाइए। नया ब्लैंक डॉक्यूमेंट खुल जाएगा। अब नीचे दी गई स्टेप्स लीजिए—

1. टूलबार से Circle tool  प्रयोग करके गोला बनाइए।

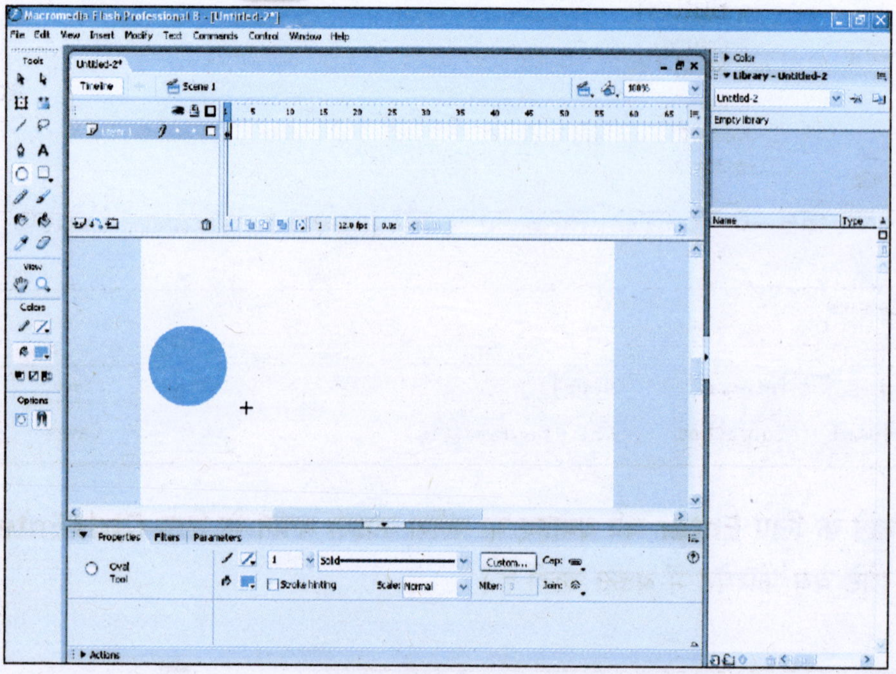

2. शेप को सिलेक्ट करके **F8** दबाइए या **Modify** मेन्यू से **Convert to Symbol** विकल्प चुनिए।

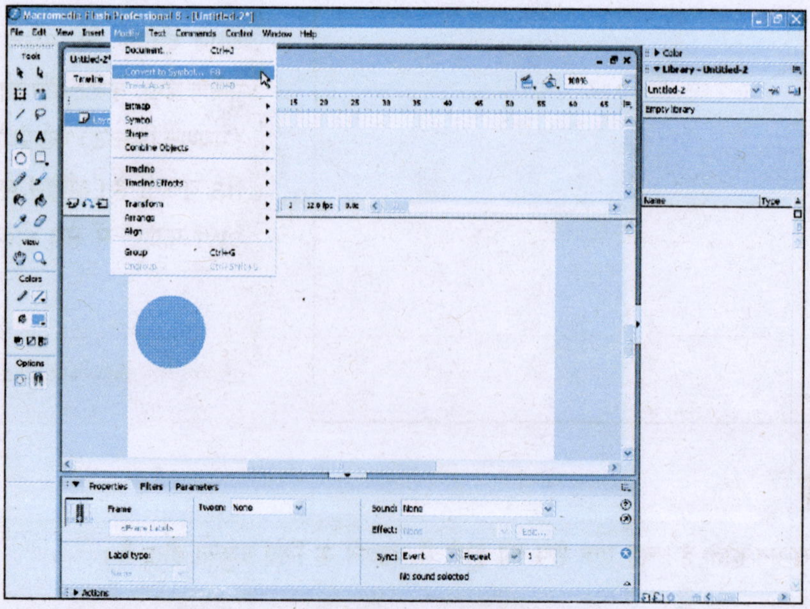

3. **Convert to Symbol** डायलॉग बॉक्स खुल जाता है। **Type** के नीचे **Graphic** विकल्प सिलेक्ट करिए और **OK** बटन दबाइए। सिंबल के प्रकार का ध्यान रखिए।

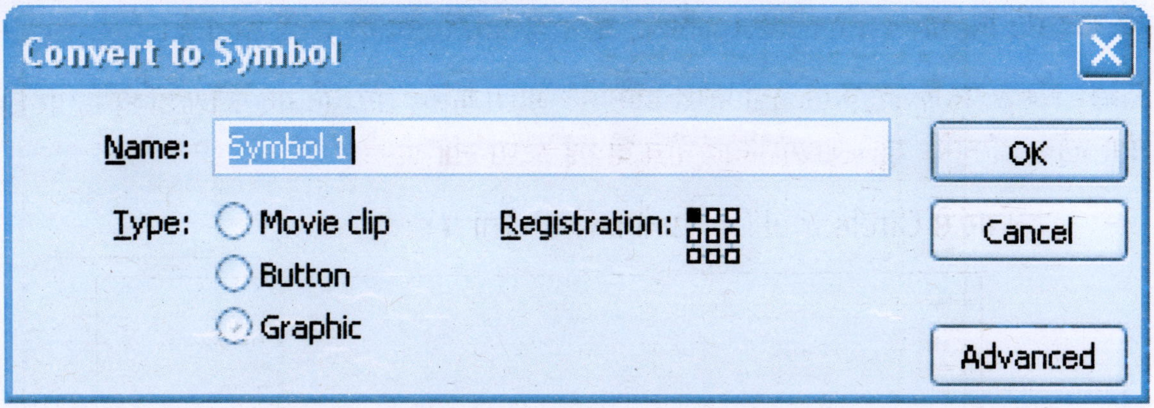

4. टाइमलाइन पर की **फ्रेम 40** पर **राइट क्लिक** करिए और **Insert Keyframe** विकल्प चुनिए।

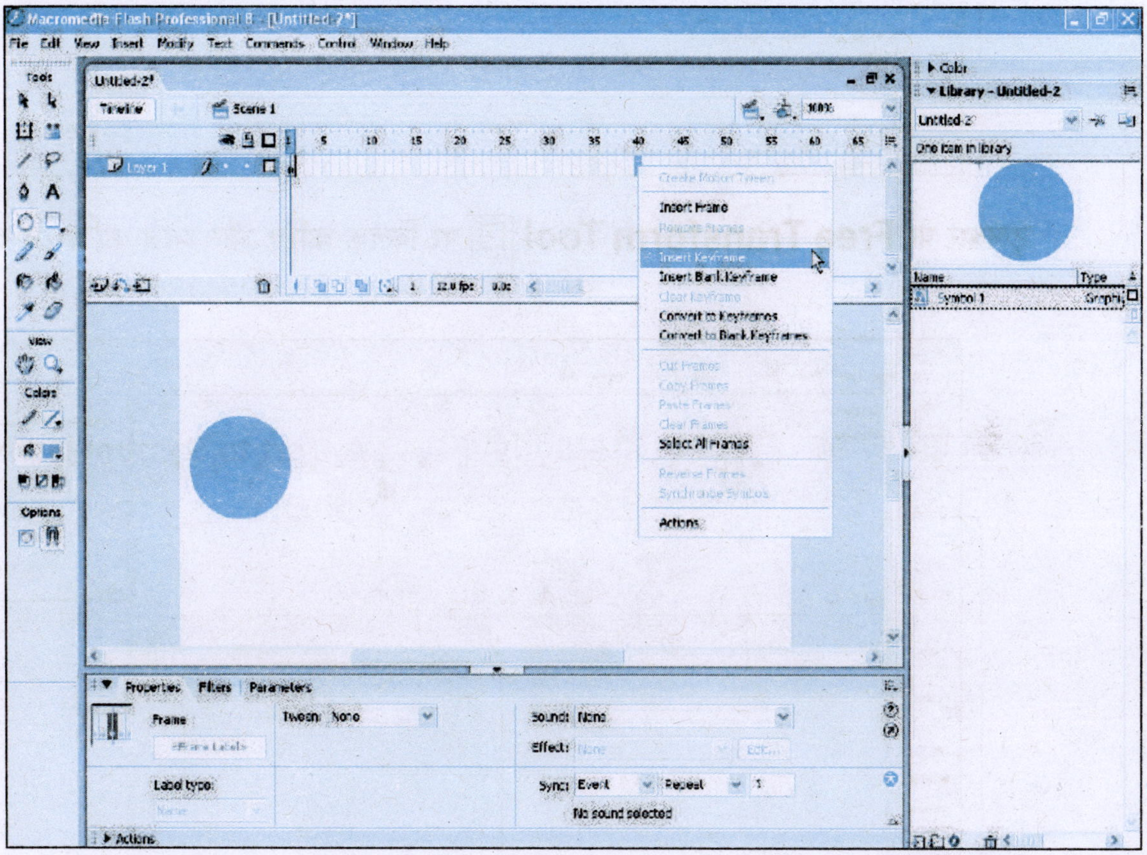

5. Shift की दबाकर शेप को इंसर्ट किए गए कीफ्रेम पर नए स्थान तक ड्रैग करिए। Shift की के साथ ड्रैग करने से वर्टिकल या होरिजोंटल (सीधी लाइन में) मूवमेंट होता है।

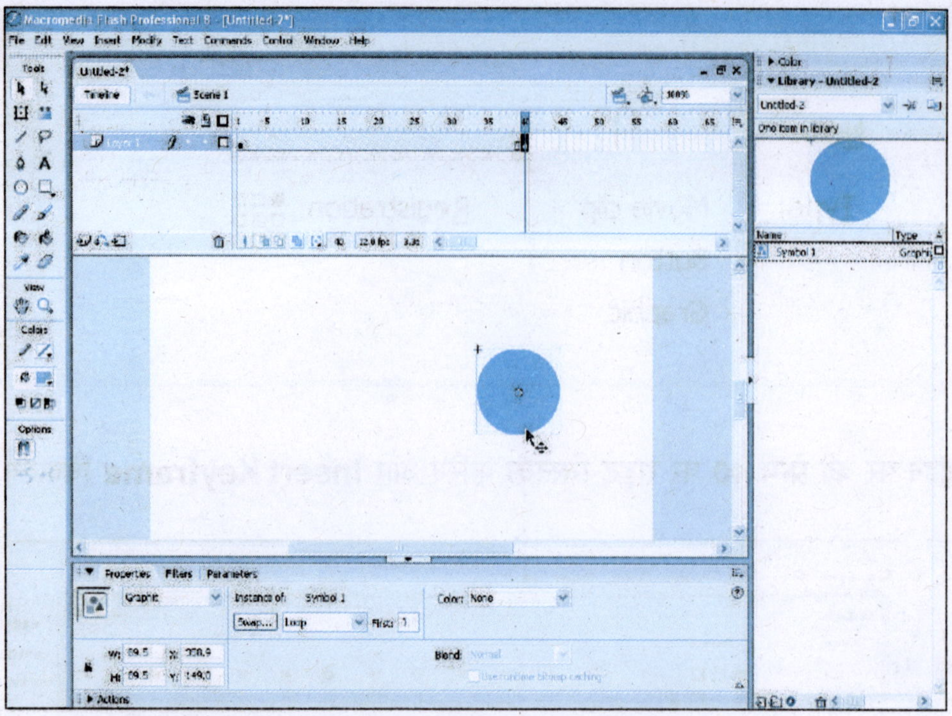

6. टूलबार पर **Free Transform Tool** पर क्लिक करिए और इमेज का साइज बढ़ाइए।

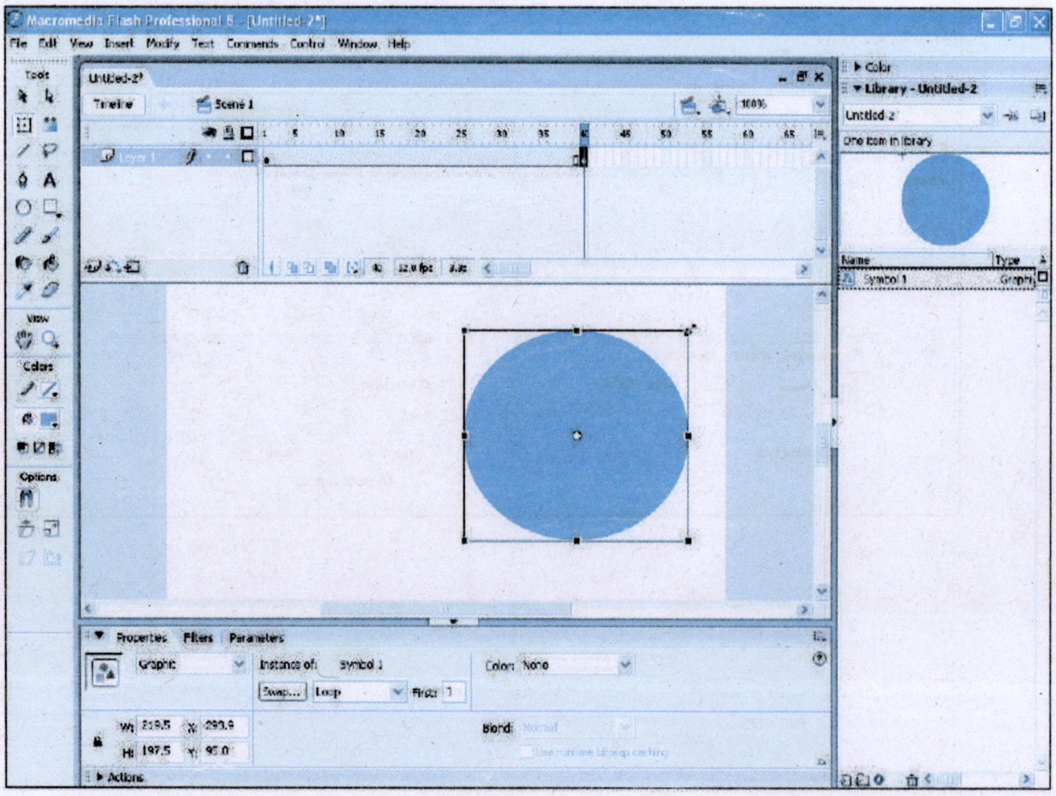

7. टाइमलाइन पर (एक से 40 फ्रेम के बीच) किसी भी की फ्रेम पर राइट क्लिक करिए और **Create Motion Tween** विकल्प चुनिए।

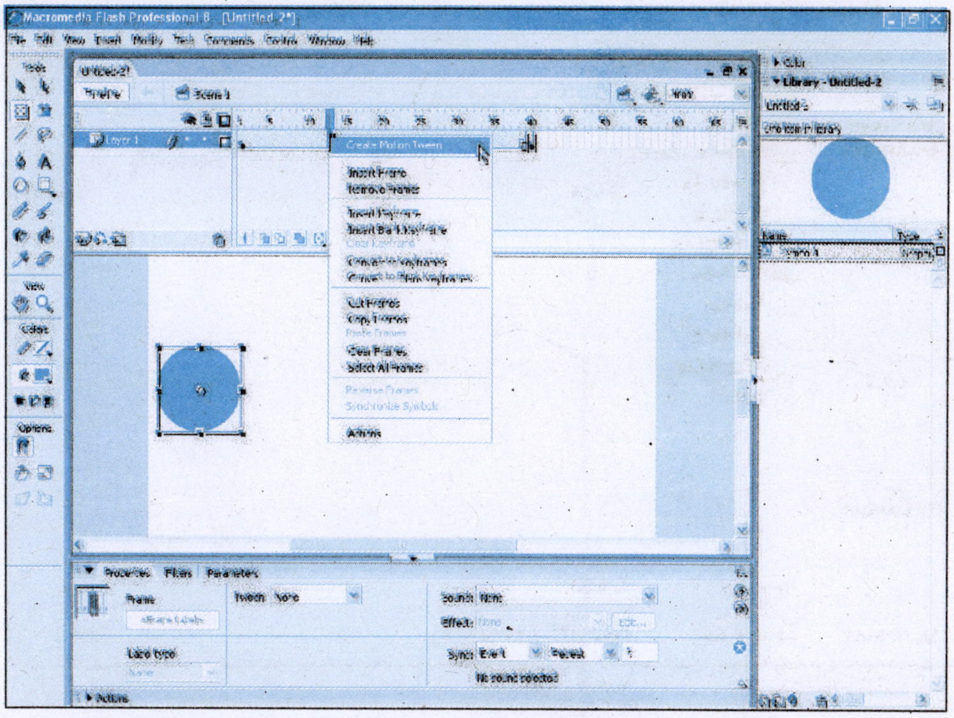

8. मोशन ट्वीन बन जाता है, जैसा कि दिखाया गया है और फ्रेम का रंग हरा हो जाता है।

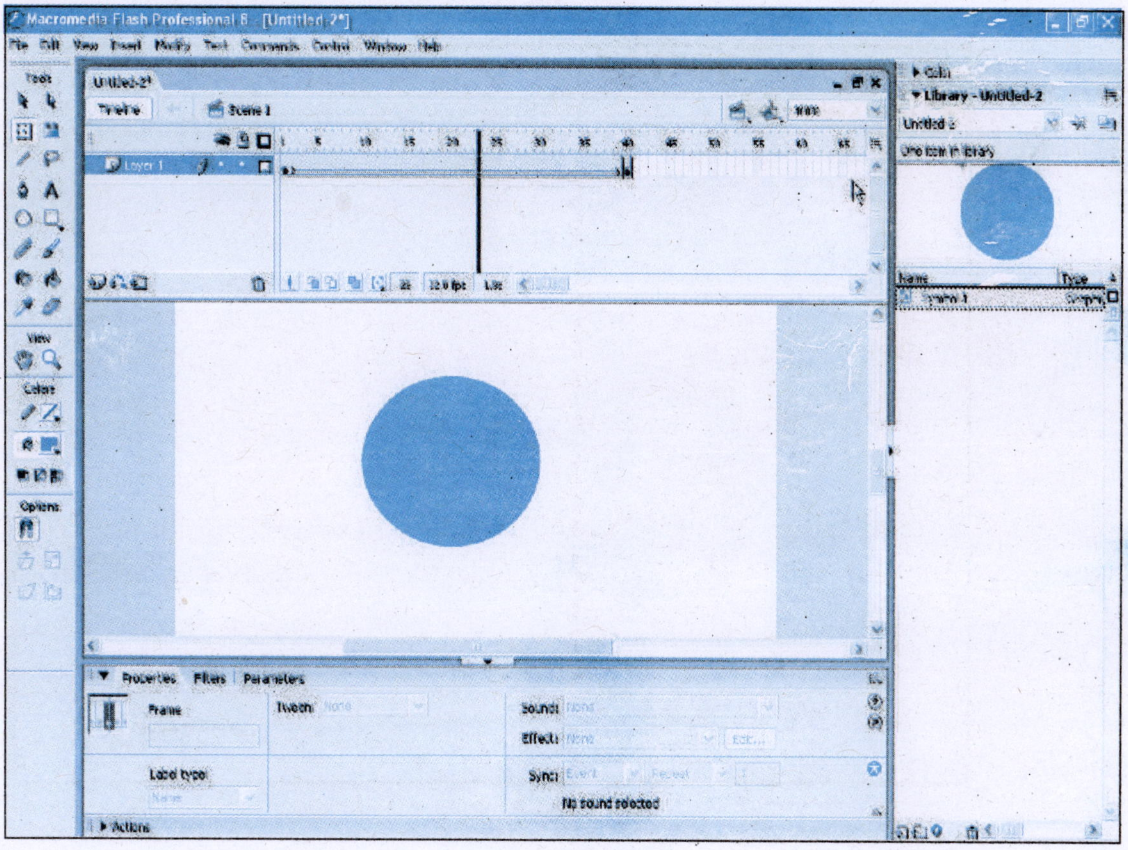

9. फाइल को motion1.fla नाम से सेव करिए।

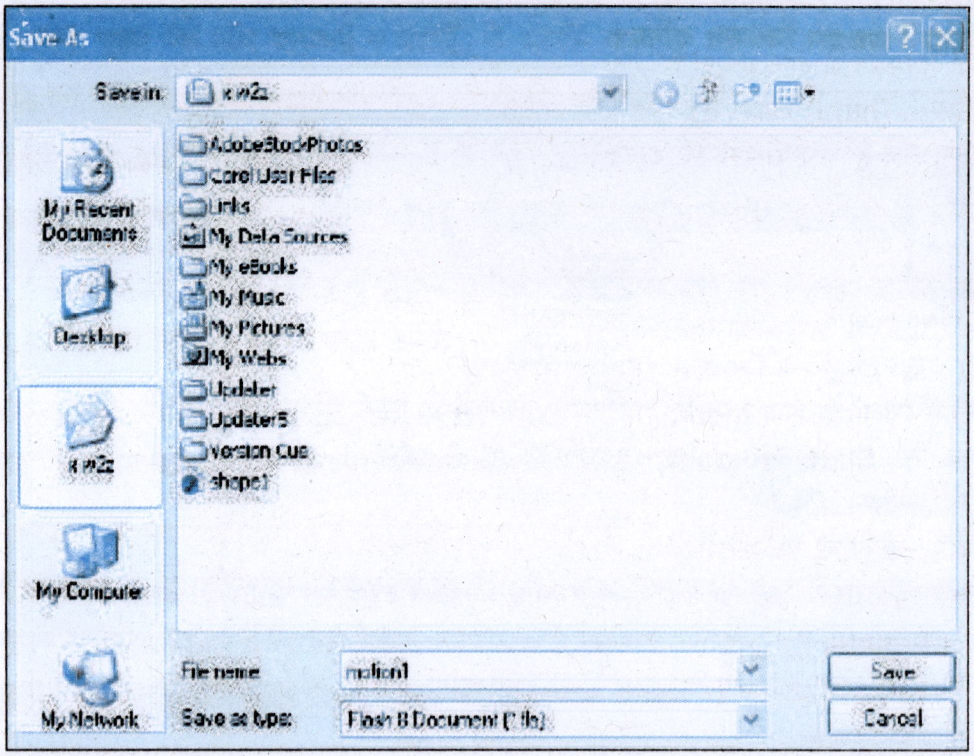

10. एनिमेशन का प्रिव्यू देखने के लिए **Enter** की दबाइए **(.swf)** बनाने के लिए **Ctrl+Enter** की दबाइए।

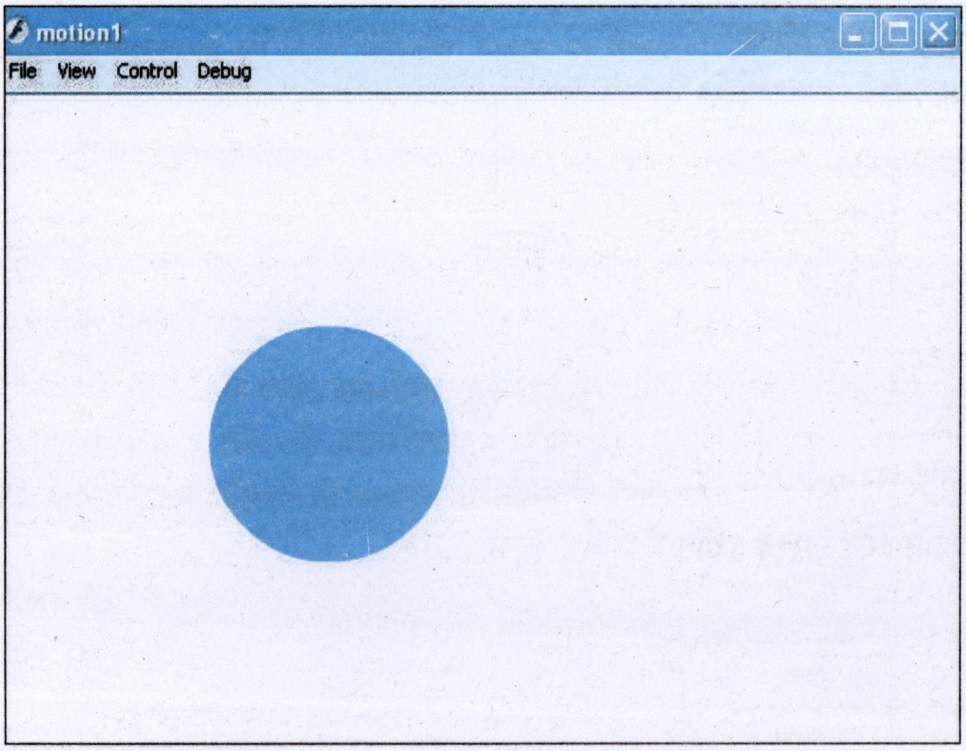

अतिरिक्त जानकारी : SWF की HTML के साथ पब्लिशिंग

फ्लैश में बनाए गए एनिमेशन से आप एच.टी.एम.एल. फाइल भी बना सकते हैं, जो आपके ब्राउसर में खुलेगी और एनिमेशन चलेगा। एच.टी.एम.एल. (html) फाइल बनाने के लिए जो किसी भी ब्राउसर, जैसे किसी एक्सप्लोरर पर चल सके, **File> Publish** का प्रयोग करते हैं या **Shift+F12** दबाते हैं।

याद करें

1. एनिमेशन का प्रिव्यू देखने के लिए Enter की दबाते हैं।
2. फ्लैश फाइल **(.SWF)** बनाने के लिए **Ctrl+Enter** की दबाते हैं।
3. शेप को सिंबल में बदलने के लिए **Modify** मेन्यू से **Convert to Symbol** विकल्प चुनते हैं या **F8** दबाते हैं।
4. फ्लैश खोलने के लिए **Start>Programs> Macromedia> Macromedia Flash 8** पर क्लिक करते हैं।
5. फ्लैश फाइल का एक्टेंशन **.fla** है।
6. **.swf** का अर्थ है—छोटी सी वेब फाइल।
7. **.html** फाइल वेब ब्राउसर में देखी जा सकती है। इस फाइल को बनाने के लिए Shift के साथ **F12** दबाएँ।
8. मोशन ट्वीन में शेष को सिंबल में बदलना आवश्यक है।
9. शेप ट्वीन स्टेज पर ऑब्जेक्ट की आकृति बदलने में सहायता करती है।

अभ्यास

(अ) निम्न प्रश्नों के उत्तर दीजिए—

1. **निम्न की स्टेप्स लिखिए—**

   अ. शेप ट्वीन

   ब. मोशन ट्वीन

2. **निम्न की कंबीनेशंस के फंक्शन लिखिए—**

   अ. Ctrl+Enter

   ब. Enter

   स. F8

   द. Shift+F12

3. **शेप ट्वीन और मोशन ट्वीन में क्या अंतर है?**

(ब) प्रैक्टिकल

1. शेप ट्वीन का प्रयोग करके अपने पहले नाम को सर नेम में बदलते हुए दिखाइए।
2. एक तीर का चित्र डाउनलोड करिए और मोशन ट्वीन का प्रयोग करके उसका मोशन दिखाइए।

(स) रिक्त स्थान भरें—

1. ....फ्लैश फाइल का एक्सटेंशन है।
2. ....फ्लैश मूवी फाइल का एक्सटेंशन है।
3. कीबोर्ड शॉर्टकट..............................का प्रयोग फ्लैश मूवी फाइल बनाने के लिए किया जाता है।
4. ....और..............................तीन प्रकार के सिंबल हैं।
5. ....की शेप को सिंबल में बदलने के लिए बनाई जाती है।

(द) किन्हीं पाँच टूल्स के नाम लिखिए—

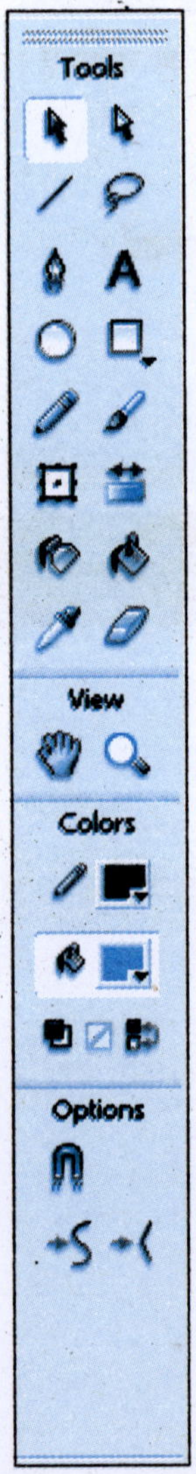

बहुविकल्पीय प्रश्न

निम्न चार विकल्पों में से सही विकल्प पर (✓) निशान लगाएँ।

1. एनिमेशन का प्रिव्यू देखने के लिए .... दबाते हैं।

    अ. Enter key   ब. Shift + Enter

    स. Alt + Enter   द. Ctrl + Enter

2. फ्लैश फाइल (.SWF) बनाने के लिए .... की दबाते हैं।

    अ. Enter key   ब. Shift + Enter

    स. Alt + Enter   द. Ctrl + Enter

3. शेप को सिंबल में बदलने के लिए .... दबाते हैं।

    अ. F2   ब. F4

    स. F6   द. F8

4. फ्लैश खोलने के लिए .... पर क्लिक करते हैं।

    अ. Start>macromedia flash 8

    ब. Start>macromedia>macromedia flash 8

    स. Start>programs>macromedia>macromedia flash 8

    द. इनमें से कोई नहीं

5. नेटिव फ्लैश का एक्सटेंशन .... है।

    अ. .swf   ब. .fla

    स. .html   द. इनमें से कोई नहीं

6. .... का अर्थ छोटी वेब फाइल है।

    अ. .swf   ब. .fla

    स. .html   द. इनमें से कोई नहीं

7. .... फाइल वेब ब्राउसर में चलाई जा सकती है।

    अ. .swf   ब. .fla

    स. .flash   द. इनमें से कोई नहीं

8. फ्रेम 40, 55 और 60 पर की फ्रेम इंसर्ट करने के लिए इनकी फ्रेम पर क्रमशः कीबोर्ड से शॉर्टकट की दबाते हैं—

अ. F4 ब. F5

स. F6 द. F8

9. स्टेज पर एक गोले को ग्राफिक सिंबल या बटन सिंबल या मूवी क्लिप सिंबल में बदलने के लिए उस गोले को सिलेक्ट करने के लिए यह दबाना होता है—

अ. F8 ब. Shift+F6

स. Ctrl+F8 द. F8+G/ F8+B/ F8+M

10. फ्लैश मूवी में फ्रेम 35 पर ब्लैंक की फ्रेम इंसर्ट करने के लिए इसे दबाते हैं—

अ. F8

ब. Shift+F6

स. अ और ब दोनों

द. फ्रेम 35 पर माउस का दायाँ बटन और Insert Blank Keyframe पर क्लिक करते हैं।

11. आपने अभी फ्लैश एनिमेशन बनाई है। अब आप फाइनल एनिमेशन अपने शिक्षक को भेजना चाहते हैं। फाइल बनाने के लिए.......................दबाएँगे और इ-मेल में यह फाइल अटैच करके भेजेंगे।

अ. Ctrl+Shift+Enter

ब. Ctrl+Enter

स. Alt+Shift+Enter

द. Ctrl+Alt+Shift+Enter

13 प्रोग्रामिंग का परिचय

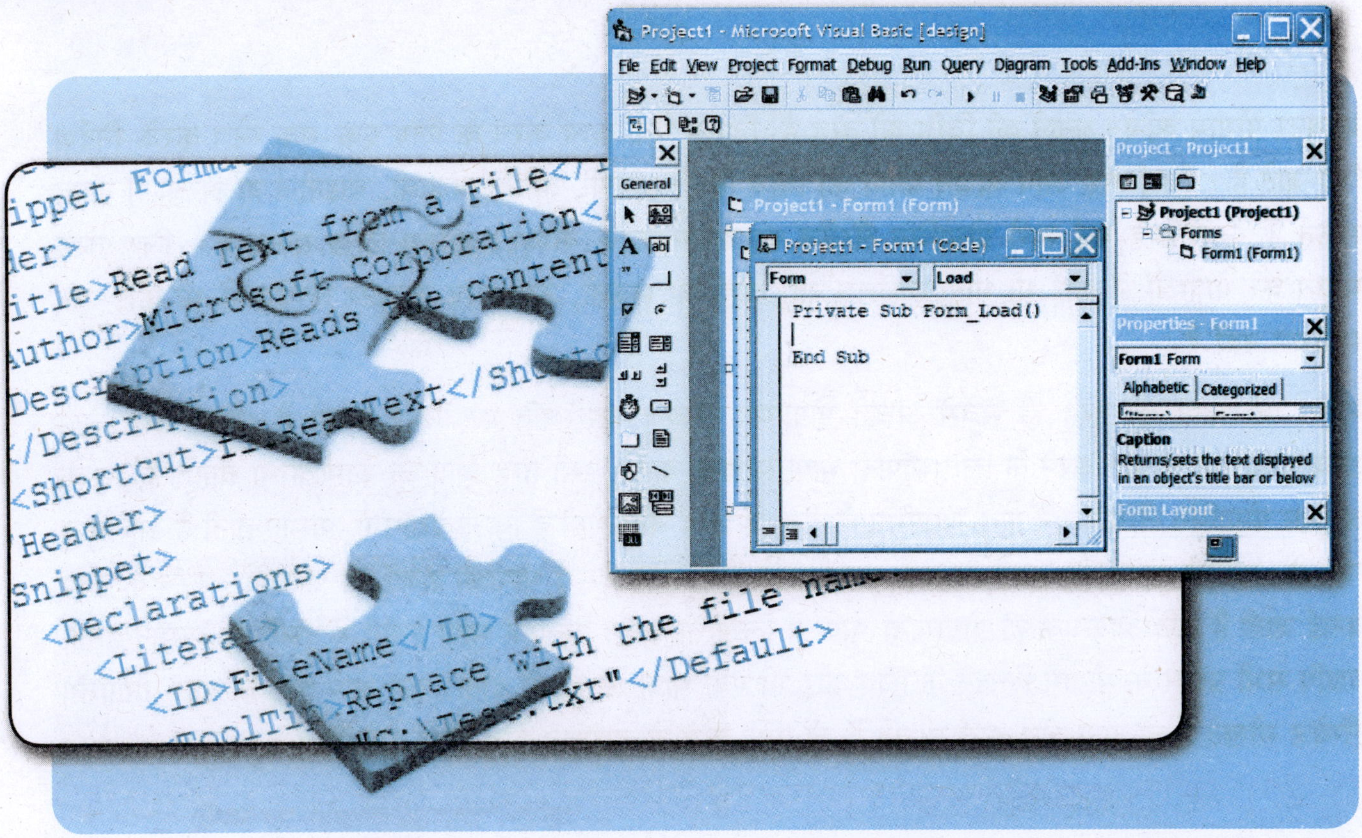

जब आप अपने शिक्षक, माता-पिता या बड़ों से बात करते हैं तो कंप्यूटर प्रोग्रामिंग शब्द बहुत बार सामने आया होगा। क्या आपने कभी किसी से पूछा है कि प्रोग्रामिंग का क्या अर्थ है ? इस अध्याय में आप प्रोग्रामिंग के बारे में पढ़ेंगे।

प्रोग्रामिंग मजेदार हो सकती है और जो लोग कंप्यूटर प्रोग्रामिंग करते हैं, उन्हें प्रोग्रामर कहते हैं। यदि आपने कभी कंप्यूटर का प्रयोग किया है और आश्चर्य किया है कि वह कैसे काम करता है, या इससे बेहतर हो सकता है। क्या आपने अपना कंप्यूटर औरों से भिन्न और अच्छा बनाने का सोचा है—जो पहले कभी नहीं था—तो आपके पास प्रोग्रामिंग का मस्तिष्क है।

प्रोग्रामर बनने के लिए आपके अंदर केवल एक ही आवश्यकता है कि आप यह काम करना चाहेंगे। प्रोग्रामर बनने के लिए आपको किसी विशेष डिप्लोमा/डिग्री, गणित या विशेष पढ़ाई की आवश्यकता नहीं है। इसके लिए केवल आपके पास कंप्यूटर होना चाहिए और प्रोग्रामिंग सीखने की जिज्ञासा।

लोग अपने कंप्यूटर को कई कारणों से प्रोग्राम करना सीखना चाहते हैं। कुछ लोग कैरियर के लिए सीखना चाहते हैं,

कुछ उपलब्ध प्रोग्राम को सुधारकर नया प्रोडक्ट बनाना चाहते हैं और कुछ लोग केवल आनंद लेने के लिए प्रोग्रामिंग सीखना चाहते हैं—वैसे ही जैसे कुछ लोग क्रॉस वर्ड पजल और ब्रेन टीजर। कारण चाहे कोई भी हो, लेकिन अनेकों लोग कंप्यूटर प्रोग्रामिंग सीखना पसंद करते हैं। इसका अर्थ है कि आप भी ऐसा कर सकते हैं।

प्रोग्रामिंग क्या है ?

कंप्यूटर प्रोग्राम व्यंजन बनाने की विधि की तरह है, जिसमें एक कार्य करने के लिए एक-एक स्टेप करके निर्देश दिए जाते हैं। जिस तरह आप व्यंजन बनाने की विधि हिंदी, अंग्रेजी, तमिल, पंजाबी, चाइनीज या अरबी में लिख सकते हैं, उसी तरह कई सारी प्रोग्रामिंग लैंग्वेज का प्रयोग करके कंप्यूटर प्रोग्राम लिख सकते हैं। जिस तरह मनुष्य की भाषाओं में कोई भी भाषा सर्वोत्तम नहीं कही जा सकती, उसी तरह कंप्यूटर लैंग्वेज में भी कोई एक सर्वोत्तम नहीं है।

मनुष्य की भाषा की तरह ही सबसे अच्छी प्रोग्रामिंग लैंग्वेज परिस्थिति पर निर्भर करती है। जिस तरह आप टोकियोवासियों से बात करने के लिए जापानी भाषा सीखना चाहेंगे, इसी तरह आप जो काम करना चाहते हैं, उसके अनुसार प्रोग्रामिंग लैंग्वेज चुनें कुछ प्रोग्रामिंग लैंग्वेज इस तरह बनी होती हैं कि वे प्रयोग में आसान होती हैं और कुछ गणितीय फॉर्मूले कैलकुलेट करने के लिए बनाई जाती हैं तो कुछ दूसरी भाषाओं शब्दों को परिवर्तित करने के लिए बनाई जाती हैं यदि आप एक ही प्रोग्राम दो भाषा में लिखें तो पाएँगे कि एक भाषा प्रयोग में दूसरी से आसान होगी, यद्यपि सभी प्रकार के प्रोग्राम लिखने के लिए कोई भी एक भाषा श्रेष्ठ नहीं होती। जब आप कोई कंप्यूटर प्रोग्रामिंग लैंग्वेज सीखते हैं तो आप तीन कार्य सीखते हैं जो एक-दूसरे से संबंधित परंतु भिन्न होते हैं।

किसी खास समस्या को कैसे हल करें ?

कंप्यूटर प्रोग्राम लिखने से पहले उस कार्य के बारे में सभी बातें जाननी चाहिए। जैसे कार्य का उद्देश्य क्या है, कार्य में किस प्रकार के इनपुट की आवश्यकता होगी आदि। उदाहरण के लिए यदि आप तीन संख्याओं का LCM (लीस्ट कॉमन मल्टीपल) कैलकुलेट करने के लिए प्रोग्राम लिखना चाहते हैं तो आपको संख्याएँ और LCM कैलकुलेट करने की स्टेप्स जानने की आवश्यकता होगी। यदि आप एक वीडियो गेम बनाने के लिए प्रोग्राम लिखना चाहते हैं तो उस गेम का लक्ष्य, खिलाड़ियों को एक्शन से रोकने के नियम और उनके सामने आनेवाली बाधाओं आदि के बारे में जानना चाहेंगे। यदि आप यह नहीं जानते हैं कि जिस समस्या का हल करना है और उसे कैसे हल करना है तो कंप्यूटर भी उसे कभी नहीं जानेगा।

किसी विशेष प्रोग्रामिंग लैंग्वेज का कैसे प्रयोग करें ?

एक बार आप यह जान जाएँ कि आपको कौन सी समस्या हल करनी है तो आपको उस समस्या के लिए एक प्रोग्रामिंग लैंग्वेज चुननी होती है। इसका अर्थ है कि आप यह सोचें कि आपकी चुनी गई प्रोग्रामिंग लैंग्वेज में कौन-

कौन सी कमांड उपलब्ध हैं और कंप्यूटर को देने के लिए उन्हें कैसे टाइप किया जाए। इस कक्षा और अगली कक्षा में आप विजुअल बेसिक प्रोग्रामिंग लैंग्वेज के बारे में सीखेंगे।

चुनी गई प्रोग्रामिंग लैंग्वेज में प्रोग्राम लिखने के लिए किसी विशेष प्रोग्राम की सहायता कैसे लें?

प्रोग्राम के कमांड टाइप करने के लिए एक आवश्यकता होती है, जो साधारण वर्ड प्रोसेसर की तरह होता है, जो आपके प्रोग्रामिंग निर्देश को फाइल में लिखने, एडिट करने और सेव करने में सहायता करता है। आपका कंप्यूटर प्रोग्राम को एडिटर में टाइप करने के बाद उसे एक अन्य एप्लीकेशन, जिसे कंपाइलर कहते हैं, उससे कंप्यूटर में एक अन्य फाइल में बदल दिया जाता है, जो स्वयं कंप्यूटर पर चल सके। विजुअल बेसिक लैंग्वेज में प्रोग्राम लिखने के लिए आपको माइक्रोसॉफ्ट विजुअल बेसिक प्रयोग करने की आवश्यकता होती है, जिसे **इंटीग्रेटेड डेवलपमेंट एन्वायरनमेंट (IDE)** कहते हैं, क्योंकि इसमें एडिटर और कंपाइलर दोनों होते हैं।

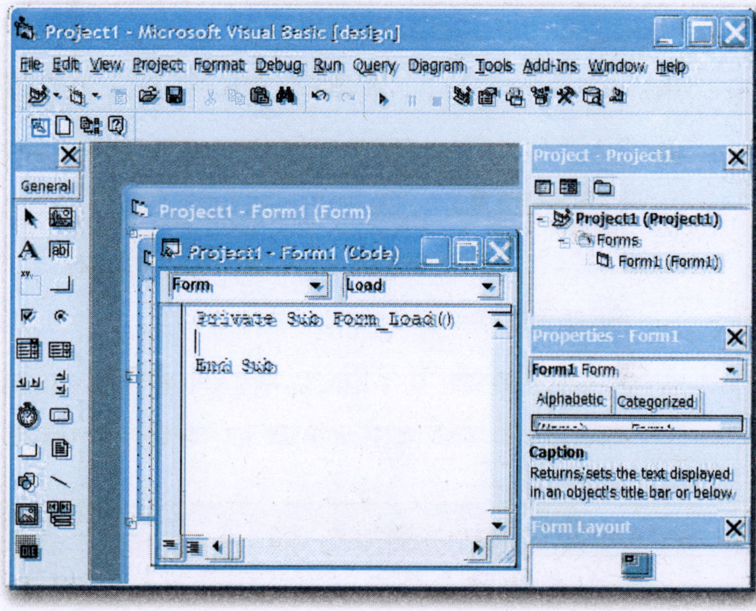

विजुअल बेसिक प्रोग्रामिंग लैंग्वेज में कोई भी चीज सीखना शुरू करने से पहले कंप्यूटर प्रोग्रामिंग के सामान्य सिद्धांत विस्तार से सीखने चाहिए। एक बार आप समझ जाएँ कि कंप्यूटर प्रोग्रामिंग कैसे काम करती है तो आप अच्छी तरह समझ जाएँगे कि विजुअल बेसिक या किसी अन्य प्रोग्रामिंग भाषा में प्रोग्राम कैसे लिखेंगे।

याद करें

1. कंप्यूटर प्रोग्राम व्यंजन बनाने की विधि की तरह है, जो कंप्यूटर को किसी काम के लिए एक-एक स्टेप करके निर्देश देता है।
2. **IDE** का पूरा नाम **इंटीग्रेटेड डेवलपमेंट एन्वायरनमेंट** है।
3. कंपाइलर आपके प्रोग्रामिंग कमांड को एक विशेष फाइल में बदल देता है, जो दूसरे कंप्यूटर पर भी स्वयं चलती है।

अभ्यास

(अ) निम्न प्रश्नों के उत्तर दीजिए—

1. प्रोग्रामिंग क्या है?
2. कंपाइलर क्या है?
3. आई.डी.ई. (इंटीग्रेटेड डेवलपमेंट एन्वायरनमेंट) क्या है?

(ब) रिक्त स्थान भरें—

1. ....में एडिटर और कंपाइलर दोनों मिले होते हैं।
2. ....आपके प्रोग्रामिंग कमांड को एक विशेष फाइल में बदल देता है, जो दूसरे कंप्यूटर पर स्वयं चलता है।
3. ....व्यंजन बनाने की विधि की तरह है, जिसमें एक कार्य के लिए एक-एक स्टेप करके निर्देश दिए जाते हैं।
4. विजुअल बेसिक में इंटीग्रेटेड मॉड्यूल होते हैं, जो प्रोग्राम कोड को एक........................फाइल में बदल देते हैं, जिसे दूसरे कंप्यूटर पर चलाया जा सकता है।

बहुविकल्पीय प्रश्न

निम्न चार विकल्पों में से सही विकल्प पर (✓) निशान लगाएँ।

1. **यह व्यंजन recipe बनाने की विधि की तरह है जिसमें एक कार्य के लिए एक-एक स्टेप करके निर्देश दिए जाते हैं।**

   अ. इंस्ट्रक्शंस

   ब. कमांड्स

   स. कंप्यूटर प्रोग्राम

   द. इनमें से कोई नहीं

2. **आई.डी.ई. है—**

   अ. इंटर्नल डेवलपमेंट एन्वायरनमेंट

   ब. इंटीग्रेटेड डेवलपमेंट एन्वायरनमेंट

   स. इंटीग्रेटेड डिजाइन एन्वायरनमेंट

   द. इनमें से कोई नहीं

3. ....आपके प्रोग्रामिंग कमांड को एक विशेष फाइल में बदल देता है, जो दूसरे कंप्यूटर पर स्वयं चलता है।

अ. कंपाइलर

ब. ऑपरेटिंग सिस्टम

स. इंटरप्रेटर

द. इनमें से कोई नहीं

4. मनुष्य के लिए जैसे अंग्रेजी, जापानी और हिंदी है वैसे ही कंप्यूटर के लिए यह है—

अ. अंग्रेजी, जापानी, हिंदी

ब. C,C++, विजुअल बेसिक

स. लो लेवल, हाई लेवल, मीडियम लेवल

द. इनमें से कोई नहीं

5. सही कथन को टिक करिए—

अ. विजुअल बेसिक 6.0 में कोड एडिट के लिए अलग से यूटिलिटी होती है।

ब. विजुअल बेसिक 6.0 में कोड कंपाइलिंग के लिए अलग से यूटिलिटी होती है।

स. विजुअल बेसिक 6.0 में कोड एडिट और कंपाइलिंग के लिए मिला-जुला प्रोग्राम होता है।

द. उपर्युक्त सभी कथन सही हैं।

14 कंप्यूटर प्रोग्राम लिखना

पिछली कक्षा में आपने पढ़ा कि कंप्यूटर प्रोग्राम निर्देशों की सूची के अलावा कुछ नहीं है, जो कंप्यूटर को यह बताते हैं कि क्या करना है, स्क्रीन पर क्या दिखाना है और यूजर द्वारा प्राप्त किए गए डेटा पर क्या कार्रवाई करनी है। लेकिन आपके लिए यह जानना आवश्यक है कि आपका प्रोग्राम जितना जटिल होगा उतने ही अधिक निर्देश लिखने की आवश्यकता होगी। एक साधारण प्रोग्राम, जैसे कि एक प्रोग्राम आपके मॉनीटर पर आपका नाम दिखाता है, उसमें बहुत कम निर्देश होंगे; जबकि जटिल प्रोग्राम जैसे कि माइक्रोसॉफ्ट विंडोज में कई करोड़ निर्देश हो सकते हैं।

प्रोग्राम लिखने की कुंजी यह है कि अधिक-से-अधिक कार्यों के लिए कम-से-कम निर्देश लिखे जाएँ। आप जितने ही अधिक निर्देश लिखेंगे, प्रोग्राम उतना ही अधिक बड़ा दिखेगा और उसमें गलती की संभावना उतनी ही ज्यादा होगी। इसलिए प्रोग्रामर एक बड़ा प्रोग्राम लिखने की अपेक्षा उस बड़े प्रोग्राम को कई छोटे-छोटे भागों में बाँट देते हैं। एक बार जब वे प्रत्येक छोटे प्रोग्राम को जाँच लेते हैं तो उन्हें ब्लॉक बिल्डिंग की तरह जोड़कर एक बड़ा प्रोग्राम बना लेते हैं।

जब आप एक बड़े प्रोग्राम को छोटे भागों में बाँटते हैं तो या तो उन्हें हार्डडिस्क पर एक फाइल में स्टोर कर सकते हैं अथवा अलग-अलग फाइलों में स्टोर कर सकते हैं। एक प्रोग्राम से संबंधित फाइलों को एक फाइल में रखने के कुछ लाभ और कुछ हानियाँ हैं। एक फाइल में रखने का लाभ यह है कि जब एडिट करना हो तो एक ही फाइल देखनी होती है। एक ही फाइल में रखने की हानि यह है कि प्रोग्राम बहुत लंबा हो जाता है और किसी चीज को ढूँढ़ना कठिन हो जाता है, बिलकुल वैसे ही जैसे आप कागज के एक बड़े बंडल पर छपे हुए उपन्यास को पढ़ने का प्रयास करें।

इस कारण अधिकांश प्रोग्रामर बड़े प्रोग्राम को केवल छोटे भागों में ही नहीं बाँटते, बल्कि छोटे प्रोग्रामों को अलग फाइलों में भी स्टोर करते हैं। छोटी फाइल के बहुत सारे लाभ हैं—

- छोटी फाइलें एडिट करने, पढ़ने और समझने में बहुत आसान होती हैं।
- अलग-अलग फाइलें भिन्न-भिन्न प्रोग्रामों को उनमें कागज में करने की सुविधा देती हैं।
- अलग फाइलें आपके प्रोग्राम के दूसरे भाग से उन्हें बचाकर रखती हैं, जिससे गलती से प्रोग्राम में इनके गड़बड़ होने की संभावना नहीं रहती।

याद रखें

- इससे कोई फर्क नहीं पड़ता कि आप कौन सा कंप्यूटर, ऑपरेटिंग सिस्टम या प्रोग्रामिंग लैंग्वेज प्रयोग कर रहे हैं। प्रोग्रामिंग का सामान्य सिद्धांत एक जैसा रहता है।
- बड़े प्रोग्राम को छोटे भागों में बाँटें।
- अधिकतम कार्यों के लिए प्रोग्रामिंग में कम-से-कम निर्देश लिखें
- प्रोग्राम का प्रत्येक भाग इतना छोटा और आसान रखें जितना संभव हो, जिससे उसे लिखना-पढ़ना और समझना आसान हो।

अभ्यास

(अ) निम्न प्रश्नों के उत्तर लिखिए—

1. बड़े प्रोग्राम को छोटी फाइलों में स्टोर करने के लाभ और हानि लिखिए।
2. इस बात को सत्यापित करिए कि बड़े प्रोग्राम को छोटे भागों में बाँटना बड़े प्रोग्राम को एक भाग में रखने से बेहतर है।

(ब) गलत या सही—

1. बड़े प्रोग्राम को छोटे भागों में कभी न बाँटें।
2. अधिक-से-अधिक काम करने के लिए कम-से-कम निर्देश लिखें।

3. प्रोग्राम के प्रत्येक भाग को जितना संभव हो सके उतना बड़ा और जटिल बनाएँ, जिससे बाद में उसे आसानी से लिखा, पढ़ा और समझा जा सके।

4. छोटी फाइलें लिखने, पढ़ने और समझने में आसान होती हैं।

5. बड़े प्रोग्राम को छोटी फाइलों में बाँटने से उस प्रोग्राम में अनेक प्रोग्रामरों द्वारा कार्य किया जा सकता है।

6. अलग फाइलें प्रोग्राम के दूसरे भाग से उसे दूर करती हैं, जिससे गलती से प्रोग्राम में गडमड होने पर उन्हें खराब होने से बचाया जाता है।

(स) रिक्त स्थान भरें—

1. कंप्यूटर .... और कुछ नहीं है बल्कि निर्देशों की एक बड़ी सूची है।
2. अच्छी प्रोग्रामिंग के लिए उसमें कम-से-कम .... लिखने चाहिए।
3. जितना ही अधिक आप .... लिखेंगे उतना ही वह और बड़ा बनेगा और उसमें .... होने की उतनी ही संभावना होगी।
4. अधिकतर प्रोग्रामर .... को कई सारे छोटे भागों में बाँट देते हैं।

बहुविकल्पीय प्रश्न

निम्न चार विकल्पों में से सही विकल्प पर (✓) निशान लगाएँ।

1. कंप्यूटर प्रोग्राम निर्देशों की एक बड़ी सूची है, जो कंप्यूटर को यह बताता है कि—

अ. क्या करें

ब. कंप्यूटर स्क्रीन पर और क्या दिखाएँ

स. यूजर से लिये जानेवाले डेटा के साथ क्या करना है

द. उपर्युक्त सभी

2. प्रोग्रामिंग की कुंजी यह है कि .... कार्य करने के लिए .... निर्देश लिखे जाएँ।

अ. सबसे अधिक, सबसे कम

ब. सबसे कम, सबसे अधिक

स. बराबर, बराबर

द. इनमें से कोई नहीं

15 प्रोग्रामिंग लैंग्वेज

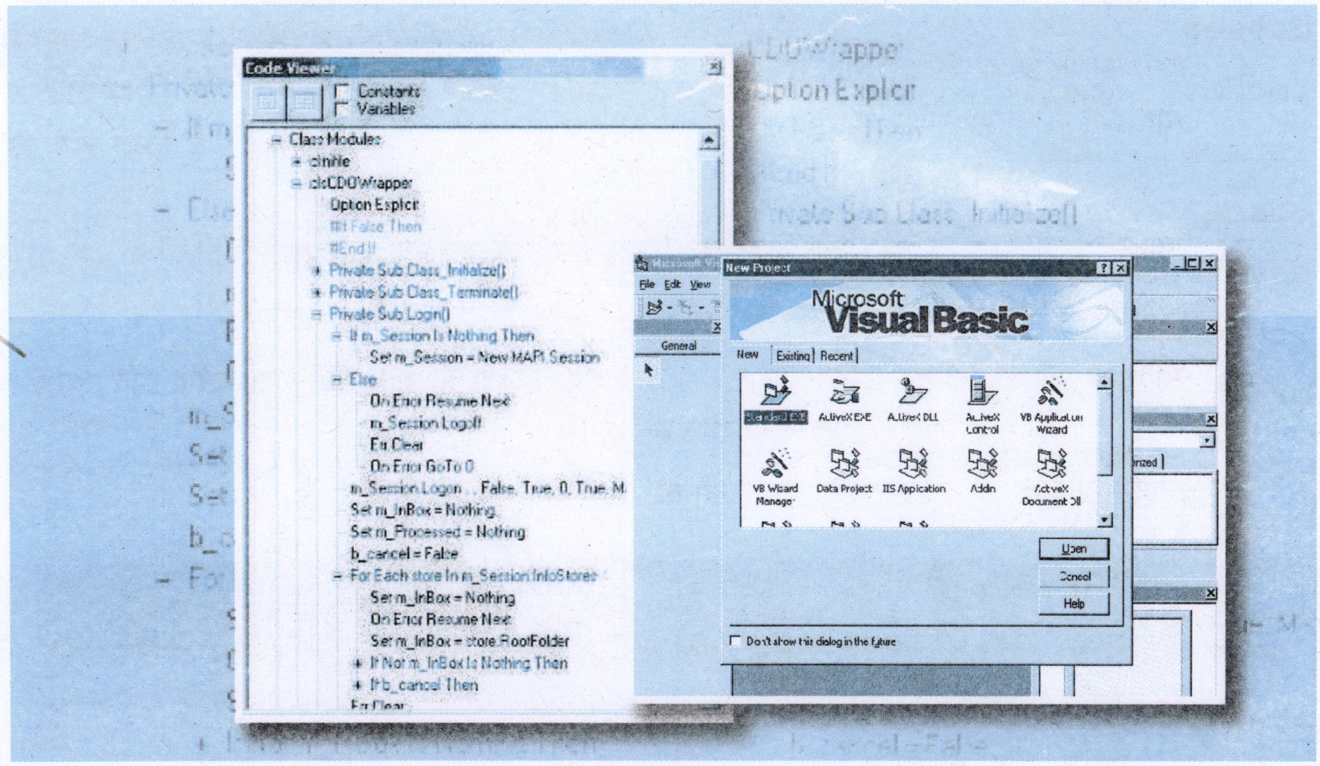

पिछली कक्षाओं में आपने पढ़ा है कि कंप्यूटर जो भाषा समझता है, उसे **मशीन कोड** (या **बाइनरी लैंग्वेज**) कहते हैं। इसमें 0 और 1 की श्रृंखला में लिखा जाता है।

1110 0110 1100 0001

1010 0000 1001 0111

0101 1110 0011 0110

मशीन लैंग्वेज में कई सारी समस्याएँ हैं। पहली समस्या यह है कि इसे समझना बहुत कठिन है कि कौन सी कमांड कंप्यूटर को क्या करने के लिए कह रही है। दूसरी समस्या यह है कि एक भी 0 या 1 अपनी जगह से हट जाने पर पूरी कमांड ही बदल जाती है और फिर 0 एवं 1 से भरे हुए पूरे पेज में गलती को ढूँढ़ना लगभग असंभव हो जाता है।

इसलिए बहुत ही कम प्रोग्रामर मशीन कोड में प्रोग्राम लिखते हैं। प्रोग्रामिंग को आसान करने के लिए कंप्यूटर वैज्ञानिकों ने एक अन्य प्रोग्रामिंग लैंग्वेज बनाई, जिसे असेंबली लैंग्वेज कहते हैं। इस लैंग्वेज में मशीन कोड की कई सारी लाइनें असेंबली लैंग्वेज कमांड की एक लाइन से बदल दी गई हैं, जो देखने में भिन्न होती हैं और फिर भी

भ्रमपूर्ण रहती हैं। नीचे Hello World टाइप करके मॉनीटर पर दिखाने के लिए उदाहरण दिया गया है।

```
title    Hello World
; This program displays "Hello, World!"
dosseg
.model   small
.stack   100h
.data
say_hello db 'Hello, World!', 0dh, 0ah, '$'
.code
mainproc
        mov ax,@data
        mov ds,ax
        mov ah, 9
        mov dx,offset say_hello
        int 21h
        mov ax,4C00h
        int 21h
mainendp
end main
```

असेंबली लैंग्वेज के साथ समस्या यह है कि कंप्यूटर उसे नहीं समझता। वह केवल मशीन लैंग्वेज को समझता है। इसका अर्थ यह हुआ कि असेंबली लैंग्वेज को मशीन लैंग्वेज में परिवर्तित करना पड़ता है, ताकि कंप्यूटर उसे समझ सके। असेंबली लैंग्वेज प्रोग्राम को मशीन कोड में बदलने के लिए कंप्यूटर वैज्ञानिकों ने विशेष प्रोग्राम बनाया, जिसे एसेंबलर कहते हैं। प्रत्येक प्रोग्रामिंग लैंग्वेज मनुष्य द्वारा आसानी से प्रोग्राम लिखने के लिए बनाई गई है, जिससे कि उसे मशीन कोड सीखने की तकलीफ और थकान न हो।

यद्यपि असेंबली लैंग्वेज मशीन लैंग्वेज से कुछ आसान है, फिर भी वह अधिकतर लोगों के समझने के लिए कठिन है, अतः प्रोग्रामिंग को और आसान करने के लिए एक और कंप्यूटर लैंग्वेज बनाई गई, जिसे लिखना, पढ़ना और समझना आसान है। परिणामस्वरूप एक ही काम को करने के लिए बनाए गए प्रोग्राम, जो अलग-अलग भाषाओं में लिखे जाते हैं, देखने में बहुत भिन्न होते हैं। निम्न उदाहरण देखें। यह वही प्रोग्राम है जो Hello World लिखने के लिए बनाया था। इसे दूसरी लैंग्वेज में लिखा गया है। इस तरह यह भिन्न दिखाई दे रहा है।

```
; LISP
(DEFUN HELLO-WORLD()
                PRINT (LIST 'HELLO' WORLD))
```

क्या आप जानते हैं?

आर्टिफिशियल इंटेलिजेंस एक साइंस और इंजीनियरिंग है, जिससे इंटेलिजेंट मशीनें, विशेषकर इंटेलिजेंट कंप्यूटर प्रोग्राम बनाए जाते हैं। यह मनुष्य की इंटेलिजेंसी समझकर कंप्यूटर पर इसी तरह के कार्य करने के लिए होता है। इसके बारे में ज्यादा जानकारी इंटरनेट से जुटाएँ।

उपर्युक्त उदाहरण में LISP लैंग्वेज का प्रयोग किया गया है, जो कि कंप्यूटर को आर्टिफिशियल इंटेलिजेंसी देने में प्रयोग की जाती है। नीचे एक समकक्ष प्रोग्राम दिया गया है, जो कि एक प्रसिद्ध प्रोग्रामिंग लैंग्वेज C में लिखा गया है।

```
#include <iostream.h>
void main()
{
          cout << "Hello, World!\n";
}
```

भिन्न-भिन्न प्रोग्रामिंग लैंग्वेज को मशीन कोड में बदलने के लिए कंप्यूटर वैज्ञानिकों ने कुछ विशेष प्रोग्राम लिखे हैं, जिन्हें **कंपाइलर** कहते हैं। कंपाइलर एक भाषा में लिखे प्रोग्राम को मशीन कोड में परिवर्तित करता है। अपने विजुअल बेसिक प्रोग्राम को मशीन कोड में परिवर्तित करने के लिए आपको माइक्रोसॉफ्ट विजुअल बेसिक 6 की आवश्यकता होगी।

सबसे अच्छी प्रोग्रामिंग लैंग्वेज

कंप्यूटर वैज्ञानिकों ने प्रत्येक प्रोग्रामिंग लैंग्वेज को एक विशेष प्रकार की समस्या को हल करने के लिए बनाया है, जबकि प्रत्येक प्रोग्रामिंग लैंग्वेज एक खास प्रकार के कार्य के लिए बहुत अच्छी है, परंतु दूसरे कार्य भी कर सकती है। यह अलग बात है कि कुछ अन्य प्रकार के कार्यों के लिए वह सक्षम नहीं है। यही कारण है कि कोई भी लैंग्वेज सबसे अच्छी नहीं है। सबसे अच्छी प्रोग्रामिंग लैंग्वेज वह है, जो आपके कार्य को आसानी से कर सके और जिसमें आप जल्दी व आसानी से प्रोग्राम लिख सकें। अत: जो आपके लिए सबसे अच्छी लैंग्वेज होगी, हो सकता है, वह किसी और के लिए सबसे खराब हो।

प्रत्येक प्रोग्रामिंग लैंग्वेज की डिजाइन के पीछे निम्न बातें होती हैं—

- उपलब्ध बिल्ट इन कमांड के प्रकार और संख्या (जिन्हें कीवर्ड कहते हैं)।
- वह विधि, जिससे कमांड को एक साथ जोड़ते हैं (जिन्हें सिंटेक्स कहते हैं)।

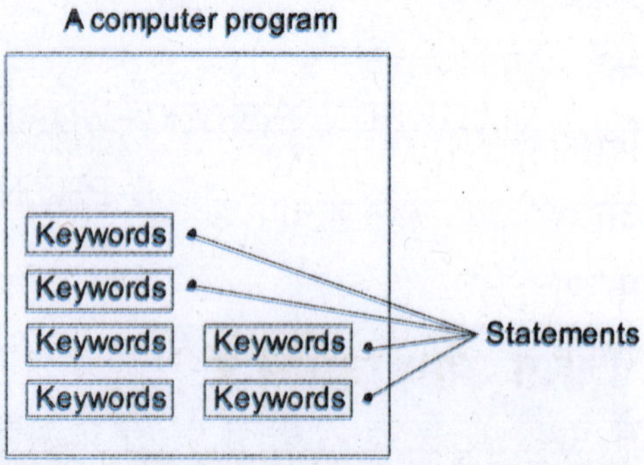

चित्र 1: कीवर्ड ईंटों की तरह काम करते हैं, जिन्हें जोड़कर आप एक प्रोग्राम बना सकते हैं।

कीवर्ड ईंटों की तरह काम करते हैं, जिनसे आप प्रोग्राम को कीवर्ड जोड़-जोड़कर बना सकते हैं, जैसा कि यहाँ चित्र में दिखाया गया है। कीवर्ड को जोड़कर आप निर्देश बना सकते हैं, जिसे **स्टेटमेंट** कहते हैं और जो कंप्यूटर को काम करने के लिए कहता है।

तालिका-1 इसमें विजुअल बेसिक प्रोग्रामिंग लैंग्वेज में मौजूद कुछ कीवर्ड की सूची है।

तालिका-1 : इसमें विजुअल बेसिक प्रोग्रामिंग लैंग्वेज द्वारा उपलब्ध कुछ कीवर्ड की सूची है।

And	As	Auto	Boolean
ByRef	Byte	ByVal	Case
CDate	Char	Class	Const
CType	Date	Decimal	Declare
Default	Dim	Do	Double
Else	ElseIf	End	Enum
Event	Exit	False	For
Function	GoSub	Goto	If
In	Integer	Long	Loop
Me	Mod	Next	Not
Or	Private	Protected	Public
ReDim	REM	Return	Select
Set	Short	Single	Static
Stop	String	Sub	Then
To	True	Until	Variant
When	While	With	If...Then...Else
-	&	&=	*
*=	/	/=	\\=
^	^=	+	+=
=	-=		

कीवर्ड आपको किसी भी प्रकार का प्रोग्राम बनाने में सहायता करते हैं, लेकिन केवल कीवर्ड से बड़ा प्रोग्राम बनाना वैसे ही है जैसे कि एक ईंट से एक ही समय में बड़ी बिल्डिंग बनाना। यह संभव है, लेकिन बहुत व्यावहारिक नहीं है। अत: केवल कीवर्ड पर प्रोग्राम बनाने के लिए निर्भर रहने की अपेक्षा आप कीवर्ड को जोड़कर छोटे प्रोग्राम बना लें, जिनका बार-बार प्रयोग कर सकें। इन्हें **फंक्शन** कहते हैं। एक फंक्शन एक विशेष कार्य करता है, जो एक कीवर्ड नहीं कर सकता। जैसे किसंख्या का लघुत्तम या महत्तम निकालना या अक्षरों को लोअर केस से अपर केस में परिवर्तित करना।

कई प्रोग्रामिंग लैंग्वेज, जिनमें विजुअल बेसिक भी शामिल है, पहले से लिखे फंक्शन की लाइब्रेरी से आते हैं। अत: आपको इन्हें दुबारा बनाने की आवश्यकता नहीं होती। कीवर्ड प्रयोग करके निर्देश लिखने के अतिरिक्त फंक्शन को आप बहुत जटिल और शक्तिशाली प्रोग्राम बनाने में प्रयोग कर सकते हैं, जैसा कि नीचे चित्र में दिखाया गया है। अधिकतर प्रोग्रामिंग लैंग्वेज में पहले से लिखे सामान्य प्रयोग के फंक्शनों की लाइब्रेरी होती है, जिनसे सामान्य कार्य किया जाता है परंतु अपने प्रोग्राम में किसी विशेष कार्य के लिए आप अपना स्वयं का फंक्शन भी बना सकते हैं।

इससे फर्क नहीं पड़ता कि आप कौन सी प्रोग्रामिंग लैंग्वेज प्रयोग कर रहे हैं, विचार सदैव एक ही रहता है कि कीवर्ड और फंक्शन को जोड़कर एक बार में एक स्टेप से एक प्रोग्राम बनाया जाए और कंप्यूटर को स्टेटमेंट बनाकर यह दिखाया जाए कि उसे क्या करना है।

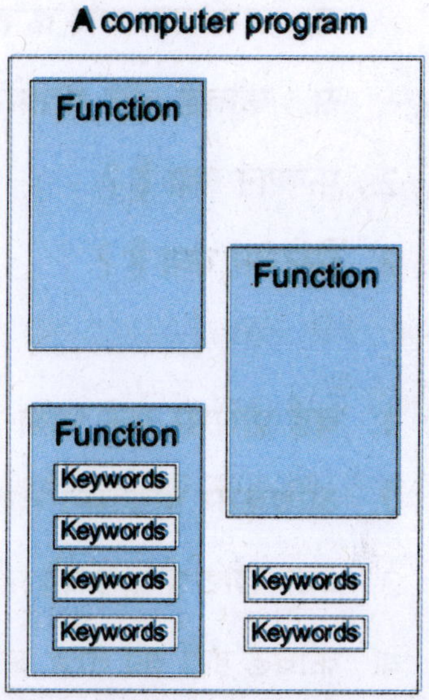

चित्र 2 : फंक्शन द्वारा आप बहुत जटिल और शक्तिशाली प्रोग्राम बना सकते हैं, जो प्रोग्राम को टुकड़ों में जोड़कर बनाया जाता है।

याद करें

1. एक भाषा, जिसे कंप्यूटर समझता है उसे **मशीन कोड (या बाइनरी लैंग्वेज)** कहते हैं।
2. आसानी से प्रोग्राम बनाने के लिए कंप्यूटर वैज्ञानिकों ने एक और भाषा बनाई, जिसे **असेंबली लैंग्वेज** कहते हैं।
3. असेंबली लैंग्वेज प्रोग्राम को मशीन कोड में परिवर्तित करने के लिए कंप्यूटर वैज्ञानिकों ने एक विशेष प्रोग्राम बनाया, जो असेंबली लैंग्वेज को मशीन कोड में परिवर्तित कर देता है और इसे **असेंबलर** कहते हैं।
4. विभिन्न प्रोग्रामिंग लैंग्वेज को मशीन कोड में बदलने के लिए कंप्यूटर वैज्ञानिकों ने विशेष प्रोग्राम लिखे, जिन्हें **कंपाइलर** कहते हैं।
5. **कीवर्ड** ईंटों की तरह काम करते हैं, जिनको जोड़कर प्रोग्राम बनाया जा सकता है।
6. आप कीवर्ड जोड़कर छोटा प्रोग्राम बना सकते हैं, जिसे बार-बार प्रयोग कर सकते हैं और जिसे **फंक्शन** कहते हैं।
7. वह विधि, जिससे कमांड को एक-दूसरे के साथ जोड़ते हैं, उसे **सिंटेक्स** कहते हैं।
8. कीवर्ड को जोड़कर आप निर्देश बना सकते हैं, जिसे **स्टेटमेंट** कहते हैं। यह कंप्यूटर को बताता है कि उसे क्या करना है।

अभ्यास

(अ) निम्न प्रश्नों के उत्तर दीजिए—

1. निम्न में अंतर बताइए।
   अ. मशीन लैंग्वेज और असेंबल लैंग्वेज
   ब. असेंबलर और कंपाइलर
   स. कीवर्ड और स्टेटमेंट
2. फंक्शन क्या है ?
3. सिंटेक्स क्या है ?

(ब) गलत या सही—

1. वर्ड प्रोसेसर एक भाषा में लिखे प्रोग्राम को मशीन कोड में अनुवादित कर देता है।
2. अधिकतर प्रोग्रामिंग लैंग्वेज में पहले से लिखे सामान्य कार्यों के फंक्शन लाइब्रेरी में होते हैं।
3. आप छोटे प्रोग्राम को जोड़कर बड़ा प्रोग्राम बना सकते हैं।
4. कीवर्ड ईंटों की तरह काम करते हैं, जिनको जोड़कर प्रोग्राम बनाया जा सकता है।
5. स्टेटमेंट एक विशेष कार्य करता है, जो एक अकेला कीवर्ड नहीं कर सकता है।
6. सबसे अच्छी प्रोग्रामिंग लैंग्वेज वह है, जो आपके प्रोग्राम को आसानी से और जल्दी लिखने में सहायक होती है।

(स) रिक्त स्थान भरें—

1. बाइनरी लैंग्वेज की तुलना में प्रोग्रामिंग को आसान बनाने के लिए कंप्यूटर वैज्ञानिकों ने एक अन्य भाषा बनाई, जिसे............... कहते हैं।
2. कीवर्ड जोड़कर आप निर्देश बना सकते हैं, जिसे............... कहते हैं।
3. जिस विधि से कमांड को एक-दूसरे के साथ जोड़ते हैं उसे............... कहते हैं।
4. विभिन्न प्रोग्रामिंग लैंग्वेज को मशीन कोड में परिवर्तित करने के लिए कंप्यूटर वैज्ञानिकों ने विशेष प्रोग्राम लिखे, जिन्हें............... कहते हैं।
5. ....को कंप्यूटर की आर्टिफिशियल इंटेलिजेंसी देने के लिए प्रयोग किया जाता है।
6. असेंबली लैंग्वेज प्रोग्राम को मशीन कोड में बदलने के लिए कंप्यूटर वैज्ञानिकों ने विशेष प्रोग्राम बनाए, जिन्हें .... कहते हैं।
7. एक भाषा, जिसे कंप्यूटर समझता है, उसे .... कहते हैं।

बहुविकल्पीय प्रश्न

निम्न चार विकल्पों में से सही विकल्प पर (✓) निशान लगाएँ।

1. एक भाषा, जिसे कंप्यूटर समझता है उसे कहते हैं—

अ. मशीन कोड　　ब. बाइनरी लैंग्वेज

स. अ और ब दोनों　　द. इनमें से कोई नहीं

2. प्रोग्रामिंग को आसान बनाने के लिए कंप्यूटर वैज्ञानिकों ने एक अन्य भाषा बनाई, जिसे कहते हैं—

अ. असेंबली लैंग्वेज　　ब. मशीन लैंग्वेज

स. बाइनरी लैंग्वेज　　द. इनमें से कोई नहीं

3. असेंबली लैंग्वेज प्रोग्राम को मशीन लैंग्वेज में बदलने के लिए कंप्यूटर वैज्ञानिकों ने विशेष प्रोग्राम बनाए, जिन्हें .... कहते हैं।

अ. कंपाइलर्स

ब. असेंबलर्स

स. इंटरप्रेटर्स

द. इनमें से कोई नहीं

4. विभिन्न प्रोग्रामिंग लैंग्वेज को मशीन कोड में परिवर्तित करने के लिए कंप्यूटर वैज्ञानिकों ने विशेष प्रोग्राम लिखे जिन्हें कहते हैं—

अ. कंपाइलर्स

ब. असेंबलर्स

स. इंटरप्रेटर्स

द. इनमें से कोई नहीं

5. ....ईंटों की तरह काम करते हैं, जिनको जोड़कर प्रोग्राम बनाया जा सकता है।

अ. कीवर्ड्स

ब. फंक्शंस

स. स्टेटमेंट्स

द. इनमें से कोई नहीं

6. आप कीवर्ड को जोड़कर छोटा प्रोग्राम बना सकते हैं, जिसे बार-बार प्रयोग कर सकते हैं और जिसे कहते हैं—

अ. कीवर्ड्स

ब. फंक्शंस

स. स्टेटमेंट्स

द. इनमें से कोई नहीं

7. वह विधि जिससे कमांड को एक-दूसरे के साथ जोड़ते हैं, उसे कहते हैं—

अ. कीवर्ड्स

ब. फंक्शंस

स. स्टेटमेंट्स

द. इनमें से कोई नहीं

8. कीवर्ड को जोड़कर आप निर्देश बना सकते हैं, जिसे .... कहते हैं। यह कंप्यूटर को बताता है कि उसे क्या करना है—

अ. कीवर्ड्स

ब. फंक्शंस

स. स्टेटमेंट्स

द. इनमें से कोई नहीं

16 विज़ुअल बेसिक का परिचय

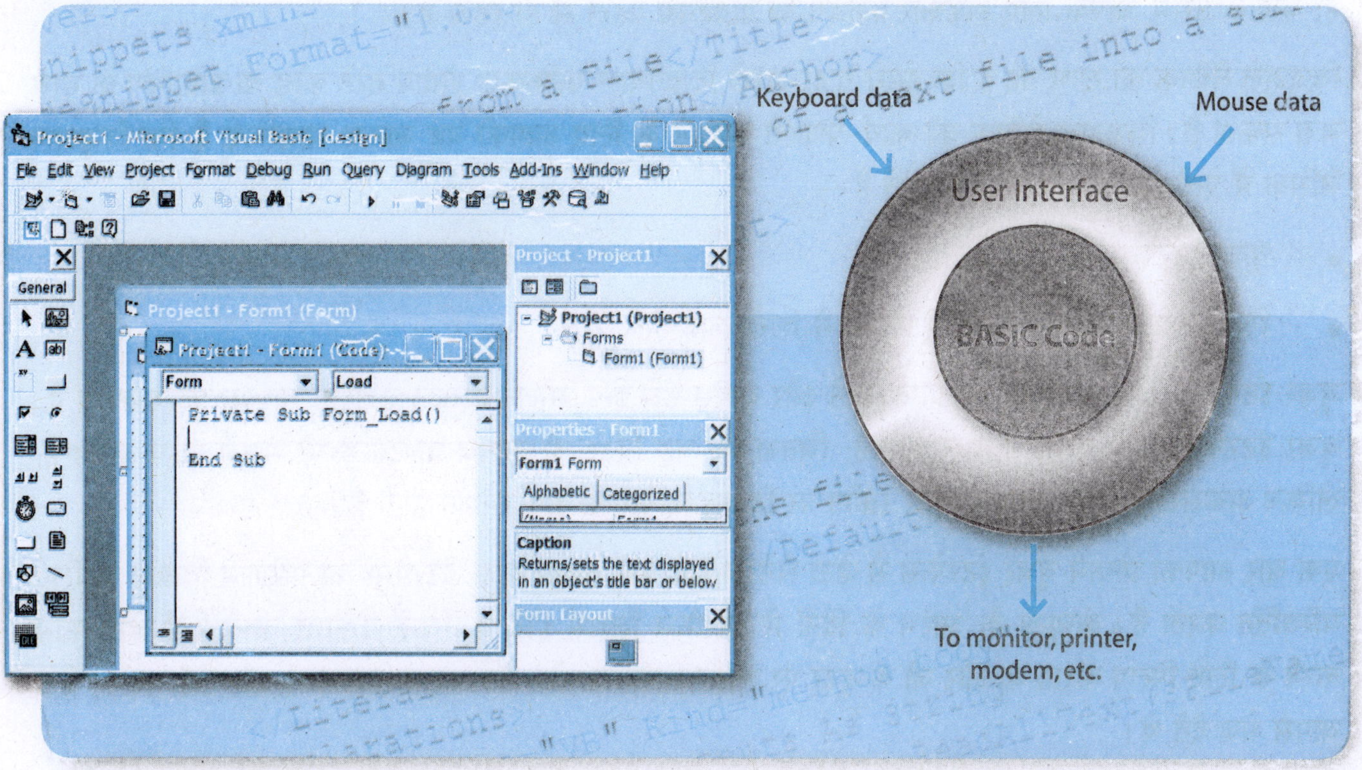

बेसिक प्रोग्रामिंग लैंग्वेज

प्रत्येक प्रोग्रामिंग लैंग्वेज विभिन्न छोटे बिल्डिंग ब्लॉक्स (कीवर्ड्स) के कंबिनेशन से बड़े बिल्डिंग ब्लॉक बनाने की सुविधा देती है, जिन्हें फिर और बड़े तथा शक्तिशाली बिल्डिंग ब्लॉक बनाने में प्रयोग किया जाता है और यह कभी न खत्म होनेवाला चक्र चलता रहता है। बेसिक प्रोग्रामिंग लैंग्वेज को सबसे अलग बनानेवाला फीचर यह है कि यह बहुत आसान है। पिछले अध्याय में दिया गया प्रोग्रामिंग लैंग्वेज का उदाहरण आपको याद होगा, जिसमें स्क्रीन पर Hello World दिखाया गया था। आप ध्यान देंगे कि कंप्यूटर को कार्य बताने के लिए अधिकतर संक्षिप्त शब्द या चिह्न का प्रयोग किया जाता है। बेसिक लैंग्वेज पूरी तरह से अंग्रेजी के शब्दों का प्रयोग करती है, जिससे उसमें प्रोग्राम लिखना और समझना आसान होता है। जैसा कि नीचे दिखाया गया है—

```
PRINT "Hello World!"
```

विजुअल बेसिक

विजुअल बेसिक प्रोग्रामिंग लैंग्वेज यूजर के लिए आसान बनाई गई है। विजुअल बेसिक में जो काम कुछ मिनट में हो जाता है, वह किसी पुरानी लैंग्वेज जैसे सी, पास्कल आदि में कई दिन लेता है। विजुअल बेसिक में प्रोग्राम लिखने की सहजता और उसे डिजाइन करने की सहजता का संगम होता है। विजुअल बेसिक प्रोग्रामिंग को आसान बनाती है, क्योंकि उसमें आपके लिए हार्डकोर कोडिंग या प्रोग्रामिंग पहले से ही रहती है।

विजुअल बेसिक का लाभ यह है कि इससे यूजर अच्छे दिखनेवाले ग्राफिकल प्रोग्राम छोटे कोड या प्रोग्रामिंग के साथ बना सकता है। विजुअल बेसिक की कार्य-प्रणाली समझने के लिए आपको यह जानना आवश्यक है कि विजुअल बेसिक में प्रत्येक प्रोग्राम के दो भाग होते हैं—

- यूजर इंटरफेस
- निर्देश, जो काम करने के लिए प्रोग्राम में लिखे जाते हैं।

यूजर इंटरफेस (UI) यूजर से डेटा प्राप्त करने और वापस उसे इन्फॉरमेशन दिखाने के लिए माध्यम प्रदान करता है। यूजर इंटरफेस इतना साधारण हो सकता है, जितना कि वह प्रिंटर जो कागज के टुकड़े पर मेसेज टाइप करता है, लेकिन अकसर यूजर इंटरफेस कंप्यूटर स्क्रीन पर दिखाई जानेवाली इन्फॉरमेशन होती है।

एक बार आपका प्रोग्राम यूजर इंटरफेस से डेटा लेने के बाद उसे वापस यूजर इंटरफेस का परिणाम दिखाने के लिए परिवर्तित करता है। कंप्यूटर के आरंभ के दिनों में इंटरफेस लिवर्स होते थे, जिन्हें प्रोग्रामर कंप्यूटर में डेटा फीड करने के लिए फ्लिप करता था और जो कंप्यूटर पर लाइट ब्लिंक करके ऑन-ऑफ दिखाते थे और प्रोग्रामर को डेटा वापस भेज देते थे।

बाद में कंप्यूटर के मेकैनिकल स्विच को कीबोर्ड से बदल दिया गया, जिन्हें कंप्यूटर में इनपुट देने और कमांड टाइप करने के लिए प्रयोग इस्तेमाल हैं और डेटा को वापस बड़े कागज पर प्रिंट करके आउटपुट के रूप में लिया जाता है। इस स्थिति में यूजर इंटरफेस में एक कीबोर्ड और एक प्रिंटर होता है।

आधुनिक कंप्यूटर में डेटा कई उपकरणों के माध्यम से डाला जाता है, जैसे—कीबोर्ड, माउस, स्केनर, वीडियो कैमरा और साथ ही कीबोर्ड भी सामान्य डेटा इनपुट करने के लिए प्रयोग किया जाता है।

कंप्यूटर से डेटा वापस लेने में भी सुधार हुआ है। कागज के रोल पर मेसेज के रूप में डेटा प्रिंट की अब प्रतीक्षा नहीं करनी पड़ती, बल्कि वह सीधे कंप्यूटर स्क्रीन पर दिखता है। आरंभ में कंप्यूटर मेसेज को केवल स्क्रीन के नीचे साधारण टेक्स्ट में दिखाते थे, लेकिन अब कंप्यूटर ग्राफिक्स बहुत शक्तिशाली हो गए हैं और यूजर इंटरफेस साधारण टेक्स्ट की अपेक्षा विभिन्न रंगों और आकार के टेक्स्ट बॉक्स या विंडो में दिखते हैं।

यूजर इंटरफेस से एक बड़ी समस्या यह है कि इन्हें बनाने में समय बहुत लगता है। अत: प्रोग्रामर को केवल समस्या हल करने के लिए प्रोग्राम के कमांड नहीं लिखने पड़ते हैं बल्कि लोगों के लिए यूजर इंटरफेस के लिए अतिरिक्त कमांड भी लिखने पड़ते हैं, जिससे लोग वह प्रोग्राम चला भी सकें। अत: अपने लिए यूजर इंटरफेस बनाने का अर्थ यह है कि आप इन दो बातों का ध्यान रखें—

- कंप्यूटर को यह बताने के लिए निर्देश दें कि किसी समस्या को एक-एक स्टेप लेकर कैसे हल किया जाए।
- कंप्यूटर को यह बताने के लिए निर्देश दें कि यूजर से डेटा किस तरह लिया जाए और वापस परिणाम किस तरह दिखाया जाए।

दोनों समस्याओं के हल के लिए विजुअल बेसिक में प्रोग्राम को आसान करने की दो विधियाँ हैं। पहली, विजुअल बेसिक, बेसिक प्रोग्रामिंग लैंग्वेज का प्रयोग करती है, जिसे लोगों को समझना और लिखना आसान है। दूसरा यह कि यूजर इंटरफेस बनाने के लिए विजुअल बेसिक पहले से बने भागों, जिन्हें कंट्रोल कहते हैं और जिन्हें आप एक साथ पेस्ट करते हैं, उन कंट्रोल्स का प्रयोग निर्देश लिखने के लिए करते हैं।

विजुअल बेसिक कैसे काम करती है?

अधिकांश प्रोग्राम को दो भागों में बाँटा जा सकता है। एक यूजर इंटरफेस और प्रोग्राम का मस्तिष्क, जो डेटा को परिवर्तित करता है। विजुअल बेसिक में प्रोग्राम बनाने के लिए दो अलग-अलग स्टेप्स लेने की आवश्यकता होती है। पहली स्टेप में यूजर इंटरफेस बनाने की स्टेप ली जाती है और दूसरी स्टेप में डेटा को परिवर्तित करने के लिए प्रोग्राम दिखाया जाता है।

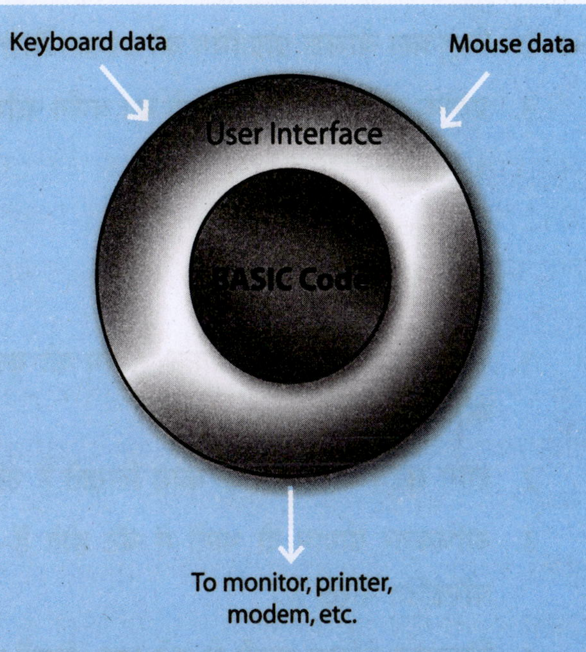

यूजर इंटरफेस बाहरी दुनिया से संचार करता है, जबकि BASIC कोड कंप्यूटर को निर्देश देते हैं कि उसे क्या करना है।

कुछ लोग पहले यूजर इंटरफेस बनाते हैं और फिर बेसिक कोड में सभी काम करते हैं। दूसरे लोग बेसिक कोड में कंप्यूटर को बताते हैं कि क्या करना है और फिर इंटरफेस बनाते हैं, ताकि दूसरे लोग प्रोग्राम को चला सकें। कोई भी विधि सही है, बस केवल आपका प्रोग्राम ठीक तरह से काम करे।

याद रखिए कि इंटरफेस आपके प्रोग्राम को दुनिया के बाकी लोगों के साथ संचार करने की अनुमति देता है। उदाहरण के लिए, जिस समय एक व्यक्ति माउस का बटन क्लिक कर रहा होता है, उसी समय दूसरा व्यक्ति इंटरनेट से आपके प्रोग्राम के माध्यम से डेटा भेज रहा होता है। आपका बेसिक कोड आपके प्रोग्राम द्वारा प्राप्त किसी भी सूचना का प्रत्युत्तर देने की अनुमति देता है।

याद करें

1. प्रोग्राम बनाने के लिए विजुअल बेसिक में दो स्टेप्स की आवश्यकता होती है।

   अ. अपने यूजर द्वारा प्राप्त इंटरफेस को डिजाइन करना।

   ब. BASIC कोड लिखना।

2. UI यूजर इंटरफेस का शॉर्टकट है।

अभ्यास

(अ) निम्न प्रश्नों के उत्तर दीजिए—

1. BASIC प्रोग्रामिंग लैंग्वेज क्या है ?
2. विजुअल बेसिक प्रोग्रामिंग को आसान कैसे बना देती है, स्पष्ट कीजिए।
3. प्रत्येक प्रोग्राम के निम्न भागों का वर्णन करिए—
   1. यूजर इंटरफेस
   2. इंस्ट्रक्शन

(ब) सही या गलत—

1. आपका बेसिक कोड आपके प्रोग्राम को यूजर इंटरफेस से माँगी जानेवाली इन्फॉरमेशन का प्रत्युत्तर देने की अनुमति देता है।
2. लोग सदैव पहले बेसिक कोड लिखते हैं और फिर सभी काम करने के लिए यूजर इंटरफेस बनाते हैं।
3. अधिकतर प्रोग्राम दो भागों में बँटे होते हैं—यूजर इंटरफेस और प्रोग्राम का मस्तिष्क, जो प्रोग्राम को परिवर्तित करता है।
4. विजुअल बेसिक पहले से बने भाग, जिन्हें इंस्ट्रक्शन कहते हैं, उपलब्ध कराता है।
5. UI यूनियन इंटरफेस का शॉर्टकट है।
6. सभी प्रोग्राम दो भागों में बँटे होते हैं—इंटरफेस और प्रोग्रामिंग कोड।
7. PRINT Hello World BASIC कमांड है।
8. निर्देश कंप्यूटर को यह बताते हैं कि कोई कार्य कैसे करना है।

(स) रिक्त स्थान भरें—

1. ……………………इतना साधारण हो सकता है जितना कि प्रिंटर द्वारा कागज के टुकड़े पर मेसेज टाइप करना।
2. पहली स्टेप में ……………………बनाने की स्टेप ली जाती है और दूसरी स्टेप में प्रोग्राम बनाने के लिए……………………लिखा जाता है।
3. ……………………प्रोग्रामिंग लैंग्वेज का प्रयोग करती है, जो लोगों के लिए समझना और लिखना आसान हो।
4. …………………… लैंग्वेज पूरी तरह से अंग्रेजी के शब्दों का प्रयोग करती है।

बहुविकल्पीय प्रश्न

निम्न चार विकल्पों में से सही विकल्प पर (✓) निशान लगाएँ।

1. प्रोग्राम बनाने के लिए विजुअल बेसिक में दो स्टेप्स की आवश्यकता होती है—

   अ. अपने यूजर इंटरफेस को डिजाइन करना

   ब. BASIC कोड लिखना

   स. अ और ब दोनों

   द. इनमें से कोई नहीं

2. UI का शॉर्टकट है—

   अ. यूनाइटेड इंटरफेस

   ब. यूजर इंटरफेस

   स. यूजर इंटरेस्ट

   द. इनमें से कोई नहीं

उत्तरमाला

अध्याय 1

(अ) रिक्त स्थान भरें—

1. एसेंडिंग, डिसेंडिंग 2. डेट, सॉर्ट 3. स्टैंडर्ड टूलबार

(च) सही या गलत—

1. गलत 2. सही 3. गलत 4. सही 5. गलत 6. सही

बहुविकल्पीय प्रश्न

1. द 2. अ 3. स 4. अ 5. अ 6. अ

अध्याय 2

(अ) रिक्त स्थान भरें—

1. टेक्स्ट बॉक्स 2. स्लाइड शो 3. F5 4. इंसर्ट

(ब) निम्न का मिलान करें—

1. द 2. स 3. ब 4. अ

बहुविकल्पीय प्रश्न

1. द 2. ब 3. अ 4. ब 5. ब 6. ब 7. स 8. अ

अध्याय 3

(ब) निम्न का मिलान करें—

1. च 2. द 3. ब 4. स 5. अ

बहुविकल्पीय प्रश्न

1. अ 2. द 3. अ 4. ब

अध्याय 4

(ब) रिक्त स्थान भरें—

1. Ctrl+M, Insert > New Slide 2. View मेन्यू
3. View मेन्यू 4. F5

(स) निम्न का मिलान करें—

1. स 2. अ 3. ब

बहुविकल्पीय प्रश्न

1. ब 2. ब 3. द 4. स 5. अ 6. द

अध्याय 5

बहुविकल्पीय प्रश्न

1. ब 2. ब 3. स 4. स 5. ब 6. ब 7. स

अध्याय 6

(ब) निम्न का मिलान करें—

1. स 2. अ 3. द 4. ब

बहुविकल्पीय प्रश्न

1. स 2. ब 3. अ 4. ब 5. अ

अध्याय 7

(अ) रिक्त स्थान भरें—

1. फ्रॉम 2. टू 3. सब्जेक्ट 4. कार्बन कॉपी
5. ब्लाइंड कार्बन कॉपी 6. इनबॉक्स 7. कंपोज

बहुविकल्पीय प्रश्न

1. ब 2. अ 3. द 4. ब 5. अ 6. ब
7. ब 8. अ 9. द 10. द
11. अ 12. अ

अध्याय 8

(अ) रिक्त स्थान भरें—

1. वेब लॉग 2. ब्लॉगिंग 3. ब्लॉग पोस्ट, पोस्ट, इंटायर्स
4. ब्लॉगर 5. कोलेबोरेटिव कंप्यूटिंग

(स) सही या गलत—

1. सही 2. गलत 3. सही 4. सही 5. गलत

बहुविकल्पीय प्रश्न

1. द 2. ब 3. द 4. द

अध्याय 9

(ब) सही या गलत—

1. गलत 2. गलत 3. सही 4. गलत 5. सही
6. गलत 7. सही 8. गलत

बहुविकल्पीय प्रश्न

1. द 2. ब 3. स 4. ब

अध्याय 10

(स) सही या गलत—

1. सही 2. गलत 3. सही 4. सही 5. गलत

बहुविकल्पीय प्रश्न

1. अ 2. ब 3. ब 4. ब 5. ब 6. अ 7. अ 8. अ

अध्याय 11

बहुविकल्पीय प्रश्न

1. स 2. स 3. अ 4. ब 5. द 6. स

अध्याय 12

(स) रिक्त स्थान भरें—

1. fla 2. swf 3. Ctrl+Enter
4. ग्राफिक, बटन, मूवी क्लिप 5. F8

बहुविकल्पीय प्रश्न

1. अ 2. द 3. द 4. स 5. ब 6. अ 7. अ 8. स
9. अ 10. द 11. ब

अध्याय 13

(ब) रिक्त स्थान भरें—

1. IDE 2. कंपाइलर 3. प्रोग्राम 4. EXE

बहुविकल्पीय प्रश्न

1. स 2. ब 3. अ 4. ब 5. स

अध्याय 14

(ब) सही या गलत—

1. गलत 2. सही 3. गलत 4. सही 5. सही 6. सही

(स) रिक्त स्थान भरें—

1. प्रोग्राम 2. निर्देश 3. निर्देश, गलतियाँ
4. बड़े प्रोग्रामों

बहुविकल्पीय प्रश्न

1. द 2. ब

अध्याय 15

(ब) सही या गलत—

1. गलत 2. सही 3. सही 4. सही 5. सही 6. सही

(स) रिक्त स्थान भरें—

1. असेंबली 2. स्टेटमेंट्स 3. सिंटेक्स 4. कंपाइलर्स
5. LISP 6. असेंबलर्स 7. बाइनरी, मशीन कोड

बहुविकल्पीय प्रश्न

1. स 2. अ 3. ब 4. अ 5. अ 6. ब 7. स 8. स

अध्याय 16

(ब) सही या गलत—

1. सही 2. गलत 3. सही 4. गलत
5. गलत 6. सही 7. सही 8. सही

(स) रिक्त स्थान भरें—

1. यूजर इंटरफेस 2. इंटरफेस, कोड 3. BASIC 4. BASIC

बहुविकल्पीय प्रश्न

1. स 2. ब